jamie Oliver

100 recettes de saison de mon jardin

Photographies par David Loftus

Illustrations par The Plant

Hachette pratique

Dédié à

Steve Irwin

1962 - 2006

J'ai été très inspiré par son goût pour la vie et sa façon de communiquer avec des gens de tous âges autour du monde. Le plus important, c'est qu'il nous a appris à apprécier cette planète incroyable sur laquelle nous vivons !

Avec amour et respect pour sa famille et ses amis.

Édition originale

publiée au Royaume-Uni
par Penguin Books Ltd, 2007

www. jamieoliver.com/jamieathome

Édition française

Traduction, Stéphan Lagorce et Nicole Seeman
Correction, Sophie Schang
Adaptation et réalisation, Marie Vendittelli et Philippe Latombe – LOOPING / ZAAPING
Adaptation de couverture, Nicole Dassonville

L'éditeur remercie Christine de Geyer pour son aide précieuse.

Dépôt légal : 2008-VIII
23-7595-4
ISBN : 978-2-01-23-7595-6

Imprimé en Italie par Graphicom

Du même auteur chez Hachette Pratique
La cuisine de Jamie, 2002
Toqué de cuisine, 2003
Rock'n roll cuisine, 2005
Version originale, 2007
Cook, 2007

sommaire

Une agréable petite conversation

Je me suis dit que c'était le bon moment de vous mettre au courant parce que, de toute façon, ça va sortir dans la presse, alors je vais vous dire les choses comme elles sont : en clair, ma femme m'a accusé d'avoir une liaison. Elle raconte à tous ceux qu'elle rencontre que je m'éclipse de la maison une heure par-ci, une heure par-là, et que je rentre tout détendu, les joues rouges, avec un air coupable et des tâches d'herbe aux genoux. Alors vous êtes peut-être en train de vous dire qu'un livre de cuisine n'est vraiment pas le lieu pour parler de sa vie privée, mais avant d'arriver à cette conclusion laissez-moi vous expliquer…

Tout ce qui m'est arrivé c'est que je suis tombé amoureux de mon jardin, et en particulier de mon potager ! C'est vrai, il m'est arrivé d'embrasser quelques-uns de mes plus beaux spécimens de légumes, j'ai sans doute serré dans mes bras quelques arbres et pressé mon oreille sur le sol aux beaux jours pour écouter les choses pousser – je traverse simplement ce que beaucoup d'hommes de mon âge vivent, je fusionne avec Mère Nature. Mais je peux vous promettre que je n'ai pas une liaison. C'est juste que j'aime passer du temps avec mes légumes. Et je peux vous dire que ça été la meilleure année de ma vie en cuisine. J'ai été tellement inspiré par tout ce qui est sorti de mon jardin depuis un an que je me suis vraiment éclaté à trouver les recettes.

J'ai passé mon enfance dans un village de l'Essex et je suis reparti vivre là-bas, il y a trois ou quatre ans, avec ma femme et mes enfants. Comme la plupart des gens de nos jours, qui ont à la fois une vie de famille bien remplie et un emploi du temps professionnel intense, j'avais du mal à trouver l'équilibre entre les deux. Je crois que j'y suis à peu près arrivé aujourd'hui et, croyez-moi ou non, mais c'est vraiment grâce à mon jardin. J'adore y passer une heure ou deux, ça me détend. Vous trouvez peut-être que je parle comme un baba cool maintenant, mais faire pousser mes propres légumes m'a rempli de fierté, de plaisir et de passion ces dernières années. Observer les changements dans le jardin pendant l'année, avoir du succès ou subir des échecs, prendre conscience que certains fruits et légumes ont une véritable personnalité et qu'il faut les traiter de manière différente, franchement, ça me fascine !

Le jardin m'a aussi fait voir la nourriture autrement : comment les choses poussent et ce qu'elles représentent. Pour moi, cultiver des aliments chez soi, ça veut dire manger dehors l'été ; ou me blottir près du feu, en dégustant une fabuleuse soupe ou un ragoût réconfortant, cuisiné avec des ingrédients du jardin qu'il a fallu aller chercher dehors sous une pluie battante ! Ça peut paraître bizarre, mais durant les seize dernières années, pendant que je me formais puis ensuite, quand je travaillais comme chef, je n'ai jamais pensé qu'un jour je ferais pousser des choses dans les règles de l'art. J'ai toujours fait l'effort d'acheter des produits locaux, de saison et vraiment frais, mais pour une raison qui m'échappe, je ne pensais pas que je pourrais le faire moi-même. Ça ne m'était jamais venu à l'esprit que c'était aussi facile que de sortir des graines d'un paquet et de les mettre dans la terre. Mais ça l'est !

Au début, et sans avoir la moindre idée de ce que je faisais, j'ai commandé des graines italiennes par Internet. Je ne comprenais pas le mode d'emploi parce qu'il était en italien, alors je les ai juste mises dans la terre et j'ai croisé les doigts. En faisant abstraction de ce qui a poussé trop serré ou des choses que j'ai arrachées par erreur, la première année a été incroyable. Le chaos total, mais incroyable ! J'ai fait pousser énormément de choses, et j'ai aussi fait des expériences avec des sacs à jardiner, des pots, des seaux, des auges, avec tous les récipients que je pouvais trouver – même des vieilles bottes en caoutchouc ! Ça me remplit de joie de voir évoluer mes plantations et de savoir que j'ai des tas d'aliments délicieux,

prêts à être cueillis. Cette expérience m'a vraiment inspiré pour trouver de super nouvelles recettes pour ce livre – qui ne sont pas basées sur des célébrations ou des thèmes, mais simplement sur les ingrédients qui ont pointé la tête dans le jardin.

J'ai grandi en regardant le programme « The Good Life » avec Barbara et Tom, le couple qui n'avait pas grand chose, mais qui faisait tout pousser eux-mêmes. Ils étaient les voisins du couple chic, Margo et Jerry, qui avait tout mais qui n'était pas très heureux. Quand on y repense, à quel couple avions-nous envie de ressembler ? Est-ce que ce serait le même couple aujourd'hui ? Mon point de vue, c'est que nous sommes tous assez gâtés maintenant, en ce qui concerne les produits de luxe, mais il me semble que le plus grand luxe dans la vie vient de l'expérience (la « luxuriance » comme l'a récemment appelée un de mes potes !) et de la connaissance, et je pense que la nourriture et la cuisine font partie des choses les plus importantes que nous pouvons apprendre.

Ce livre a été un véritable plaisir à écrire. C'est principalement un livre de cuisine. Il a été découpé suivant les quatre saisons pour vous donner une idée de la période à laquelle les différents produits du jardin sont mûrs. Chaque saison contient plein de mini chapitres basés sur des ingrédients différents, afin de vous donner un ensemble de recettes rapides, légères et savoureuses. J'ai aussi inclus à la fin des chapitres des petites informations sur les façons de cultiver les produits qui, je l'espère, vont vous encourager à faire pousser quelques-uns des fruits et légumes que j'ai eus dans mon jardin depuis un peu plus d'un an. Même si vous habitez au vingtième étage d'un immeuble vous pouvez quand même utiliser le rebord des fenêtres. Ou alors, vous pouvez transformer le toit plat de votre garage en jardin ou mettre quelques pots dans votre cour – où que vous viviez, vous pouvez vous lancer. Il suffit d'en faire pousser une petite sélection pour être carrément motivé.

Si, comme moi, vous commencez par faire pousser cinq ou six variétés qui ne posent pas de problème, vous ne pouvez pas vous tromper. Un truc génial à essayer au début ce sont les mélanges de feuilles de salades. Avant, je semais les graines dans un sac à tomates que je laissais à l'extérieur sur le toit de mon appartement à Londres. Comme ça, j'avais des feuilles de salade intéressantes quatre mois de l'année. Les pommes de terre nouvelles ont un vrai goût de paradis quand on les fait cuire juste après les avoir cueillies. Vous pouvez les faire pousser dans des seaux ou des sacs ou les planter directement dans le sol. Essayez un bel assortiment d'herbes – celles comme le thym, le romarin, la sauge et le laurier sont assez disponibles tout au long de l'année et ajoutent une vraie intensité à votre cuisine. Tentez le coup de planter quelques délicieuses variétés de fraises dans vos pots suspendus, à la place des fleurs cette année (vous en saurez plus dans le chapitre sur les fraises !).

Que vous les fassiez pousser vous-même ou pas, vous trouverez presque tous les ingrédients des recettes au marché ou dans les bons supermarchés. Mais si vous vous lancez dans cette aventure ou que la lecture du livre vous donne l'inspiration pour essayer, j'aurai l'impression d'avoir fait mon boulot. Je suis très fier des recettes de ce livre. En ce qui concerne l'information sur la culture des fruits et légumes, j'ai essayé de la présenter de manière simple, un peu comme une recette. Si vous voulez approfondir le sujet, on trouve d'excellents bouquins de jardinage. Maintenant, c'est à vous de jouer !

printemps

asperges / œufs / agneau / rhubarbe

Ça fait deux ans que je mange des asperges « maison », et j'adore les avoir dans mon jardin. Cela dit, il faut de la patience pour réussir à les faire pousser – ce qui n'est pas vraiment ma qualité principale ! Vous pourrez les planter et déguster quelques mois plus tard la plupart des plantes dont je parle dans ce livre. Pas les asperges. Pendant les trois premières années, elles ne pousseront pas correctement car elles doivent créer leur réseau de racines et emmagasiner d'énormes quantités de nutriments et d'énergie pour faire pousser leur belle tige. C'est cet investissement initial en temps, ainsi que leur faible rendement au mètre carré qui rendent les asperges dans le commerce si coûteuses à l'achat. Le fait de le comprendre m'a fait encore plus aimer et respecter ce légume délicat et luxueux. Rappelez-vous juste que dès que vous les avez cueillies, il faut les faire cuire le plus rapidement possible pour garder toute leur saveur.

Il va sans dire que vous n'êtes pas obligé de faire pousser vos propres asperges – on peut en acheter de bonnes au supermarché ou au marché – mais je vous en prie, ne les achetez que quand c'est leur saison, et qu'elles ont fait le trajet entre le champ et le magasin dès qu'elles ont été cueillies. Si vous en achetez hors saison qui viennent de l'autre côté de la planète, elles peuvent être passables, mais elles ne seront certainement pas mémorables. Il existe plein de variétés que vous pourrez trouver au supermarché – des longues et minces, des sauvages ébouriffées et d'autres encore, bien trapues.

Les asperges sont un des légumes les plus nourrissants. Elles contiennent un vrai cocktail de vitamines et de nutriments, y compris une bonne proportion d'acide folique, qui ne peut pas être stocké dans votre corps, et qui du coup doit être consommé tous les jours – il est bon pour votre sang et particulièrement bénéfique pour les femmes enceintes, car il protège les bébés contre le spina-bifida. Les asperges sont aussi un diurétique génial ce qui veut dire qu'elles purifient votre foie. Et si votre foie est content, tout le reste est content aussi !

Donc, même si la culture des asperges est un peu une corvée, ça vaut le coup quand les tiges se mettent à sortir du sol. Quand elles sont prêtes, il suffit de les casser à la base (comme ça vous éviterez la partie ligneuse et fibreuse de la tige), de les laver rapidement, et tout l'univers de la cuisine des asperges s'ouvrira à vous. Vous pouvez cuire les tiges à la vapeur, à l'eau ou les faire braiser rapidement dans des sauces pour les pâtes afin d'accentuer leur côté moelleux et sucré, les faire griller ou rôtir pour faire ressortir leur saveur noisettée, que vous n'avez peut-être pas encore sentie.

Quelle que soit la façon choisie pour les faire cuire, quelques gouttes de citron et un peu d'huile d'olive ou une noix de beurre les mettront vraiment en valeur. Les autres amis des asperges sont les œufs, le croustillant bacon fumé, la divine mozzarella, le parmesan, et tous les fromages friables comme le Lancashire ou le Cheshire, le piment, la crème, les fruits de mer, les herbes (telles que la menthe, le persil, le basilic, le romarin)… et la liste est loin d'être complète.

asperges

Trois façons simples de faire cuire les asperges

De nos jours, on trouve de nombreuses variétés d'asperges – des grosses, des fines, des vertes, des sauvages, des blanches, il y en a même qui sont énormes ! En dehors de leur aspect, ce qui les différencie vraiment c'est leur goût. Elles peuvent être fermes, avec un goût de noisette ou tendres et soyeuses. Voici mes trois façons de faire cuire les asperges pour les servir en entrée ou en garniture. Pour chacune de ces recettes, il faudra que vous laviez et cassiez les bases fibreuses des 800 g d'asperges que vous comptez utiliser. Les recettes sont pour 4 personnes.

Asperges blanches à la menthe écrasée et au beurre de citron

Pelez les tiges des asperges avec un économe en partant de 5 cm sous les pointes, jusqu'en bas. Attachez-les en botte avec de la ficelle. Prenez votre casserole la plus profonde avec un couvercle – il faut que les asperges tiennent debout dans la casserole. Si ce n'est pas le cas, coupez leur base pour les faire tenir. Faites bouillir de l'eau dans la casserole et disposez-y les asperges à la verticale. Jetez-y les morceaux d'asperges coupés, si vous en avez. Faites bouillir le tout 5 minutes avec le couvercle, puis coupez le feu. Laissez les asperges reposer dans l'eau pendant encore 10 minutes. Pendant ce temps, écrasez deux petites poignées de feuilles de menthe dans un mortier, jusqu'à ce que vous obteniez de la pulpe. Faites fondre 100 g de beurre, avec du sel de mer et du poivre noir fraîchement moulu, à feu doux dans une poêle. Ajoutez la pulpe de menthe et le jus d'un gros citron. Mélangez le tout et quand ça commence à bouillir retirez du feu. Pour vérifier que les asperges sont cuites, prenez-en une, coupez-en une rondelle et goûtez-la. Si elle est tendre et qu'elle garde sa forme c'est qu'elle est cuite, égouttez-les alors dans une passoire. Pour servir, arrosez les asperges de beurre à la menthe et au citron et parsemez quelques feuilles de menthe.

Asperges grillées à l'huile d'olive, au citron et au parmesan

C'est une super association. Le parmesan, l'huile d'olive et le citron accompagnent vraiment bien les asperges. Faites chauffer un gril et faites griller à sec les tiges d'asperges des deux côtés, jusqu'à ce qu'elles soient bien marquées. Dès qu'elles sont prêtes, répartissez-les sur quatre assiettes et arrosez-les d'une bonne quantité de jus de citron pressé et de trois fois plus d'huile d'olive. Assaisonnez-les à votre goût avec du sel de mer et du poivre noir fraîchement moulu. Ensuite, apportez un bloc de parmesan à table et râpez-le sur les asperges ou faites des copeaux avec un économe.

Asperges vapeur à la vinaigrette française

Les jeunes asperges cuites à la vapeur sont absolument délicieuses. Mettez les tiges d'asperges dans un panier vapeur et posez-les sur une grande casserole d'eau qui fait des gros bouillons. Couvrez-les avec un couvercle ou du papier aluminium et laissez-les cuire jusqu'à ce qu'elles soient bien tendres, mais qu'elles tiennent encore droites. Ça devrait prendre 5 à 6 minutes (ou plus suivant la taille de vos asperges). Faites preuve de bon sens et testez-les en cours de cuisson.

Pour faire la vinaigrette, fouettez une cuillère à café bombée de moutarde française, 3 cuillères à soupe d'huile d'olive vierge extra et une cuillère à soupe de vinaigre de vin rouge ou blanc dans un petit bol. Ajoutez un peu de vin blanc ou d'eau pour la détendre si nécessaire, puis fouettez-la à nouveau et assaisonnez-la à votre goût avec du sel de mer et du poivre noir fraîchement moulu. Si vous trouvez du cerfeuil, il va particulièrement bien avec les asperges, mais vous pouvez aussi utiliser du persil plat, de la menthe ou du basilic. Répartissez les asperges sur quatre assiettes, arrosez-les généreusement avec la vinaigrette et parsemez d'herbes fraîches hachées.

Asperges poêlées et méli-mélo de poissons

Quel que soit votre budget, vous pouvez préparer ce plat avec toutes sortes de poissons. C'est bien d'essayer d'avoir un mélange de filets de poissons gras et de poissons blancs, avec des crustacés, des crevettes et des calamars. Comme vous voulez que tout soit cuit en même temps, faites attention à faire des morceaux de tailles à peu près identiques. Vous pouvez tout faire cuire ensemble à la poêle, comme je le propose après, ou au barbecue ou à la vapeur pour que ce soit encore meilleur pour la santé – quoi qu'il en soit, terminez le plat avec de l'huile d'olive vierge extra, du jus de citron et du piment, parce que leurs saveurs vont vraiment bien avec le poisson et les asperges.

pour 2 personnes

huile d'olive
2 petits filets de rouget ou de vivaneau, écaillés et sans arêtes
1 filet de dorade ou de bar, écaillé, sans arêtes et coupé en deux
sel de mer et poivre noir fraîchement moulu
2 petits calamars, vidés et nettoyés, les tentacules coupés et réservés
2 à 4 noix de Saint-Jacques, nettoyées avec la chair quadrillée au couteau
10 tiges d'asperges moyennes, les bases ligneuses retirées
une petite poignée de sommités de thym
1 piment rouge frais, épépiné et haché
huile d'olive vierge extra
le jus d'1 citron
une petite poignée de pluches de fenouil

Posez une grande poêle ou deux plus petites sur le feu et versez une lampée d'huile d'olive. Entaillez d'environ 1 cm de profondeur toute la peau de vos filets de poissons et assaisonnez-les. Mettez les filets de poisson dans la poêle, peau vers le bas, avec les tentacules de calamar. Ajoutez les coquilles Saint-Jacques. Ouvrez les calamars en deux avec un couteau et quadrillez légèrement l'intérieur de la chair. Posez-les dans la poêle, côté quadrillé en dessous. Ajoutez les asperges et remuez doucement la poêle. Faites cuire quelques minutes, puis retournez le tout pour faire cuire l'autre côté. Parsemez avec les sommités de thym.

C'est vous qui contrôlez la poêle, alors si quelque chose a l'air cuit, sortez-le et gardez-le au chaud. Ne restez pas planté là à regarder les choses brûler ! Quand la peau des poissons est croustillante, que les Saint-Jacques sont bien dorées avec les bords caramélisés, que le calamar s'est enroulé et qu'il est bien grillé, retirez la poêle du feu. Mettez les calamars sur une planche, coupez-les en morceaux en biais et reposez-les dans la poêle. Posez les filets de poisson sur chaque assiette. Mélangez les asperges, les Saint-Jacques et les calamars avec la moitié du piment, une bonne quantité d'huile d'olive vierge extra de qualité et le jus de citron. Assaisonnez légèrement et mélangez le tout. Répartissez sur les poissons dans les assiettes. Parsemez avec le piment restant, les pluches de fenouil, et arrosez avec de l'huile d'olive vierge extra.

Mouillettes d'asperges croustillantes avec des œufs mollets

Vous pouvez servir ce plat en entrée, pour le petit-déjeuner, comme en en-cas à midi ou (oserais-je le proposer !) en guise d'amuse-bouche (comme je le fais ici sur la photo – il suffit simplement d'augmenter le nombre d'œufs). C'est une super idée pour servir à une fête. Tout le monde a un bâtonnet d'asperge à tremper dans un œuf mollet. C'est comme un petit-déjeuner d'œufs au bacon, mais avec des mouillettes d'asperges plutôt que de pain. Une combinaison gagnante.

pour 4 personnes

12 tiges d'asperges moyennes, les bases ligneuses retirées
12 fines tranches de pancetta ou de bacon fumé
huile d'olive
4 gros œufs de plein air ou bio
sel de mer et poivre noir fraîchement moulu

Préchauffez le four à 220 °C (th. 7). Enroulez vos asperges avec la pancetta en laissant dépasser les pointes. Disposez-les dans un plat à rôtir ou un plat en terre. Arrosez-les d'un peu d'huile d'olive et faites-les rôtir 10 minutes dans le four préchauffé, jusqu'à ce que la pancetta soit croustillante et dorée.

Pendant la cuisson des asperges, vous pouvez faire cuire vos œufs mollets. Placez-les délicatement dans de l'eau bouillante légèrement salée pendant 5 minutes, puis égouttez-les, coupez leur chapeau et mettez-les dans des coquetiers pour les servir individuellement ou dans une boîte à œufs si vous les servez pour grignoter dans une fête. Servez 3 mouillettes d'asperges pour tremper dans chaque œuf, avec une bonne pincée de sel et de poivre.

Soupe crémeuse d'asperges avec un œuf poché sur un toast

Une fantastique soupe d'asperges, toute simple et veloutée, est toujours une réussite. Chaude ou froide (avec un peu de jus de citron les jours d'été), elle est délicieuse. Je trouve que l'œuf poché sur le toast va vraiment bien avec, mais bien sûr, vous n'êtes pas obligés de les servir avec la soupe. En général, je fais pocher un ou deux œufs de plus, au cas où certains éclateraient dans la casserole ! J'ai prévu la recette pour 8, mais vous pouvez diviser les quantités par deux ou congeler les restes de soupe.

pour 8 personnes

800 g d'asperges, les bases ligneuses retirées
huile d'olive
2 oignons blancs moyens, pelés et hachés
2 tiges de céleri, parées et hachées
2 poireaux, parés et hachés
2 litres de bon bouillon de volaille ou de légumes
sel de mer et poivre noir fraîchement moulu
10 petits œufs de plein air ou bio
8 tranches de pain ciabatta
une noix de beurre
huile d'olive vierge extra

Coupez les pointes des asperges et mettez-les de côté pour plus tard. Hachez grossièrement les tiges d'asperges. Posez une grande casserole profonde sur le feu et versez une bonne lampée d'huile d'olive. Faites doucement revenir les oignons, le céleri et les poireaux environ 10 minutes. Ajoutez les tiges d'asperges hachées, le bouillon et faites mijoter 20 minutes à couvert. Retirez du feu et mixez le tout avec un mixeur plongeant ou dans un blender. Assaisonnez la soupe petit à petit (c'est important) avec du sel et du poivre, jusqu'à ce qu'elle soit juste bien. Remettez-la sur le feu, ajoutez-y les pointes d'asperges en remuant, portez-la à nouveau à ébullition et laissez mijoter encore quelques minutes, jusqu'à ce que les pointes soient tendres.

Juste avant que je sois prêt à servir la soupe, je pose une grande casserole sur le feu, avec 8 à 10 cm d'eau bouillante. Je prends 10 œufs vraiment frais et je les casse tous les 10 dans l'eau. N'ayez pas peur d'en pocher autant en même temps. Ils n'ont pas besoin d'avoir l'air parfait. Ils seront prêts en 2 à 3 minutes, car il faut qu'ils restent un peu coulants. Toastez les tranches de ciabatta. Sortez les œufs pochés de l'eau avec une écumoire, posez-les sur une assiette et ajoutez une noix de beurre dessus. Pour servir, répartissez la soupe dans huit bols que vous aurez préalablement fait chauffer, et posez une tranche de toast dans chacun. Mettez un œuf poché dessus, entaillez-le pour le faire couler. Assaisonnez et arrosez d'huile d'olive vierge extra.

Tarte croustillante aux asperges et à la pomme de terre

De nos jours, on trouve de la pâte filo au supermarché, dans le rayon des pâtes fraîches ou des surgelés. La prochaine fois que vous faites des courses, prenez-en – tout le monde devrait en avoir à la maison car c'est une base merveilleuse pour des tartes salées ou sucrées ou pour envelopper des garnitures à base de fromage ou de viande épicée. Comme elle devient vraiment croustillante quand on la fait cuire, elle va bien avec les ingrédients moelleux. Dans cette recette, je l'ai utilisée pour préparer une tarte rapide – parfaite pour un pique-nique ou un déjeuner simple avec une salade. Vous pouvez préparer des tartelettes individuelles et les servir en entrée.

pour 4 personnes

500 g de pommes de terre, pelées et coupées en gros morceaux
sel de mer et poivre noir fraîchement moulu
500 g d'asperges, les bases ligneuses retirées
200 g de pâte filo
100 g de beurre fondu
100 g de fromage Lancashire râpé (ou de comté)
100 g de cheddar râpé
3 gros œufs bio ou de plein air
25 cl de crème fraîche épaisse
¼ d'une noix de muscade

Mettez vos pommes de terre dans une casserole d'eau bouillante salée et faites-les cuire 15 minutes. Pendant ce temps, faites blanchir vos asperges dans une autre casserole d'eau bouillante salée pendant 4 minutes et égouttez-les dans une passoire.

Préchauffez votre four à 190 °C (th. 6). Prenez un plat allant au four – j'en ai utilisé de plein de tailles et de formes différentes. Étalez les feuilles de pâte filo dans le plat en les badigeonnant de beurre fondu au fur et à mesure, et en laissant déborder à peu près 2,5 cm de pâte. Il vous faut environ 5 couches de pâte. Posez un torchon propre et humide par-dessus et mettez de côté.

Quand les pommes de terre sont cuites, écrasez-les avec les fromages. Dans un autre bol, mélangez les œufs avec la crème et ajoutez ce mélange dans les pommes de terre au fromage. Râpez la noix de muscade dedans, salez, poivrez bien et mélangez. Étalez le mélange de pommes de terre sur la pâte filo et soulevez les bords de pâte pour former un rebord. Prenez vos asperges blanchies et disposez-les sur la garniture en en mettant bien partout. Badigeonnez la tarte avec le beurre fondu restant et mettez-la au four pour environ 20 minutes ou jusqu'à ce qu'elle soit dorée et croustillante. Laissez-la reposer 10 minutes. Servez-la comme une quiche pour un déjeuner ou un dîner rapide, avec une salade.

Comment je cultive l'asperge

La terre

L'asperge peut être capricieuse, mais elle peut aussi être un des légumes les plus faciles à faire pousser, si vous êtes patient et que vous la mettez dans de bonnes conditions dès le départ. Elle a besoin d'une terre riche, drainante et légèrement sablonneuse, dans une partie chaude, protégée et ensoleillée du jardin. Cela dit, la terre que j'ai dans mon jardin est une argile épaisse de l'Essex, froide et humide en hiver, et chaude et sèche en été – tout ce que l'asperge déteste ! Je ne voulais pas jeter l'éponge au premier obstacle, alors pour donner aux miennes les meilleures chances de pousser j'ai préparé des platebandes surélevées, remplies de la terre qui leur convient – un mélange de gravillons sableux, de gravats, de bonne terre, de compost mûr, de fumier et d'humus. Ça vaut le coup, parce que maintenant que les platebandes sont installées les plants vont produire pendant au moins dix ans (et peut-être même plus). Comme l'asperge est une plante vivace, elle va revenir tous les ans et n'apprécie guère d'être déplacée.

La plantation

En partant des graines, faire pousser des asperges peut prendre jusqu'à trois ans avant qu'elles soient assez grandes et robustes pour être récoltées. Un bon raccourci c'est d'acheter des griffes d'un an ou deux, qui sont des plants qui ont déjà des racines et qu'on trouve dans les jardineries. Avec 10, vous pourrez nourrir une famille moyenne. Les graines doivent être semées individuellement dans des pots de 5 cm ou dans des bacs à germination au printemps. Quand les pousses ont quelques mois et qu'elles mesurent 10 à 15 cm, vous pouvez les transférer dans des pots plus grands de 10 à 15 cm, en utilisant du terreau de bonne qualité. Laissez-les pousser jusqu'au printemps suivant, quand elles seront assez grandes pour être plantées en pleine terre.

Les griffes peuvent être directement plantées dehors, bourgeon vers le haut. Il suffit de les enterrer à 10 ou 15 cm de profondeur, tous les 30 à 45 cm, au milieu de vos platebandes surélevées. Pour les griffes à racines nues, il faudra peut-être étaler les racines. C'est un peu comme si on plantait une pieuvre ! Arrosez-les bien au début, mais après, elles ont rarement besoin d'eau supplémentaire. Désherbez bien l'espace où elles poussent et étalez dessus 10 cm de fumier décomposé, de terreau ou d'humus en hiver. Comme ça les griffes seront protégées du froid et leur sol sera enrichi – elles vont vous adorer.

Les asperges poussent assez bien dans des grands pots (de 30 à 45 cm de large) remplis de terreau riche et drainant, alors si vous n'avez pas de jardin, vous pouvez quand même en avoir quelques tiges. En plus ce sont de jolies plantes avec des feuilles semblables à des fougères.

La récolte

Vous pouvez commencer à récolter vos asperges trois ans après avoir planté les griffes. Mais, seulement pendant un mois la première saison, car la plante est encore en train d'étendre son système de racines. À partir de la quatrième année, ne vous gênez pas pour cueillir des tiges, entre le moment où elles apparaissent et jusqu'au milieu du mois de juin.

Ne récoltez que les tiges qui mesurent entre 12 et 20 cm et procédez en les coupant ou en les cassant à la base. Le fait de les couper peut abîmer des pointes qui sont encore sous la terre, alors, je préfère les casser. Pour ce faire, attrapez votre tige vers la base et pliez-la vers le sol. La tige va se casser à l'endroit le plus bas, où il n'y a pas de fibres. Comme les asperges s'abîment rapidement après avoir été cueillies, mangez-les tout de suite ou faites-les blanchir avant de les congeler.

Mes tuyaux

- Les racines des asperges vont pourrir si elles sont dans l'eau. Une platebande entière peut-être rapidement détruite de cette façon, alors vérifiez que l'eau peut s'évacuer facilement.

- Les racines d'asperge ont tendance à sortir de la terre quand la platebande vieillit, alors si vous remarquez que c'est le cas, c'est une bonne idée d'ajouter une couche de terre pour que les griffes restent protégées.

- Les gelées de printemps peuvent tuer les tiges qui sortent. Couvrez votre platebande de ouate spéciale jardin s'il y a une vague de froid.

Dans ce chapitre, je vais préparer des choses délicieuses avec les œufs « extraordinaires » de tous les jours. J'ai des poules à la maison maintenant – ce qui est super – non seulement elles sont vraiment rigolotes, mais en plus leurs œufs sont délicieux. Il suffit de voir la belle couleur de leur jaune pour se rendre compte qu'ils sont exceptionnels ! Je suis content de dire que les supermarchés britanniques ont fait des vrais progrès et qu'on peut maintenant y acheter toutes sortes d'œufs – oie, caille, canard et des œufs de mouette vraiment incroyables. La plupart d'entre nous adorons manger des œufs, sous une forme ou une autre : à la coque, brouillés, frits – mais il y a tellement de façons de les préparer, que j'espère que vous serez inspiré par mes idées. Mais avant de passer en cuisine, je veux juste vous en dire un peu plus sur l'origine des œufs pour que, quand vous les choisirez dans un magasin, vous sachiez ce que vous achetez.

On trouve maintenant facilement les différentes sortes d'œufs de poule. Ce n'est pas toujours évident de savoir d'où ils viennent et dans quelles conditions ils ont été produits. Suivant les pays, les appellations sont différentes, alors voici une explication sur les mots utilisés pour les œufs en France et comment les poules y sont élevées.

Œufs « en cage »
Ces œufs sont les moins chers. Ce sont ceux des poules élevées en cage (c'est ce qu'on appelle aussi l'élevage en batterie) dans des conditions très inconfortables. Chaque poule ne dispose que d'un espace équivalent à une feuille A4. J'y reviendrai plus en détails page 40.

Œufs « au sol »
Là aussi les poules sont enfermées dans des cages mais elles ont plus d'espace pour se mouvoir et disposent de perchoirs. Leur densité est limitée à 12 poules par m².

Œufs « de plein air »
Les volières des poules élevées en plein air ont des portes qui leur permettent d'accéder à un terrain extérieur partiellement recouvert de végétation.

Œufs « de libre parcours »
Dans ce cas, les poules peuvent accéder librement à un terrain avec 10 m² d'herbe, en moyenne, pour chaque animal.

Œufs « label rouge »
Ce sont des œufs de plein air ou de libre parcours, avec 5 m² de terrain extérieur pour les plein air et 10 m² pour les libres parcours. À l'intérieur des bâtiments, la densité est au maximum de 9 poules par m². Il ne peut pas y avoir plus de 6 000 poules par bâtiment et plus de 12 000 poules en tout dans l'élevage. La nourriture des poules ne contient que des vitamines, des minéraux et des végétaux dont 65 % de céréales.

Œufs « issus de l'agriculture biologique » (œufs bio)
Les œufs bio sont des œufs issus de poules élevées en plein air, suivant le cahier des charges de l'agriculture biologique. Plus particulièrement, elles sont nourries avec une alimentation à 90 % bio et non OGM. Leur densité ne peut pas excéder 6 poules au m² et 4 500 animaux par bâtiment. Elles ne sont traitées aux antibiotiques qu'en dernier recours.

œufs

Crumpets aux œufs pour le petit déj

Cette version rigolote du pain perdu, est un de mes petits déjeuners préférés, surtout quand j'ai la gueule de bois. Avec les œufs, la « brown sauce » est un régal, mais le sirop d'érable est fantastique avec le bacon fumé, alors à vous de voir. J'ai eu l'idée d'ajouter du piment, après en avoir goûté dans un plat d'œufs brouillés en Italie. C'est délicieux !

pour 2 personnes

2 gros œufs bio ou de plein air
sel de mer et poivre noir fraîchement moulu
1 piment rouge, épépiné et très finement haché
6 tranches de bacon fumé
huile d'olive
4 crumpets ronds (des sortes de pancakes anglais épais) ou des blinis
de la « brown sauce » anglaise ou du sirop d'érable pour servir

Cassez vos œufs dans un bol et fouettez-les avec une petite pincée de sel, de poivre et presque tout le piment haché. Ensuite, mettez à chauffer à feu moyen une grande poêle antiadhésive et faites griller le bacon dans un peu d'huile d'olive. Faites-le croustiller des deux côtés. Pendant ce temps, trempez vraiment bien vos crumpets dans le mélange d'œufs et de piment. Retournez-les plusieurs fois, ils vont s'imbiber comme des éponges. Sortez le bacon doré de la poêle et penchez-la pour que le gras vienne au milieu. Ajoutez les crumpets dans la poêle et faites-les revenir quelques minutes jusqu'à ce qu'ils soient dorés. Retournez-les et faites-les revenir de l'autre côté.

Servez les crumpets aux œufs avec le bacon dessus et une cuillerée de « brown sauce » ou de sirop d'érable. Pour terminer, si comme moi vous êtes un dingue de piment, vous pouvez parsemer le reste du piment haché. C'est parfait – le paradis dans une assiette.

GRESS
JAMIE OLIVER

Tagliatelles fraîches aux brocolis à jets et sauce crémeuse au fromage

Le héros de ce plat (en dehors des œufs bien sûr !) c'est la fontina, un délicieux fromage italien des montagnes. On en trouve chez les bons fromagers ou dans les épiceries fines. Sinon, n'importe quel mélange de parmesan, de pecorino, de taleggio ou de gruyère fera l'affaire.

Vous pouvez acheter des tagliatelles sèches ou fraîches toutes faites, mais cette méthode pour les préparer vous-même est vraiment rapide. Il faut compter un œuf et 100 g de farine par personne. Cassez les œufs dans le bol d'un robot et ajoutez la farine. Commencez à mixer et quand le robot arrête de ronronner et se met à gronder c'est que la pâte est en train de se former. Coupez le robot et testez la consistance de la pâte en la pinçant. Si elle est un peu collante, ajoutez un peu de farine et mixez à nouveau.

Versez la pâte sur un plan de travail fariné et donnez-lui avec les mains la forme d'une boule. Pétrissez-la un peu jusqu'à ce qu'elle soit lisse, puis partagez-la en quatre parts égales. Réglez votre machine à pâtes à son écartement maximum et passez-y le premier morceau de pâte quatre ou cinq fois, en rapprochant les rouleaux à chaque fois, jusqu'à ce que la pâte soit lisse, soyeuse et à peu près de l'épaisseur d'un CD. Farinez généreusement la bande de pâte, puis pliez-la et coupez-la dans la longueur en lanières d'1 cm. Rassemblez toutes les lanières de pâte et passez-les dans vos doigts avec un peu de farine pour les ouvrir et former un tas de tagliatelles. Mettez-les de côté et continuez avec le reste de la pâte.

Portez une grande casserole d'eau salée à ébullition. Dans un bol assez grand pour tenir sur la casserole, mettez la crème fraîche, la fontina ou les autres fromages fondants et votre parmesan avec une pincée de sel et de poivre. Posez le bol sur la casserole pour faire doucement fondre les fromages. Ça ne prendra pas longtemps. Pendant ce temps retirez les extrémités sèches des brocolis, puis émincez les tiges finement en biais et laissez les fleurs entières (sauf les grosses que vous couperez en deux).

À ce stade, la sauce au fromage devrait être super crémeuse et coulante, retirez alors le bol et jetez les pâtes et les brocolis dans l'eau bouillante. Faites cuire 2 à 3 minutes à gros bouillons, jusqu'à ce que les pâtes soient bien cuites. Fouettez les deux jaunes d'œufs avec la marjolaine ou vos autres herbes, dans la sauce. Égouttez les pâtes et les brocolis en réservant un peu d'eau de cuisson, et mélangez-les rapidement dans la sauce – la chaleur des pâtes suffira à cuire les œufs. Si la sauce est un peu épaisse, ajoutez un filet de l'eau de cuisson pour la détendre. Goûtez et assaisonnez si nécessaire. Servez le plus rapidement possible, avec un peu de parmesan râpé parsemé dessus, le tout arrosé d'huile d'olive vierge extra. Grandiose !

pour 4 personnes

du parmesan fraîchement râpé pour le service
huile d'olive vierge extra

pour les pâtes
4 gros œufs bio ou de plein air
400 g de farine type 00 pour pâtes, un peu plus pour fariner
sel de mer

pour la sauce au fromage
25 cl de crème fraîche
150 g de tranches de fontina ou d'un autre fromage fondant
150 g de parmesan fraîchement râpé
sel de mer et poivre noir fraîchement moulu
400 g de brocolis à jets
2 gros jaunes d'œufs de plein air ou bio
les feuilles d'une petite botte de marjolaine, d'origan ou de thym frais

Délicats rubans d'œufs à la bresaola, au fenouil croquant et feuilles de printemps

Pour ce plat, je voulais faire quelque chose d'un peu original avec des œufs, alors j'ai décidé de les transformer en rubans soyeux. Vous pouvez les préparer « nature » ou parfumer le mélange d'œufs avec du piment ou des herbes hachées subtiles. J'ai proposé de préparer la salade avec quelques gouttes d'huile de truffe, qui a un délicieux goût de champignon. Essayez d'en trouver de la vraie – elle coûte cher, mais elle devrait vous durer longtemps et vous pouvez l'utiliser dans des soupes, des gratins ou des pommes de terre rôties, à vous de voir.

pour 4 personnes

1 bulbe de fenouil, les pluches réservées
4 gros œufs de plein air ou bio
sel de mer et poivre noir fraîchement moulu
huile d'olive
1 tête de trévise ou 2 chicorées rouges, les feuilles lavées, séchées et déchirées
2 belles poignées de roquette et/ou de cresson de fontaine
16 tranches de bresaola
huile d'olive vierge extra
une poignée de parmesan fraîchement râpé, plus un morceau pour le service
le jus d'½ citron
en option : 1 cuillère à soupe d'huile de truffe (essayez-la !)

Émincez finement le bulbe de fenouil avec un économe ou un couteau affûté. Mettez les lamelles dans de l'eau très froide (ou avec des glaçons) pendant 1 minute environ – ça leur donne une agréable texture croquante, mais ça leur fait aussi perdre du goût, alors ne traînez pas. Dès que le fenouil commence à s'enrouler, égouttez-le dans une passoire et retirez les glaçons. Séchez-le dans une essoreuse à salade et mettez-le de côté.

Fouettez les œufs avec une pincée de sel et de poivre. Ajoutez un filet d'eau dans le mélange pour obtenir des omelettes aussi fines que des crêpes. Frottez une poêle antiadhésive de 20 cm avec de l'huile d'olive et mettez-la à chauffer. Versez rapidement un peu du mélange d'œufs dans la poêle en la faisant tourner pour qu'il y en ait partout. En moins d'une minute votre crêpe va devenir opaque et être bien cuite. Si elle l'est, soulevez la poêle et décollez-la avec une spatule. Soyez soigneux et n'allez pas trop vite – si vous abîmez la première, ne vous inquiétez pas, vous allez prendre le coup de main ! Quand vous avez préparé vos crêpes, empilez-les sur une planche et couvrez-les avec du papier aluminium pour les garder au chaud.

Mettez le fenouil et toutes les feuilles de salade dans un bol. Répartissez la bresaola sur quatre assiettes et arrosez-la d'huile d'olive vierge extra. Retirez le papier des crêpes. Roulez-les une par une et coupez-les en tronçons d'environ 1 à 2 cm. Soulevez-les délicatement avec les doigts pour les dérouler. Ajoutez-les dans le bol avec le fenouil, les feuilles de salade et le parmesan râpé. Assaisonnez le tout avec 6 cuillères à soupe d'huile d'olive vierge extra et le jus de citron. Salez, poivrez et remuez délicatement en mélangeant bien. Goûtez et ajoutez un peu de sel, de poivre ou de jus de citron si nécessaire. Pour un final de toute beauté, ajoutez une cuillère à café d'huile de truffe. Parsemez les pluches de fenouil réservées sur la salade. Mettez le saladier au milieu de la table, avec les assiettes de bresaola, et laissez chacun se servir. C'est génial avec un peu de parmesan râpé ajouté au dernier moment.

Meringue aux poires, à la crème, aux noisettes grillées et à la sauce au chocolat

Pour moi, ce plat est un assemblage de merveilleux ingrédients sucrés. Le fait d'avoir une grosse meringue simplifie le service. Sentez-vous libre de créer vos propres garnitures. Par exemple, j'aime aussi la crème de marron mélangée avec de la crème et du chocolat ou d'autres fruits moelleux avec du pralin ou encore un assortiment de noix grillées avec de la crème.

pour 6 à 8 personnes

4 blancs de gros œufs de plein air ou bio
200 g de cassonade
une pincée de sel de mer
100 g de noisettes, sans la peau
2 boîtes de 400 g de demi-poires au sirop
en option : 2 morceaux de gingembre frais, coupés en fines lamelles
200 g de chocolat noir (avec au moins 70 % de cacao)
40 cl de crème liquide
50 g de sucre glace, tamisé
1 gousse de vanille, coupée en deux, les graines grattées et récupérées
le zeste d'1 orange

Préchauffez votre four à 150 °C (th. 5) et couvrez une plaque à pâtisserie avec du papier sulfurisé.

Versez vos blancs d'œufs dans un bol vraiment propre en faisant bien attention qu'il n'y ait aucune particule de coquille ou de jaune d'œuf. Fouettez-les à vitesse moyenne jusqu'à ce qu'ils forment des pics. Sans arrêter votre fouet, ajoutez petit à petit le sucre et une pincée de sel. Mettez votre fouet au maximum et fouettez encore 7 à 8 minutes, jusqu'à ce que la meringue soit blanche et brillante. Pour vérifier qu'elle est prête vous pouvez pincer un peu du mélange entre vos doigts – s'il est complètement lisse c'est que c'est bon, s'il est un peu granuleux, il faut le fouetter encore un peu.

Posez une petite cuillerée de meringue aux quatre coins du papier sulfurisé et retournez-le pour le coller sur la plaque à pâtisserie. Étalez la meringue sur le papier. Avec le dos d'une cuillère, donnez-lui la forme d'une feuille A4. Glissez-la dans le four préchauffé et faites-la cuire 1 heure, jusqu'à ce qu'elle soit croustillante à l'extérieur et un peu molle et collante au centre. Dans le même temps, faites cuire au four sur une autre plaque les noisettes durant 1 heure, jusqu'à ce qu'elles soient bien dorées.

Égouttez les poires en réservant le sirop d'une des boîtes. Coupez chaque demi-poire en trois tranches. Versez le sirop de poire dans une casserole avec le gingembre et faites chauffer à feu moyen jusqu'à ce que ça fasse des petits bouillons. Retirez du feu et cassez le chocolat dans la casserole, en mélangeant avec une cuillère jusqu'à ce que tout soit fondu.

Sortez la meringue et les noix du four et laissez-les refroidir. Posez la meringue sur un beau plat ou une planche rustique. Fouettez la crème avec le sucre glace tamisé et les graines de vanille, pour qu'elle forme des pics bien lisses. Écrasez les noisettes grillées (dans un torchon) et parsemez-en la moitié sur la meringue. Étalez la moitié de la crème fouettée dessus et arrosez avec un peu de sauce au chocolat (si la sauce s'est solidifiée, faites-la fondre en tenant la casserole au-dessus d'une grande casserole d'eau bouillante). Répartissez la plupart des morceaux de poire dessus. Ajoutez le reste de crème et de poires. Arrosez encore avec de la sauce au chocolat, puis parsemez les noisettes grillées restantes et le zeste d'orange râpé. Servez immédiatement. Si vous faites ce dessert à l'avance, préparez les différents éléments et assemblez-les au dernier moment.

Le choc de l'élevage en batterie

Les poules élevées en cage, en batterie, sont une triste réalité de l'agriculture moderne. Je ne pense même pas qu'on devrait utiliser le mot « agriculture » pour en parler, car c'est épouvantable. Qui a bien pu créer une telle chose ? Imaginez la scène (peu de gens visitent ce genre d'endroit) : les poules sont dans des cages (à cinq par cage environ) avec un espace au sol qui n'est pas plus grand qu'une feuille A4. Les cages peuvent être empilées sur six niveaux en hauteur et par centaines, bien serrées, en longueur. Ce n'est pas naturel, car les volailles ne sont pas libres de se promener, de gratter le sol, de se frotter dans la poussière pour rester en forme. Enfermées ainsi jour après jour, elles finissent par être en piètre santé.

J'ai récemment été chercher quelques unes de ces poules dans un refuge et je les ai ramenées chez moi pour rejoindre mes poules de plein air, pour qu'elles puissent profiter du reste de leur vie. N'importe qui peut aller chercher ces poules au Battery Hen Welfare Trust (une association pour le bien-être des poules de batterie), soit gratuitement, soit pour une somme dérisoire de moins de 50 pences par animal, ce qui est moins cher qu'une demi-douzaine d'œufs. C'était les premières que je voyais et j'ai été choqué par leur état déplorable. Leurs crêtes étaient rose pâle, presque blanches et plates. Elles devraient être rouges et dressées. Leurs pieds étaient en très mauvais état parce qu'elles n'avaient pas de surface plate pour se tenir – imaginez être obligé de vous tenir sur des barres de fer pendant plus d'un an. Au lieu d'être courtes à force de gratter, leurs griffes étaient longues. Leurs plumes étaient sèches et leur bec était coupé. À vrai dire, les poules avaient l'air comateuses pendant les premiers jours qu'elles ont passé à la maison. Ce n'est pas une façon de respecter un animal vivant. Il n'y a absolument aucune excuse au fait de traiter des animaux de cette manière. Le but est peut-être de les faire pondre plus pour réaliser plus de profits, mais je pense que le produit en est affecté et que les œufs de batterie ne sont pas aussi bons que ceux de plein air ou bio.

Le Battery Hen Welfare Trust défend passionnément les agriculteurs, en disant que ce ne sont pas de mauvaises personnes ; ils sont pris entre le marteau et l'enclume, parce que l'agriculture a été très rude ces dernières années. Et vous savez quoi ? Ma petite diatribe dans ce livre ne vise pas les agriculteurs, que je pense ou non que ce qu'ils font est bien, il s'agit plutôt de vous encourager à acheter localement dans un élevage le plus naturel possible.

À partir de maintenant, quand vous achetez vos œufs, regardez la boîte pour vérifier qu'ils sont bien de plein air et ne vous gênez pas pour demander aux restaurants quel type d'œuf ils utilisent. Je suis vraiment content que les choses soient en train d'évoluer. Nous sommes de plus en plus nombreux à acheter des œufs de plein air ou bio. Cela signifie que le message est en train de devenir plus clair. Ceci dit, ce n'est que la partie émergée de l'iceberg car 63 % des œufs produits en Grande-Bretagne, le sont dans des élevages en batterie. Bien que nous fassions des efforts pour ne pas acheter des œufs de batterie (parce que ça nous rend mal à l'aise à juste raison) il faut aussi penser à tous les aliments préparés que nous achetons et qui contiennent peut-être des œufs : les quiches, les sandwichs bas de gamme, les biscuits, les gâteaux, la mayonnaise, les glaces bon marché… c'est dans ces produits qu'on trouve des œufs de batterie. Alors soyons tous un peu plus conscients des choses.

Bien que j'aie mes poules à la maison pour les œufs, ce que je n'ai pas encore essayé, et que je ne pense pas faire dans un proche avenir, c'est d'élever des animaux pour les manger. Ce n'est pas grave, car quel que ce soit l'endroit où on habite, si on est intéressé par la nourriture, il y a toujours moyen de se procurer de la viande qui vient directement d'un éleveur local. C'est la meilleure alternative au fait de les élever soi-même. On n'est même pas obligé d'acheter un animal entier – on peut acheter un demi-agneau ou une partie d'un agneau. Pouvoir demander précisément ce que l'on souhaite et développer une relation avec l'éleveur ou le boucher local, est une très bonne chose. Ça peut aussi être moins cher d'acheter dans ces endroits que d'acheter de l'agneau qui a traversé la moitié de la planète en avion. Quel que soit le pays dans lequel nous habitons, nous devrions tous essayer d'acheter localement, que ce soit auprès d'éleveurs attentionnés et engagés ou de bons bouchers ou encore de supermarchés de qualité. Il est aussi possible d'acheter de l'agneau sur Internet.

Si vous avez un congélateur et êtes assez confiant pour acheter un agneau entier, un demi ou un quartier et le couper en morceaux, alors foncez. Non seulement vous aurez une viande de qualité, mais en plus vous saurez exactement d'où vient l'animal, comment il a été traité pendant sa vie et ce qu'il a mangé. Cela vous encouragera peut-être à essayer des préparations nouvelles, avec des morceaux différents, pour obtenir le meilleur de votre agneau. Du coup, en même temps, vous élargirez vos horizons culinaires. L'éleveur, lui, obtiendra un meilleur prix, ce qui signifie qu'il pourra réinvestir dans l'entretien de ses animaux et la gestion de sa terre.

L'élevage des moutons est la forme d'agriculture la plus naturelle qui soit, parce qu'il faut que les moutons passent le plus clair de leur temps dehors, dans leur environnement naturel et que ça leur va comme un gant ! Le seul moment où on les fait rentrer, c'est quand la météo est vraiment mauvaise ou avant qu'ils ne mettent bas au printemps. Mon amie Daphné est une éleveuse de moutons dans le Nord du pays de Galles et son troupeau est à sa place, dans la montagne, à brouter l'herbage naturel. C'est là qu'ils sont bien. Et plus les animaux sont contents, moins ils sont stressés jusqu'au moment de l'abattage et meilleure sera la viande.

L'agneau devrait être conservé entre quatre jours et une semaine, suivant son âge et sa race, pour permettre à la viande de s'attendrir, de développer sa saveur et à la peau de sécher. De manière générale, plus la bête est âgée, plus il faut la laisser rassir. Le mouton est généralement conservé 10 jours. Un animal bien rassis a une viande sombre avec une belle graisse blanche. C'est également vrai pour le bœuf et le gibier. En ce qui concerne le gras, les supermarchés cherchent généralement à nous vendre de la viande maigre, mais c'est ce gras qui donne le goût à la viande. Une bête bien nourrie, arrivée à maturité sera bien persillée de gras, ce qui en fait un produit juteux et savoureux.

Alors, qu'est ce qui fait un vraiment bon agneau ? Et bien c'est une combinaison de plusieurs choses. D'abord son élevage, ensuite un fermier attentionné et compétent, et troisièmement une bonne gestion du troupeau. Les éléments naturels comme le soleil et la pluie qui donnent une belle herbe, jouent aussi un rôle important. Savez-vous que l'agneau de printemps n'est pas forcément le meilleur ? C'est vrai qu'il sera très tendre, mais ses saveurs n'auront pas eu le temps de se développer. La viande de l'agneau d'automne est non seulement moins chère, elle est aussi plus goûteuse. C'est parce que les agneaux ont eu le temps de se développer naturellement à l'extérieur, et qu'ils ont profité de toute la nourriture qu'ils ont mangée pendant les luxuriants mois d'été. Ça vaut le coup de s'en souvenir.

Brochettes de kebabs d'agneau aux pistaches et wrap de salade épicée

Les vrais kebabs sont délicieux, pleins de noix, d'épices, d'herbes et de fruits, comme le savent tous ceux qui ont goûté à la cuisine moyen-orientale authentique. Dans cette recette, j'utilise une épice, appelée sumac – elle a un goût génial – mais si vous n'en trouvez pas, remplacez-la par du zeste de citron.

pour 4 personnes

500 g de d'épaule ou de collier d'agneau paré, coupé en morceaux de 2,5 cm
2 cuillères à soupe bombées de feuilles de thym frais
1 cuillère à café rase de piment en poudre
1 cuillère à café rase de cumin en poudre
4 cuillères à soupe rases de sumac, si vous en trouvez, ou le zeste finement râpé d'1 citron
sel de mer et poivre noir fraîchement moulu
une bonne poignée de pistaches décortiquées
quelques poignées de feuilles de salades mélangées, comme de la romaine, de l'endive et de la roquette, lavées, essorées et déchirées
les feuilles d'une petite botte de menthe
1 oignon rouge, pelé et très finement émincé
1 citron
les feuilles d'une botte de persil plat
huile d'olive vierge extra
4 grands pains libanais ou des tortillas
4 cuillères à soupe bombées de yaourt nature

Achetez une viande d'agneau hachée de très bonne qualité ou alors un morceau paré d'épaule ou de collier et hachez-le chez vous dans un robot. Si vous prenez du mouton, pensez à demander à votre boucher de retirer les tendons et à le faire cuire quelques minutes de plus.

Ce plat est meilleur cuit au barbecue sur des charbons ardents, mais si ça n'est pas possible, réglez votre gril au plus chaud ou faites chauffer un gril en fonte. Quoi qu'il en soit, préchauffez votre outil de cuisson.

Mettez l'agneau dans un robot avec presque tout le thym, le piment, le cumin et le sumac (réservez-en un peu pour saupoudrer après), un peu de sel, de poivre et toutes les pistaches. Mixez jusqu'à ce que le mélange ressemble à de la chair à saucisse.

Partagez la viande en quatre parts égales et prenez 4 brochettes. Humidifiez vos mains et entourez chaque brochette de viande en appuyant. Avec vos doigts, pratiquez des petits creux dans la viande, au fur et à mesure – ça lui donnera une meilleure texture à la cuisson.

Dans un bol, mélangez les feuilles de salade et la menthe. Dans un autre, mettez l'oignon haché avec une bonne pincée de sel, de poivre et un filet de jus de citron (l'acidité va adoucir l'oignon cru et légèrement le confire). Chiffonnez le tout avec les doigts puis ajoutez les feuilles de persil et mélangez.

Faites griller les kebabs jusqu'à ce qu'ils soient bien dorés de tous les côtés. Assaisonnez vos feuilles de salade et de menthe avec un filet d'huile d'olive vierge extra et de jus de citron, du sel et du poivre. Pendant ce temps, faites chauffer vos pains 30 secondes sur le gril en fonte ou sous le gril du four, répartissez-les sur les assiettes et couvrez-les d'un peu de feuilles de salade assaisonnées et d'oignon. Quand les kebabs sont cuits, faites-les glisser des brochettes sur les pains – vous pouvez les laisser entiers ou les défaire comme je l'ai fait ici. Parsemez-les du reste de sumac, de cumin, de piment, de thym frais et d'un peu de sel et de poivre. Maintenant, vous pouvez soit mélanger les salades assaisonnées, la viande grillée et les jus sur les pains, les arroser de yaourt puis les rouler avant de les servir ; soit laisser vos amis eux-mêmes les mélanger à table, les assaisonner, les rouler et les arroser d'huile d'olive vierge extra.

Incroyable épaule d'agneau rôtie avec une écrasée de légumes et de la verdure

Dans cette recette, je vais vous montrer à quel point une épaule d'agneau doucement rôtie peut-être incroyable. En échange, j'aimerais que vous achetiez un agneau local de bonne qualité, qui a été rassis comme il faut. C'est la viande que je vais laisser s'exprimer, sans lui ajouter grand chose, juste une sauce simple à partir du jus qui a coulé dans le plat. Vous pouvez préparer ce plat toute l'année avec des légumes de saison.

pour 6 personnes

500 g de beaux légumes verts, tels que du chou blanc, du chou de Savoie, des choux de Bruxelles, du chou vert frisé, les feuilles détachées et les tiges finement émincées

pour l'agneau

une grosse botte de romarin frais

1 épaule d'agneau de 2 kg

huile d'olive

sel de mer et poivre noir fraîchement moulu

1 tête d'ail, non pelée, séparée en gousses

pour l'écrasée de légumes

750 g de grosses pommes de terre, coupées en gros morceaux

3 grosses carottes, pelées et coupées en petits morceaux

½ gros rutabaga, pelé et coupé en petits morceaux

75 g de beurre

pour la sauce

1 cuillère à soupe de farine

50 cl de bouillon chaud de légumes ou de volaille de bonne qualité

2 cuillères à soupe bombées de câpres, égouttées et hachées

les feuilles d'une grosse botte de menthe

2 cuillères à soupe de vinaigre de vin rouge

Préchauffez votre four au maximum. Entaillez toute la partie grasse de l'agneau avec un couteau affûté. Étalez la moitié des brins de romarin et la moitié des gousses d'ail au fond d'un plat à bord haut allant au four. Frottez l'agneau de tous les côtés avec de l'huile d'olive, du sel et du poivre. Posez-le dans le plat sur le romarin et les gousses d'ail, et répartissez le reste du romarin et de l'ail dessus. Couvrez le plat hermétiquement avec du papier d'aluminium et enfournez-le. Baissez immédiatement la température à 170 °C (th. 6) et laissez cuire 4 heures – si vous pouvez facilement défaire la viande avec deux fourchettes, c'est prêt.

Quand l'agneau est presque cuit, mettez vos pommes de terre, carottes et rutabaga dans une grande casserole d'eau bouillante et faites-les cuire environ 20 minutes à gros bouillons, jusqu'à ce que la lame d'un couteau rentre facilement dans le rutabaga. Égouttez-les et laissez-les se dessécher en s'évaporant, puis écrasez-les dans la casserole avec la plupart du beurre. Si vous préférez une texture lisse, ajoutez un peu d'eau de cuisson. Versez-les dans un bol, couvrez-le de papier d'aluminium et gardez-le au chaud sur une casserole d'eau frémissante.

Retirez l'agneau du four et posez-le sur une planche à découper. Couvrez-le de papier d'aluminium, puis d'un torchon et laissez-le reposer. Portez une grande casserole d'eau salée à ébullition pour les légumes verts. Videz la plupart du gras du plat de cuisson et jetez les tiges de romarin. Mettez le plat sur le feu et mélangez-y la farine. Ajoutez le bouillon en remuant et en grattant bien pour récupérer tous les sucs délicieux du fond du plat. Vous n'aurez pas besoin de litres de sauce, juste quelques cuillerées chacun. Ajoutez les câpres, baissez le feu et laissez mijoter quelques minutes.

Émincez finement la menthe et ajoutez-la au dernier moment dans la sauce avec le vinaigre de vin rouge. Versez-la dans un broc. Ajoutez les légumes verts et leurs tiges dans la casserole d'eau bouillante et faites-les cuire 4 à 5 minutes, juste pour les ramollir. Égouttez-les et mélangez-les avec une noix de beurre, une pincée de sel et de poivre. Posez le tout au milieu de la table et effilochez l'agneau devant vos invités. Un régal absolu !

Lamb chops poêlés, haricots cannellini crémeux, blettes à carde rouge et salsa verde

Les lamb chops sont des tranches de selle d'agneau, un peu comme des côtes d'agneau doubles. Pour ce superbe plat, je vais les servir avec une salsa verde cool et contemporaine, des haricots savoureux et de succulentes blettes. La blette est un excellent légume à cultiver car il vous donne de belles tiges et des pousses de feuilles délicieuses pour vos salades.

pour 4 personnes

sel de mer et poivre noir fraîchement moulu
4 tranches de selle d'agneau, d'environ 3 cm d'épaisseur
huile d'olive
300 g de blettes à carde rouge (ou ordinaires)
1 citron, coupé en deux
1 gousse d'ail, pelée et émincée
2 petits piments secs, écrasés
1 bocal de 650 g de haricots cannellini, borlotti ou blancs, cuits, de bonne qualité, égouttés
3 brins de romarin frais

pour la salsa verde
½ gousse d'ail, pelée
1 cuillère à café de câpres, trempés puis égouttés
4 petits cornichons
2 filets d'anchois à l'huile, de bonne qualité, égouttés
les feuilles d'une petite botte de persil plat
les feuilles d'une petite poignée de basilic
les feuilles d'une petite poignée de menthe
1 à 2 cuillères à soupe de vinaigre de vin rouge, suivant votre goût
huile d'olive vierge extra
1 cuillère à café de moutarde de Dijon
sel de mer et poivre noir fraîchement moulu

Préchauffez votre four au maximum et portez une grande casserole d'eau salée à ébullition. Pour que votre salsa verde soit la meilleure, hachez finement ensemble sur une grande planche à découper l'ail, les câpres et les anchois. Posez les herbes dessus et continuez à hacher jusqu'à ce que tout soit fin. Vous pouvez utiliser un robot, mais ne le faites pas tourner trop longtemps – sinon la sauce va se transformer en purée. Raclez le tout dans un bol, versez le vinaigre de vin rouge et environ 10 cuillères à soupe d'huile d'olive vierge extra. Ajoutez la moutarde et un petit filet d'eau, mélangez et assaisonnez à votre goût.

Frottez les lamb chops avec un peu d'huile d'olive. Salez et poivrez-les. Préchauffez très fortement un grand gril en fonte ou une poêle allant au four. Appuyez bien les côtes dessus – sans ajouter de matière grasse parce que la graisse naturelle des lamb chops va fondre à la cuisson. Au bout de 2 minutes, retournez-les et mettez le gril en fonte dans le four préchauffé. Faites-les rôtir 10 à 15 minutes ou suivant votre goût.

Pendant que la viande termine de cuire dans le four, faites blanchir les blettes 3 à 4 minutes dans une casserole d'eau bouillante, jusqu'à ce que leurs tiges soient tendres, puis égouttez-les. Mélangez-les dans un bol avec un peu d'huile d'olive vierge extra, un filet de jus de citron et de l'assaisonnement.

Faites chauffer une poêle et versez-y une lampée d'huile d'olive. Faites frire l'ail quelques secondes jusqu'à ce qu'il soit bien doré, puis ajoutez les piments et les haricots. Posez le romarin dessus. Couvrez, baissez le feu et réchauffez doucement les haricots. Salez et poivrez-les légèrement.

Quand les lamb chops sont cuites, posez-les sur un plat chaud et arrosez-les de quelques bonnes cuillerées de salsa verde. Videz l'excès de gras de la poêle et pressez-y un demi-citron, puis grattez les sucs au fond de la poêle. Vous pouvez jeter le romarin qui est sur les haricots. Mettez les haricots dans un grand bol avec les blettes par-dessus. Versez tout le délicieux jus de viande de la poêle dessus et servez avec les lamb chops.

Tartare d'agneau vraiment simple et délicieux

Vous serez peut-être étonné de l'apprendre, mais il n'y a aucun problème à consommer de l'agneau cru, de la même façon qu'il n'y a aucun problème à consommer du bœuf cru. Les carpaccios et les tartares de bœuf sont assez courants en France et en Italie, et ça fait un bon moment que nous proposons du tartare d'agneau à la carte du restaurant *Fifteen*. Ils partent toujours comme des petits pains et les gens nettoient bien leur assiette, alors j'adorerais que vous l'essayiez. C'est rapide à préparer, contemporain, un peu « comme au restaurant » mais absolument délicieux.

En Italie, j'en ai goûté avec l'huile d'olive de l'année, et c'était réellement très bon. Essayez de vous en procurer, parce qu'une bonne huile peut faire toute la différence.

En ce qui concerne la viande, le filet ou la longe sont généralement utilisés pour le tartare, mais avec l'agneau vous pouvez choisir un morceau un peu moins tendre et plus goûteux comme la selle ou le gigot, à condition que les tendons soient retirés (c'est très important – vous pouvez demander au boucher de le faire) et que vous attendrissiez bien la viande avec un maillet ou quelque chose de lourd, avant de commencer à la hacher.

pour 4 personnes

450 g de très bonne viande d'agneau parée (voir l'introduction de la recette)
1 piment rouge frais, coupé en deux et épépiné
1 petit bocal de petits cornichons
une petite botte de menthe, finement hachée, les petites feuilles réservées
1 cuillère à café de moutarde française
le jus d'½ orange
le jus d'½ citron
sel de mer et poivre noir fraîchement moulu
huile d'olive vierge extra (si possible de l'année)
8 tranches de ciabatta d'1 cm d'épaisseur
2 poignées de cresson, lavées et essorées

Procurez-vous un grand couteau de cuisine. Posez votre viande sur une planche à découper et coupez-la en tranches, puis hachez-la grossièrement. Poussez-la dans un coin de la planche et émincez finement votre piment dans un autre coin. (Je trouve que le piment et l'agneau vont vraiment bien ensemble – vous pouvez en mettre plus ou moins, comme vous voulez). Ajoutez les cornichons sur la planche et hachez-les sur le piment, puis ajoutez la menthe par-dessus et hachez à nouveau.

Mettez la viande et toutes les garnitures de la planche dans un bol et mélangez-les, en incorporant la moutarde et les jus d'orange et de citron. Salez et poivrez à votre goût. Versez-y quelques lampées d'huile d'olive vierge extra. Mélangez le tout pour que la viande soit bien enrobée et absorbe les bonnes saveurs – goûtez-la. C'est le moment d'ajouter un peu plus de « piquant », si vous le souhaitez, avec de la moutarde ou du piment ou un peu de jus de citron, pour faire ressortir les goûts. C'est important de bien assaisonner le tartare.

Quand la viande est vraiment savoureuse, faites chauffer votre gril du four ou un gril en fonte et toastez vos tranches de ciabatta. J'aime servir ce plat de deux façons. Vous pouvez donner à chacun deux tranches de ciabatta toastée sur leur assiette, avec du tartare dessus, un filet d'huile d'olive vierge extra et un peu de cresson assaisonné de jus de citron. Dans un style plus familial, vous pouvez mettre tout le tartare dans un grand plat et l'arroser d'huile d'olive vierge extra. Posez quelques cornichons en plus autour et répartissez dessus les petites feuilles de menthe réservées. Servez un bol de cresson assaisonné de jus de citron et un panier de pain toasté à côté et laissez chacun se servir à sa guise !

Agneau

Quand est-ce qu'un agneau est un « agneau » ?

Un agneau est appelé « agneau » pendant la première année de sa vie. Dès qu'il a plus d'un an, on parle d'un « mouton ». Le mouton est une belle viande – beaucoup plus foncée que l'agneau, il faut la faire cuire lentement pour qu'elle soit vraiment tendre, mais, son goût est vraiment extraordinaire ! Le mouton de 2 à 3 ans est généralement le meilleur ; cependant, comme il faut le faire rassir environ deux semaines en chambre froide, les supermarchés ne veulent pas en entendre parler et seuls les meilleurs bouchers vont consacrer le temps et l'espace à le faire. Après la guerre, les gens ont perdu l'habitude de cuisiner le mouton, ce qui est vraiment dommage ! Il faudrait qu'on réclame tous du mouton pour qu'il redevienne à la mode. En plus, d'un point de vue financier, ça ferait vraiment la différence pour les éleveurs. Le mouton est un sous-produit de l'élevage des agneaux, car il est gardé principalement comme reproducteur. Mais, quand il s'agit de le vendre, les éleveurs n'arrivent pas à en obtenir un bon prix. S'il y avait de la demande, les choses seraient différentes. La prochaine fois que vous serez chez le boucher, s'il vous plaît réclamez-en, et allez aussi sur ce site Internet qui célèbre le mouton : www.muttonrenaissance.org.uk

Les différentes découpes d'agneau

Maintenant, pour vous tuyauter, je veux vous montrer d'où viennent les différentes découpes sur l'animal. Même chez les bons bouchers, l'agneau à l'étalage est très souvent coupé en côtes ou en tranches, et les morceaux ne se trouvent pas les uns à côté des autres, comme sur l'animal. Au supermarché tous les morceaux sont préemballés. Avec un mouton, c'est assez facile d'avoir une vue générale. Il a des morceaux similaires à ceux du porc, du bœuf et du gibier, mais comme ces animaux deviennent plus grands, les bouchers créent plus de découpes et ça devient un peu plus compliqué. Je vais décrire les découpes de manière assez générale, car les différents pays (et même les régions) n'ont pas les mêmes façons de faire.

L'épaule
C'est la patte avant, qui est assez différente du « gigot » (la patte arrière). L'épaule est beaucoup plus ferme et musclée, car elle doit porter le poids du cou et de la tête de l'animal et en plus elle supporte constamment le poids de l'agneau quand il se penche pour manger. Du coup c'est une découpe moins tendre, mais qui devient fondante quand elle est cuisinée longtemps et doucement à basse température. C'est mon morceau préféré et sans doute le secret le mieux gardé ! La prochaine fois, essayez de faire rôtir une épaule plutôt qu'un gigot.

Le collier
Ce sont les muscles qui vont de l'arrière de la tête, jusqu'en haut de l'épaule. Quand il est paré et coupé en fines tranches, c'est un morceau assez tendre et savoureux. Comme c'est une viande peu chère, elle est idéale pour nourrir beaucoup de monde autour d'un barbecue.

Les côtes
C'est la partie classique, la plus recherchée de l'animal. On peut y préparer des carrés d'agneau et tous les restos chics veulent acheter cette partie. C'est très bon mais c'est aussi très cher.

La longe courte
C'est dans cette partie qu'on trouve le filet, la longe et la selle. Quand vous regardez cette partie, vous pouvez voir comment le filet, l'os et la longe s'emboîtent – presque comme un T-Bone steak. C'est ici qu'on trouve les côtes premières, y compris les tranches de selle (voir recette page 50).

La croupe
Ce sont les « fesses » de l'agneau qu'on appelle aussi « selle de gigot ». C'est un morceau délicieux et il peut être assez cher. Il a beaucoup de goût et il est assez tendre. Le mieux c'est de le faire cuire rapidement, sous forme de steaks.

Le gigot
Tout le monde adore le rôti du dimanche, et ce morceau de l'agneau est le mieux adapté pour le préparer. Vous pouvez aussi obtenir de délicieuses souris à partir de ce morceau.

La poitrine
C'est un morceau qui ressemble à la poitrine de porc, mais en moins charnue. Elle est un peu plus compliquée à préparer que d'autres morceaux car il faut la parer et la rouler, mais quand elle est cuite longuement et lentement arrosée de son jus, elle peut être vraiment exceptionnelle.

40

La rhubarbe est assez bizarre. Elle est généralement considérée comme un fruit pour préparer les desserts, mais comme elle fait partie de la famille de l'oseille, en fait c'est plutôt une herbe. Si vous avez un peu d'espace pour faire des cultures, ça vaut vraiment le coup d'en avoir un ou deux plants. Non seulement elle est très belle, mais j'adore en avoir dans le jardin pour les moments où j'ai envie de préparer une tarte, un crumble ou une tourte. C'est un tel plaisir de pouvoir sortir de chez soi et couper de la rhubarbe à deux pas de la maison ! Elle est extrêmement aigre et très acide, alors quelle que soit la façon dont vous allez la préparer, il va falloir équilibrer l'acidité avec du sucre. Du coup, on ne peut jamais vraiment la consommer de façon diététique (mais nous avons tous besoin de quelques excès de temps en temps).

On trouve deux sortes de rhubarbe : la rhubarbe à pousse forcée et la rhubarbe à pousse naturelle. Je trouve qu'elles sont aussi bonnes l'une que l'autre. La différence principale c'est que la rhubarbe à pousse forcée est d'un rose plus vif, elle a de délicieuses pousses filiformes, elle est beaucoup plus tendre et moins filandreuse. En plus, elle se tient mieux à la cuisson. Et bien sûr, comme sa pousse est forcée, vous pourrez en profiter environ 6 à 8 semaines avant la saison de la récolte de la rhubarbe à pousse naturelle.

On mange de la rhubarbe depuis des millénaires – en 2000 av J.-C., elle était déjà cultivée en Chine, mais uniquement pour ses propriétés médicinales. Bizarrement elle n'est pas très nourrissante car elle est principalement composée d'eau. Elle contient un peu de vitamine C, du calcium et des fibres, mais là ne réside pas son principal intérêt... Elle a surtout une gamme de saveurs extraordinaires – elle flotte, fait des bonds, saute et s'écrase sur votre langue, de l'avant vers l'arrière, en passant par les côtés et elle repart pour un tour ! Elle est incroyablement rafraîchissante, alors manger de la rhubarbe est une excellente façon de terminer votre repas. Comme la rhubarbe s'accorde vraiment bien avec les goûts riches et sucrés, c'est un des ingrédients stars des desserts britanniques. Les génoises, les puddings, les pâtisseries et les tartes se marient bien avec la rhubarbe, mais sa plus vieille amie c'est la crème anglaise à la vanille. Que les deux saveurs se mélangent dans une glace ou qu'elles soient simplement servies en compote de rhubarbe avec la crème anglaise, c'est une association de génie.

Il ne faut que 5 minutes pour faire cuire de la rhubarbe, c'est donc un aliment super à servir au petit-déjeuner, mélangée dans un yaourt à la grecque, parsemée d'un savoureux mélange de noix grillées et de flocons d'avoine, ou versée sur des pancakes – tout simplement délicieux. J'ai commencé récemment à servir de la compote de rhubarbe avec de la viande, comme on servirait une sauce aux pommes avec du rôti de porc ou une sauce chinoise aux prunes avec du canard par exemple. Ou alors, je la mélange avec mon jus de viande avant de servir. Donc, dans ce chapitre vous trouverez de délicieux desserts à la rhubarbe, ainsi qu'un des meilleurs wok de porc et de rhubarbe, façon asiatique, qu'il m'ait été donné de rencontrer ! Et le cocktail Bellini à la rhubarbe est une vraie réussite – vous devez l'essayer.

Maintenant que j'y pense, dès que ma prochaine récolte de rhubarbe sera prête, je préparai une bonne quantité de confiture de rhubarbe bien épaisse, pour qu'elle se fige en un bloc en refroidissant. Ce sera délicieux pour accompagner des fromages – un peu comme la pâte de coing.

P.-S. : Les feuilles de rhubarbe sont légèrement toxiques. Ne les cuisinez pas, ne les mangez pas et ne les fumez pas non plus !

rhubarbe

Mon porc croustillant préféré à la rhubarbe aigre-piquante et aux nouilles

Cette recette était totalement expérimentale, et j'ai été vraiment content qu'elle fonctionne ! Je voulais utiliser l'acidité et la saveur de la rhubarbe pour obtenir une sauce incroyable dans laquelle faire mijoter ce morceau vraiment dur qu'est la poitrine de porc, pour qu'elle devienne divinement moelleuse. Ensuite, les morceaux de porc sont grillés au wok jusqu'à ce qu'ils soient croustillants et servis avec la sauce à la rhubarbe et des nouilles cuites tout simplement – bon sang, quel plat ! C'est une réussite.

P.-S. : Vous devriez trouver des feuilles intéressantes dans n'importe quel bon supermarché.

pour 4 personnes

1 kg de poitrine de porc, désossée, sans la couenne, coupée en cubes de 3 à 4 cm
sel de mer et poivre noir fraîchement moulu
huile d'arachide ou végétale
375 g de nouilles aux œufs de taille moyenne
4 oignons blancs frais, pelés et finement émincés
1 piment rouge frais, épépiné et finement émincé
2 barquettes de feuilles intéressantes (telles que le cresson, le shiso ou le basilic)
une botte de coriandre fraîche
2 citrons verts

pour la marinade
400 g de rhubarbe
4 cuillères à soupe de miel liquide
4 cuillères à soupe de sauce de soja
4 gousses d'ail, pelées
2 piments rouges frais, coupés en deux et épépinés
1 cuillère à café bombée de 5 épices
un morceau de gingembre frais de la taille d'un pouce, pelé et haché

Préchauffez le four à 180 °C (th. 6). Posez les morceaux de porc dans un plat allant au four et mettez-le de côté. Mettez tous les ingrédients de la marinade dans un robot et mixez le tout jusqu'à obtenir une pâte lisse. Versez-la sur le porc, en ajoutant un verre d'eau. Mélangez le tout, puis couvrez le plat hermétiquement et glissez-le dans le four préchauffé pendant environ 1h30 ou jusqu'à ce que la viande soit tendre et sans coloration.

Sortez les morceaux de viande du plat et réservez. La sauce restante sera délicieusement goûteuse et pratiquement parfaite. Mais si vous trouvez qu'il faut un peu l'épaissir, faites-la mijoter doucement à feu doux jusqu'à ce qu'elle ait la consistance du ketchup. Assaisonnez à votre goût, ajoutez un peu plus de sauce de soja si nécessaire, puis retirez-la du feu et mettez-la de côté.

Faites bouillir une casserole d'eau salée. Mettez une grande poêle ou un wok sur le feu et versez-y une bonne lampée d'huile d'arachide ou végétale. Mettez vos morceaux de porc dans le wok et faites-les revenir quelques minutes, jusqu'à ce qu'ils soient bien dorés et croustillants. (Il faudra peut-être le faire en deux fois). En même temps, versez vos nouilles dans la casserole et faites-les cuire quelques minutes, puis videz la plupart de l'eau. Partagez immédiatement les nouilles entre quatre bols chauds, tant qu'elles sont encore humides.

Ce que j'adore particulièrement dans ce plat c'est le contraste entre les saveurs qui le composent : les nouilles toutes simples, la vivacité de la sauce pimentée à la rhubarbe et le porc merveilleusement croustillant et fondant dans la bouche. Pour finir, versez dessus une bonne quantité de sauce à la rhubarbe. Répartissez le porc croustillant sur les nouilles, et ajoutez quelques bonnes pincées d'oignons frais, de piments, de cresson et de coriandre. Servez avec un demi-citron vert par personne – la perfection.

Sorte de soufflé à la crème anglaise et à la rhubarbe

Ce plat est comme un mélange entre un soufflé et un dessert léger. Le soufflé est un dessert classique, un peu rétro, que j'essaie d'éviter de préparer ces jours-ci car j'en ai préparé sans arrêt pendant mes études ! Comme l'omelette, un soufflé est le test d'un cuisinier vraiment bon – si la température, la rapidité et les différentes étapes ne sont pas au point, vous risquez de vous retrouver avec une sorte de crêpe. Mais maintenant, j'ai mis au point une recette tellement délicieuse, avec un goût et une texture si superbes, que même si le soufflé s'affaisse, ce n'est pas grave. Mon moment préféré c'est quand tout le monde fait un trou dans le haut du soufflé chaud et y verse un peu de crème anglaise bien froide. Il n'y a rien de meilleur.

pour 6 personnes

400 g de rhubarbe, coupée en morceaux de 2,5 cm
100 g de sucre semoule, plus 2 cuillères à soupe
25 g de beurre mou
6 spéculoos
15 cl de crème anglaise toute faite, et un peu plus pour le service
1 jaune de gros œuf de plein air ou bio et 4 blancs
1 cuillère à café de farine ordinaire
sel de mer

Préchauffez le four à 180 °C (th. 6) et enfournez-y une plaque à pâtisserie pour la faire chauffer. Mettez la rhubarbe dans une casserole avec les 100 g de sucre. Couvrez la casserole et laissez mijoter le tout environ 10 minutes, jusqu'à ce que la rhubarbe soit tendre. Mettez-la de côté et laissez-la bien refroidir.

Prenez six ramequins et beurrez-les. Mettez les spéculoos dans un sac en plastique, attachez-le et écrasez les biscuits avec un rouleau à pâtisserie, ou le fond d'une casserole, pour obtenir des miettes assez fines. Saupoudrez l'intérieur des ramequins avec les biscuits écrasés puis secouez-les pour enlever l'excès de miettes. Gardez-les pour plus tard. À ce stade, vous pouvez mettre les ramequins au frigo en attendant d'assembler vos soufflés.

Versez une cuillère à soupe de la compote de rhubarbe froide dans chaque ramequin. Mélangez la rhubarbe restante avec la crème anglaise, le jaune d'œuf et la farine. Dans un grand bol bien propre, fouettez les blancs d'œufs avec une pincée de sel, au fouet électrique, jusqu'à ce qu'ils forment des pics. Ajoutez les 2 cuillères à soupe de sucre restant et fouettez à grande vitesse, jusqu'à ce que les blancs soient très fermes – ça prend environ 3 minutes.

Mélangez doucement 2 cuillères à soupe des blancs d'œufs montés dans le mélange à la rhubarbe. Versez-le dans le bol qui contient le reste des blancs et incorporez-les très délicatement. Partagez le mélange dans les ramequins et égalisez leur surface. Essuyez bien les bords des ramequins.

Sortez la plaque à pâtisserie chaude du four et posez les ramequins dessus. Remettez-la dans le four préchauffé pour 18 à 20 minutes ou jusqu'à ce que les soufflés soient joliment dorés et qu'ils aient bien monté. Servez immédiatement avec les miettes de spéculoos restantes.

Dessert express à la rhubarbe

C'est vraiment un dessert à la rhubarbe rapide à préparer. Il ne faut que cinq minutes pour faire compoter les fruits, cuire la pâte feuilletée, et à peine quelques-unes de plus pour assembler le tout.

pour 4 personnes

pour la compote de rhubarbe
500 g de rhubarbe, parée et hachée
100 g de sucre ou de sucre vanillé
le jus d'½ orange

pour les galettes
3 cuillères à soupe de sucre glace
1 cuillère à café de cannelle en poudre
1 pâton de 500 g de pâte feuilletée

pour le yaourt parfumé
50 cl de yaourt nature
le zeste d'1 orange
1 cuillère à soupe bombée de miel liquide

Prenez une petite casserole et mettez-y la rhubarbe, le sucre et le jus d'orange. Couvrez-la et portez à ébullition pendant 2 minutes, puis retirez le couvercle et laissez mijoter encore quelques minutes, jusqu'à obtenir la consistance d'une compote épaisse.

Pendant que la compote est en train de cuire, nous allons préparer de délicieuses galettes croustillantes. Tamisez le sucre glace et la cannelle sur un plan de travail bien propre. Coupez 4 tranches d'environ 1 cm d'épaisseur de votre pâton de pâte feuilletée et posez-les à plat sur le plan de travail avec le sucre. Remettez la pâte restante au frigo ou au congélateur pour un autre jour. Étalez chaque tranche pour qu'elle fasse environ 0,5 cm d'épaisseur, en la retournant pour qu'elle soit bien couverte du mélange de sucre glace et de cannelle. Coupez les tranches en deux dans la diagonale – vous obtiendrez de longues formes triangulaires. Préchauffez une grande poêle antiadhésive et faites dorer les triangles de pâte, deux par deux, de chaque côté. Laissez-les refroidir sur une grille.

Mélangez le yaourt, le zeste d'orange et le miel. Pour servir, déposez une cuillerée de yaourt dans chaque verre, suivie d'une cuillerée de compote de rhubarbe. Continuez à faire des couches de yaourt et de compote, jusqu'à ce que les verres soient pleins et posez un triangle de pâte feuilletée dessus. Sinon, vous pouvez faire des couches de yaourt, de rhubarbe et de triangles de pâte sur des assiettes à dessert. Bon appétit !

Crumble à la rhubarbe et au gingembre

C'est une recette classique de crumble, mais je lui ai donné un peu de relief en ajoutant du gingembre frais et des flocons d'avoine, pour avoir le meilleur mélange de crumble qui soit. C'est une association absolument délicieuse de saveurs, et c'est vraiment bon avec de la crème fraîche épaisse ou de la crème anglaise froide.

pour 4 à 6 personnes

1 kg de rhubarbe, parée, et coupée en gros morceaux
200 g de sucre roux
le zeste et le jus d'1 orange
100 g de farine ordinaire
100 g de beurre froid
100 g de flocons d'avoine
2 morceaux de gingembre frais, hachés

Préchauffez votre four à 180 °C (th. 6). Mettez la rhubarbe et la moitié du sucre dans une casserole. Ajoutez le zeste et le jus d'orange, couvrez, portez à ébullition et laissez mijoter quelques minutes. Retirez le couvercle et continuez la cuisson à petits bouillons pendant 5 minutes, jusqu'à ce que la rhubarbe soit légèrement ramollie. Versez-la dans un plat allant au four ou dans des plats individuels et étalez-la régulièrement.

Pour préparer votre pâte à crumble, utilisez vos doigts pour sabler la farine et le beurre, jusqu'à ce que le mélange ressemble à des miettes de pain. Ajoutez-y les flocons d'avoine, le reste du sucre, le gingembre et mélangez. (Vous pouvez préparer la pâte à crumble dans un robot. Mettez-y la farine, le beurre, le sucre et le gingembre et mixez le tout. Ajoutez les flocons d'avoine et mixez encore 10 secondes). Parsemez le crumble sur la rhubarbe et faites-le cuire 40 à 45 minutes dans le four préchauffé ou jusqu'à ce que la rhubarbe fasse des bulles et que le crumble soit doré.

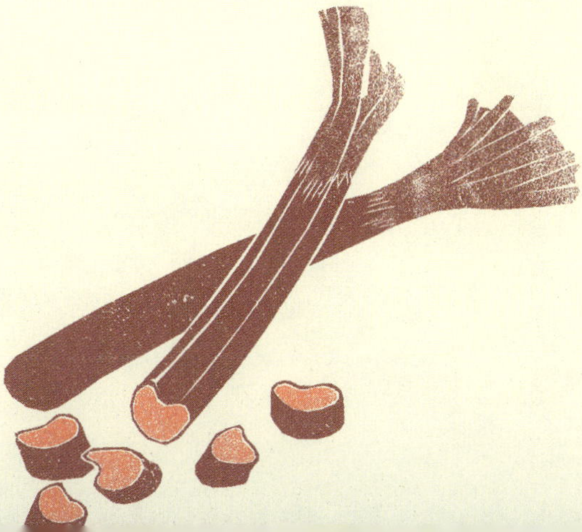

Cocktail crémeux à la rhubarbe et à la vodka

pour 2 personnes

500 g de rhubarbe, parée et hachée
100 g de sucre
le jus d'½ orange
2 mesures de vodka
½ mesure de Galliano
½ mesure de crème liquide
½ mesure de lait
une poignée de glaçons

Au restaurant *Fifteen* de Cornouailles, ils ont un super barman qui s'appelle Tristan. Avant il était chef, mais maintenant il prépare des cocktails et on sent dans ses boissons qu'il a un vrai sens des saveurs. Il fait notamment un cocktail génial en utilisant le jus merveilleux qui sort quand on fait compoter la rhubarbe, un peu comme celui que j'ai fait ici.

Mettez la rhubarbe, le sucre et le jus d'orange dans une petite casserole, couvrez. Laissez mijoter quelques minutes, puis retirez le couvercle et poursuivez la cuisson à petits bouillons encore quelques minutes, jusqu'à ce que la rhubarbe ait la consistance d'une compote épaisse. Versez-la dans une passoire au-dessus d'un bol et laissez le liquide s'égoutter. C'est ce liquide que vous allez utiliser (la rhubarbe qui reste dans la passoire sera délicieuse avec un peu de crème anglaise).

Mettez la vodka, le Galliano, la crème, le lait, les glaçons et 2 mesures de jus de rhubarbe dans un shaker et secouez le tout. Passez-le dans deux verres à cocktail. Magnifique.

Bellini à la rhubarbe

J'ai récemment bu cette délicieuse boisson au restaurant de mes potes Arthur et Jamie (*Acorn House* à Londres, ça vaut le détour !). Non seulement c'était une façon rafraîchissante de démarrer le repas, mais en plus ce cocktail mettait en valeur la saison de la rhubarbe. De nos jours, vous pouvez acheter un vin pétillant à peu près correct ou un prosecco à un prix raisonnable, alors cette recette c'est une sorte de luxe qu'on peut se permettre. Elle est basée sur celle du Bellini classique, préparé en mélangeant du prosecco ou du champagne avec de la purée de pêche. Vous allez l'adorer.

pour 6 personnes

300 g de rhubarbe, parée et finement émincée
75 g de sucre
une bouteille de vin pétillant, tel que le prosecco ou du champagne

Prenez une petite casserole et mettez-y la rhubarbe, le sucre et quelques cuillères à soupe d'eau. Couvrez, portez à ébullition et laissez compoter quelques minutes. Retirez le couvercle et laissez mijoter encore quelques minutes, en remuant de temps en temps, jusqu'à obtenir la consistance d'une compote épaisse. Mixez avec un mixeur plongeant ou dans un blender, jusqu'à ce que vous obteniez une purée bien lisse. Laissez-la refroidir, puis mélangez-la à nouveau et partagez-la entre six verres. Versez le prosecco ou le champagne par-dessus, en mélangeant avec une grande cuillère ou quelque chose de semblable, jusqu'à ce que le verre soit au trois quarts plein. Remplissez-le jusqu'en haut avec le vin pétillant et c'est fini. Tchin tchin !

Comment je fais pousser la rhubarbe

La terre
La rhubarbe est facile à faire pousser et c'est une plante qui a bon caractère dans un jardin. Elle n'est pas capricieuse, alors elle ne vous demandera pas beaucoup d'attention et une fois qu'elle est plantée, elle peut durer plus de vingt ans, surtout si vous la séparez en deux (ou plus si elle est vraiment grande), en coupant à travers les racines tous les cinq ans environ. Vous pouvez replanter les parties que vous retirez pour avoir plus de plantes. Comme la rhubarbe est une plante « permanente », c'est bien de lui donner un bon départ dans la vie en préparant bien la terre. Choisissez un coin ensoleillé ou un peu ombragé du jardin et installez-y beaucoup de bon compost bio, du fumier bien décomposé et un peu de fertilisant bio.

La plantation
La rhubarbe est généralement vendue sous forme de « griffes à racines nues ». Elles sont disponibles en plusieurs variétés dans les pépinières ou les jardineries, en hiver ou au début du printemps, et il faut les planter tout de suite. Vous verrez parfois des rhubarbes élevées en pot à vendre, elles peuvent être replantées n'importe quand pendant l'année. J'en ai aussi planté dans les endroits vides de mon jardin, parce que j'adore le look de la rhubarbe – à sa façon rustique, elle est assez ornementale !

Creusez un trou dans la terre que vous avez préparée, assez grand pour la griffe à racines nues ou pour la rhubarbe en pot, et mettez-la dans le trou. Parsemez de la bonne terre autour des racines et appuyez doucement dessus. Faites bien attention que les bourgeons de la griffe soient au niveau de la surface de la terre. Plantez les griffes tous les 90 cm ou 1 m et arrosez-les bien, pour aider le sol à se tasser autour des racines.

La récolte et la conservation
Quoi qu'il arrive, ne soyez pas impatient. Donnez à vos nouveaux plants de rhubarbe au moins une année entière de pousse, deux de préférence, avant de les récolter. Rappelez-vous que vous allez en profiter pendant plus de vingt ans si vous vous en occupez bien quand ils sont jeunes.

Les vieilles plantes bien installées peuvent supporter un traitement plus rude ! J'ai piqué une énorme rhubarbe à mon ami Pete, qui l'a déterrée pour moi dans sa parcelle au milieu de l'hiver. Je devrais pouvoir récupérer quelques pousses dessus cette année, ce qui me fait plaisir. Vous ne risquez rien à déterrer les rhubarbes entre novembre et mars si vous voulez les diviser pour en avoir de nouvelles. Faites juste attention que chaque partie des racines ait au moins un bourgeon.

Le bon moment pour récolter la rhubarbe c'est entre février et mai. Choisissez trois des plus grosses tiges et tournez-les délicatement pour les retirer de la base de la plante. Les tiges de rhubarbe sont meilleures si on les mange le jour de leur récolte, mais vous pouvez les conserver au frigo pendant 1 à 2 semaines. La rhubarbe peut se congeler crue ou cuite.

Mes tuyaux
- La rhubarbe fleurit au printemps et en été. Avec des grandes pousses rouges et vertes, couvertes de parties jaune pâle, c'est un vrai spectacle. Les gens conseillent de couper les fleurs car elles affaiblissent la plante, mais j'en laisse généralement quelques-unes parce qu'elles sont vraiment belles.

- Il est assez facile de « forcer » la rhubarbe pour qu'elle ait des tiges tôt ou qu'elles soient très tendres. Il suffit de poser une poubelle ou un pot à forçage en terre cuite sur la griffe vers la fin de l'hiver. Surveillez régulièrement jusqu'à ce que les tiges semblent assez longues pour être cueillies. Ne forcez pas les mêmes plantes tous les ans, car sinon vous allez les épuiser !

- Je paille généralement ma rhubarbe chaque automne et chaque printemps en étalant une couche de bon compost ou de fumier bien décomposé autour. Ça aide à garder l'humidité dans le sol, surtout pendant l'été.

été

barbecue / famille des choux / carottes et betteraves / haricots grimpants / oignons courgettes / petits pois et fèves / pizza / fraises / pommes de terre / salades d'été / tomates

Pour moi, le barbecue est une des façons les plus expressives, honnêtes et naturelles de faire cuire les aliments. C'est une manière de cuisiner partagée par des pays et des cultures du monde entier – les Sud-Africains l'appellent « braai » ; en Australie, des barbecues électriques sont disponibles dans les parcs publics ; et les Coréens et les Mongoliens posent de petits barbecues sur leurs tables pour que chacun puisse cuisiner ses propres viandes, poissons ou légumes. C'est une façon géniale de faire participer tout le monde autour de la table.

Quand on y pense, ça fait bien peu de temps que l'on cuisine avec du gaz ou de l'électricité, mais les gens font des feux et cuisinent au charbon depuis des millénaires – depuis le début de la civilisation. Peut-être est-ce pour ça que les hommes pensent encore que c'est à eux de faire la cuisine au barbecue – ça fait ressortir leur côté primitif, de devoir trouver la nourriture pour leur famille ! Au départ, le mot barbecue signifiait faire cuire la viande longtemps et à basse température, sur du bois ou du charbon. En Amérique, cette façon de cuisiner est apparue vers la fin des années 1800, lors des conduites de troupeaux dans l'Ouest. On donnait aux cow-boys les morceaux de viande les moins chers et les plus durs, comme de la poitrine de bœuf, qui nécessitaient cinq à sept heures de cuisson pour s'attendrir.

Je connais plusieurs théories sur l'origine du mot « barbecue ». J'aime bien celle à propos des pirates français dans les Antilles qui empalaient leurs chèvres sur des broches et les faisaient rôtir sur un feu. Ils appelaient cette manière de faire « de la barbe au cul », ce qui veut dire de la tête à l'arrière-train ! Et il y a le mot utilisé par les Taïnos des Caraïbes, « Taïno barabicoa », qui se traduit par « bouts de bois à quatre pattes, et beaucoup de bouts de bois au-dessus pour poser la viande à cuire ». C'est une description assez précise d'un barbecue ! Les Taïnos utilisent aussi le mot « barabicu » qui veut dire « fosse sacrée du feu ».

Un barbecue ne sert pas qu'à griller vous savez. Il peut aussi servir à cuire des légumes à la vapeur au-dessus d'une casserole d'eau ou dans un sac en papier aluminium (voir page 86), à fumer des fruits de mer sous un bol retourné ou dans un plat allant au four (voir page 81) ou encore à faire cuire des pommes de terre enveloppées dans du papier aluminium directement dans les braises. N'ayez pas peur d'essayer des choses différentes !

Si vous êtes un vrai amateur de barbecue, j'espère que vous prendrez du plaisir à lire les pages suivantes et que vous y trouverez des tuyaux intéressants. Mon conseil principal cela dit, c'est de ne pas acheter un barbecue électrique ou au gaz. C'est de la triche. Les aliments n'auront pas aussi bon goût et je pense que c'est une perte de temps – avec eux, vous n'obtiendrez jamais le goût de fumé, la vraie saveur du barbecue. Alors, optez pour la version authentique et utilisez différentes sortes de charbons et de bois. Si vous avez des herbes rustiques dans votre jardin, telles que le laurier, le romarin, la sauge ou le thym, coupez-en de grandes branches et posez-les directement sur le charbon. Elles vont dégager une odeur incroyable, tout en donnant un goût fumé à ce que vous êtes en train de cuire.

barbecue

Filet de saumon croustillant avec du yaourt au concombre

J'adore cuisiner des grands morceaux de poisson au barbecue, mais il faut le faire sur une partie moyennement chaude – si c'est trop chaud, la peau sera croustillante avant que l'intérieur ne soit cuit. Commencez à cuire le poisson, peau vers le bas, et ne le retournez que quand elle est dorée et croustillante. Si vous n'avez pas très envie de manger de la peau de poisson, c'est sans doute parce que vous ne l'avez jamais goûtée quand elle est bien craquante ! Bien préparée, elle peut être aussi bonne que de la couenne grillée.

pour 4 à 6 personnes

1 filet de saumon de 1,5 kg, écaillé et sans arêtes
le zeste et le jus d'1 citron
les feuilles d'une botte de basilic frais, ou des pluches de fenouil, finement hachées
huile d'olive
sel de mer et poivre noir fraîchement moulu
1 concombre, pelé dans la longueur une lanière sur deux
30 cl de yaourt nature
1 piment rouge, épépiné et finement haché
les feuilles d'une petite botte de menthe ou d'origan frais
huile d'olive vierge extra

Nettoyez bien la grille de votre barbecue pour éviter que le poisson ne colle, puis allumez-le et faites chauffer le charbon jusqu'à ce qu'il rougeoie. Si votre barbecue est petit, n'hésitez pas à couper le saumon en deux pour qu'il tienne mieux.

Posez le saumon, peau vers le bas, sur une planche en plastique et en utilisant un couteau affûté, entaillez le côté chair en faisant des incisions d'environ 1 cm de profondeur. Répartissez les zestes de citron et la plupart des pluches de fenouil ou le basilic haché sur le saumon, puis faites pénétrer ces aromates dans les incisions – allez-y franchement ! Frottez légèrement le poisson avec de l'huile d'olive puis salez et poivrez-le. Allez-y généreusement sur le côté peau, car presque tout l'assaisonnement va tomber.

Quand votre barbecue est prêt, posez le saumon sur la grille, peau vers le bas. La chair va se colorer de bas en haut et après environ 4 minutes la peau devrait être merveilleusement bien dorée. Retournez délicatement le saumon avec une fourchette à rôti ou une spatule et poursuivez la cuisson pendant 2 à 3 minutes de l'autre côté. Pendant la cuisson, détachez doucement la peau du poisson et posez-la à côté, sur le barbecue, pour la rendre croustillante.

Si votre saumon est sauvage il contient légèrement moins de gras, alors il sera plus sec. Du coup, vous pouvez le faire cuire un peu moins longtemps et même le laisser légèrement cru – même si ça peut sembler bizarre à nous les Britanniques qui carbonisons nos poissons, c'est vraiment une bonne idée ! Si c'est un saumon d'élevage biologique, faites-le cuire à cœur, mais je vous en prie, ne le cuisez pas trop sinon il deviendra trop sec. Retirez précautionneusement le poisson du barbecue et déposez-le sur un beau plat de service ou une planche. Laissez-le refroidir légèrement puis cassez la peau en morceaux, un peu comme des poppadums.

Coupez le concombre en deux dans la longueur, ôtez et jetez les graines, hachez-le et mélangez-le dans un bol avec le yaourt. Équilibrez les saveurs avec le jus de citron, la moitié du piment haché, et la moitié de la menthe ou de l'origan haché. Arrosez d'un peu d'huile d'olive vierge extra. Assaisonnez à votre goût de sel et de poivre. Servez votre saumon avec le yaourt au concombre, parsemé du piment haché restant, et de ce qui reste des pluches de fenouil ou du basilic. Arrosez avec de l'huile d'olive vierge extra. Assurez-vous que tout le monde a un morceau de peau croustillante.

60

Fruits de mer fumés au barbecue avec une vinaigrette au citron vert et au piment

J'adore préparer ce plat, surtout quand j'ai des amis qui vont passer. C'est un vrai plaisir pour les yeux – voir les fruits de mer cuire, s'ouvrir et être fumés à travers un grand bol transparent est assez fascinant et attirant ! Ces fruits de mer sont fantastiques servis chauds ou froids, mélangés avec des spaghetti ou servis simplement sur un morceau de pain toasté frotté à l'ail.

P.-S. : N'achetez que des fruits de mer bien fermés, comme ça vous savez qu'ils sont encore vivants et frais et cuisinez-les le jour où vous les achetez.

pour 4 personnes

en option : quelques branches d'herbes fraîches telles que du laurier, du thym ou du romarin
4 huîtres
2 kg de fruits de mer (les couteaux, les clams, les moules, les langoustines et les coquilles Saint-Jacques iront très bien)

pour la vinaigrette au citron vert et au piment
les feuilles hachées d'une petite botte de menthe fraîche
les feuilles hachées d'une petite botte de persil plat
quelques pluches de fenouil hachées
1 à 2 piments rouges frais, épépinés et finement hachés
le zeste et le jus de 2 à 3 citrons verts
huile d'olive vierge extra
poivre noir fraîchement moulu

Allumez votre barbecue et attendez d'avoir un bon lit de charbons ardents. Si vous avez du laurier, du thym ou du romarin qui pousse dans votre jardin, jetez-en quelques branches entières sur les charbons pour qu'elles commencent à brûler et à fumer. Vous aurez ainsi une fumée bien parfumée.

Pour préparer la vinaigrette, mettez la plupart des herbes hachées dans un grand bol (réservez le reste pour parsemer plus tard) avec le piment, le zeste et le jus de citron vert, et trois fois plus d'huile d'olive vierge extra que de jus de citron vert. Assaisonnez avec un peu de poivre et goûtez – il faut que la vinaigrette soit bien citronnée.

Comme les coquilles d'huîtres sont assez épaisses, vous pouvez délicatement soulever la grille et les poser, côté plat vers le haut, directement sur les charbons ardents, pour 3 à 4 minutes. Quand elles sont cuites (vous le saurez parce qu'elles vont s'ouvrir) retirez-les et posez-les sur un plat. Mettez vos fruits de mer directement sur la grille, à l'endroit le plus chaud de votre barbecue. Installez les plus gros en dessous pour qu'ils reçoivent le plus de chaleur. N'hésitez pas à les faire cuire en plusieurs fois, vous en avez quand même 2 kg ! Posez sur les fruits de mer un grand bol en verre résistant à la chaleur ou en métal ou un plat profond allant au four. Il va emprisonner tout l'air chaud et la fumée autour des fruits de mer, ce qui leur donnera un super goût fumé.

Après quelques minutes, soulevez délicatement un côté du bol pour vérifier que tous les fruits de mer sont ouverts. Si la plupart le sont, retirez le bol. Ils ne prennent pas tous le même temps pour cuire alors retirez-les dès qu'ils sont prêts. En utilisant une pince, ajoutez-les dans le bol de vinaigrette. Jetez ceux qui ne s'ouvrent pas.

Mélangez délicatement les fruits de mer, les huîtres et la vinaigrette. Servez avec les herbes restantes parsemées dessus. N'oubliez pas les serviettes en papier et les rince-doigts.

La meilleure viande au barbecue et sa sauce maison

Tous les types de viande peuvent être cuits au barbecue, mais ils ne doivent pas être traités de la même manière. Par exemple les steaks fins, les côtes de porc et les cuisses de poulet se cuisinent autrement qu'un gigot, un carré de porc ou un poulet. Si vous les faisiez cuire de façon identique, les grosses pièces seraient grillées à l'extérieur et crues à l'intérieur. Je vais vous montrer comment faire cuire de grosses pièces pour qu'elles soient tendres et savoureuses à l'intérieur, et dorées et croustillantes à l'extérieur. Souvenez-vous de bien cuire la viande au four avant, sans la colorer, pour qu'elle soit bien juteuse. Finissez au barbecue, en l'arrosant de sa marinade et des jus de cuisson.

P.-S. : La quantité de marinade de la recette est suffisante pour une des trois viandes de la liste des ingrédients. Mais moi, j'aime préparer les trois types de viandes en même temps – si vous voulez le faire, préparez trois fois la quantité de marinade.

Préchauffez votre four à 180 °C (th. 6) et allumez votre barbecue environ 40 minutes plus tard.

Pour préparer la marinade, écrasez les graines de cumin, les graines de fenouil et les clous de girofle dans un mortier avec du sel et du poivre. Hachez finement ensemble les feuilles de thym et de romarin, le zeste d'orange et les gousses d'ail. Mettez-les dans un bol avec des épices écrasées, puis ajoutez le reste des ingrédients de la marinade et mélangez.

Frottez la viande que vous avez choisie de tous les côtés avec la marinade (n'oubliez pas les entailles de l'agneau). Mettez la viande dans un plat allant au four, arrosez-la de la marinade restante et couvrez-la sans serrer avec du papier d'aluminium. Faites cuire la viande dans le four préchauffé jusqu'à ce qu'elle soit tendre soit 1 h 30 pour le porc et l'agneau (1 h si vous aimez l'agneau rosé) et 1 h 20 pour le poulet à la crapaudine.

Maintenant, vous allez terminer la cuisson de la viande sur un barbecue moyennement chaud. Posez-la délicatement sur la grille du barbecue et marquez-la bien d'un côté puis retournez-la. Pendant qu'elle cuit, utilisez vos brins de romarin réservés pour arroser la viande avec le jus collant du plat de cuisson. Continuez à retourner et à badigeonner la viande jusqu'à ce qu'elle ait une belle croûte collante et carbonisée. Retirez-la du barbecue et laissez-la reposer dans un plat de service pendant quelques minutes. Pendant ce temps, posez votre plat de cuisson sur le barbecue pour faire un peu réduire les jus de cuisson.

Coupez le porc en côtes individuelles, coupez le gigot d'agneau en tranches et déchirez le poulet en morceaux. Servez-les avec un bol des délicieux jus de marinade du plat de cuisson et quelques légumes au barbecue (voir page 86).

pour 4 à 6 personnes

1 poulet fermier ou bio de 1,8 kg à la crapaudine (voir p. 268 comment le préparer)
ou
1 gigot à l'os de 1,3 kg, avec des entailles régulières de 0,5 cm
ou
2 kg de carrés de porc

pour la marinade
1 cuillère à café bombée de graines de cumin
2 cuillères à soupe de graines de fenouil
5 clous de girofle
sel de mer et poivre noir fraîchement moulu
les feuilles d'une botte de thym frais ou de thym citron
les feuilles hachées d'une botte de romarin frais, quelques brins entiers réservés
le zeste et le jus d'1 orange
les gousses pelées d'1 tête d'ail
4 cuillères à café bombées de paprika doux fumé
6 cuillères à soupe de vinaigre balsamique
15 cl de ketchup bio
8 cuillères à soupe d'huile d'olive
10 feuilles de laurier

Mes légumes au barbecue préférés

Un barbecue ne sert pas qu'à faire griller de la viande – il faut le penser comme une source de chaleur que vous pouvez utiliser, comme votre gazinière ou votre four. Une sorte d'extension de votre cuisine dans votre jardin ! Si vous voulez faire des choses vraiment originales avec votre barbecue, c'est une bonne idée d'envelopper des légumes, comme un paquet, avec deux couches de papier d'aluminium, d'y ajouter un peu d'eau ou de vin, un peu de beurre ou d'huile d'olive et un peu de sel et de poivre. Le paquet peut ensuite être cuit à la vapeur sur le barbecue ou à l'étouffée, selon la quantité d'humidité que contiennent les légumes.

Oignon farci au barbecue à la vapeur

Posez un petit **oignon rouge** sur une planche à découper et coupez-le en quatre jusqu'à la moitié de sa hauteur, pour qu'il ne se sépare pas. Mettez quelques brins de **romarin** et une noix de **beurre** au milieu. Enveloppez-le dans deux couches de papier d'aluminium et, quand le barbecue commence à refroidir, mettez le paquet directement sur les braises. Laissez-le 15 minutes, puis retirez délicatement le papier d'aluminium et la première couche de l'oignon, car elle sera probablement carbonisée à cause de sa contenance en sucre. Vous allez trouver un oignon tout à fait délicieux, alors régalez-vous!

Feuilles vertes au barbecue à la vapeur

Déchirez des **épinards,** de la **roquette,** des **blettes** et du **cresson.** Pliez une double feuille d'aluminium en deux et fermez deux côtés pour obtenir un petit sac. Mettez-y les feuilles et arrosez-les d'**huile d'olive** et de **jus de citron.** Assaisonnez avec du **sel** et fermez bien le dernier côté. Attendez que les braises aient un peu refroidi, puis faites cuire le sac à la vapeur sur le barbecue pendant 5 minutes.

Fenouil au barbecue à la vapeur

Pliez une double feuille d'aluminium en deux et fermez deux côtés pour obtenir un petit sac. Coupez un bulbe de **fenouil** en deux puis émincez-le et mettez-le dans l'enveloppe de papier aluminium. Pressez-y le jus d'½ **citron,** et laissez le demi-citron dans le sac. Ajoutez ½ **piment rouge frais** et un bon filet d'**huile d'olive,** puis assaisonnez avec du **sel de mer** et du **poivre noir fraîchement moulu.** Si vous le souhaitez, vous pouvez ajouter un peu de **romarin frais.** Fermez bien le dernier côté et posez le sac sur la grille d'un barbecue moyennement chaud jusqu'à ce que ce soit cuit. Ça devrait prendre environ 25 minutes.

Patates douces au cumin, citron vert et piment

Dans un mortier, écrasez quelques **piments secs,** une cuillère à café de **cumin en poudre** et deux cuillères à café de **sel de mer.** Brossez vos **patates douces** sous l'eau du robinet, piquez-les environ dix fois avec un couteau, puis tant qu'elles sont encore mouillées, saupoudrez-les du mélange épicé. Roulez-les séparément dans du papier d'aluminium puis enterrez-les dans les cendres chaudes. Si vous voulez les mettre dans les charbons, enveloppez-les dans deux feuilles d'aluminium, pour que leur peau ne brûle pas. Piquez-les avec un couteau au bout de 20 minutes pour voir si elles sont cuites. Servez-les avec un filet de jus de **citron vert.**

Comment...

... fabriquer un barbecue simple

C'est tellement facile et économique de fabriquer son propre barbecue que vous devriez essayer. Tout ce qu'il faut faire c'est poser deux briques sur le sol et installer dessus un plat à rôtir de 8 cm de profondeur. Je l'ai déjà fait dans des parcs ou même sur notre table à l'extérieur. Chiffonnez du papier et mettez-le dans le plat avec du petit bois. Empilez du charbon autour du bois, pour former une sorte de pyramide. Enflammez le papier et le bois et surveillez bien pour éviter que les flammes ne s'éteignent. Quand le feu s'est éteint, que les charbons sont très chauds et commencent à se transformer en cendres, posez dessus une grille à gâteau en métal. C'est facile.

...allumer son barbecue

Il y a trois façons de le faire :

La façon classique c'est d'utiliser des morceaux de papier roulés, du petit bois sec, des brindilles et du charbon (comme décrit ci-dessus), dans cet ordre, et leur donner la forme d'un tipi. Empilez le charbon autour. Comme ça l'air circulera et tout brûlera bien.

La façon la plus facile c'est d'utiliser un allume-feu électrique. J'en ai un pour allumer les barbecues ou pour m'aider à préparer de beaux feux de cheminée à la maison, en hiver. Ce matériel est excellent parce que vous n'avez pas besoin de trouver du bois sec ou du petit bois et de chiffonner des morceaux de papier pour faire partir le feu. Encore plus important, vous n'avez pas besoin de produit chimique ou de combustible liquide. Je vous en prie n'utilisez pas ces petits blocs d'allume-barbecue solides vendus dans des sacs – ils dégagent une fumée vraiment déplaisante qui va transmettre son goût à vos aliments. C'est affreux !

La façon des tricheurs (que j'ai vue au Japon !) c'est de poser un morceau de grillage ou une grille à gâteau sur un réchaud à gaz portable. Posez environ six ou sept morceaux de charbon dessus et quelques uns en plus pour former une petite pyramide et chauffez à fond. En brûlant les morceaux de charbon directement de cette façon, vous leur donnerez un coup de fouet. Quand ils rougeoient à moitié, soulevez précautionneusement le grillage ou la grille (en faisant attention qu'il n'y ait pas d'enfants dans le coin), et apportez-les à votre barbecue. Vous pouvez le faire en utilisant des pinces pour mettre les morceaux de charbon dans un grand pot. Ajoutez d'autres morceaux de charbon au milieu et autour de ceux qui rougeoient.

...garder le contrôle du barbecue

La catastrophe gastronomique qui a lieu dans les jardins tous les étés est un vieux classique (des aliments cuits au barbecue crus au milieu et carbonisés à l'extérieur !). On peut facilement empêcher que ça arrive, il suffit de contrôler la chaleur. Tout ce qu'il faut faire, c'est empiler les morceaux de charbon d'un côté du barbecue (vous y aurez tout de suite une chaleur cuisante) puis faites-les glisser vers l'autre côté pour qu'il n'y en ait qu'une couche. C'est un peu comme avoir un feu fort et un feu doux, comme sur une gazinière. Utilisez ce tuyau tout simple et vos talents au barbecue vont se décupler immédiatement ! Rappelez-vous, c'est vous qui avez le contrôle – il n'y a pas d'excuse au fait de laisser les choses brûler.

Il n'est pas bon d'avoir des flammes quand vous cuisinez au barbecue – elles vont décolorer et brûler vos aliments. Éteignez-les avec un vaporisateur à eau, en pulvérisant les flammes dès qu'elles apparaissent.

...faire un barbecue en sécurité

Quand j'ai écrit ce chapitre, j'ai pensé que je ferais un peu de recherche sur la façon dont les Britanniques allument leurs barbecues de nos jours. J'ai été tellement surpris par ce que j'ai appris que je me suis dit que j'allais vous en parler. C'est assez choquant…

4,6 millions de personnes ont utilisé du white spirit ou de l'alcool à brûler pour allumer leur barbecue. 1,7 million se sont servis d'essence ; 1,2 ont pris des aérosols, qui sont très inflammables et peuvent exploser quand on les approche d'une flamme ; et plus de 600 000 ont utilisé du parfum.

Je vous en prie, n'utilisez jamais une de ces choses – je ne peux pas vous dire à quel point c'est dangereux de les approcher du feu ! Ce n'est pas étonnant qu'il y ait tous les ans en Grande-Bretagne environ 1 000 feux incontrôlables liés à des barbecues. Il faut aussi vous assurer que votre barbecue est stable, sécurisé et que les enfants en sont éloignés.

la famille des choux

La famille des choux est principalement composée de variétés différentes de choux, de brocolis et de choux-fleurs, mais on y trouve aussi d'autres légumes comme le chou-rave et les navets. Le vrai nom de ce groupe de légumes est « brassicacées ». Ce qui est génial quand on les cultive, c'est qu'il y a des variétés qu'on peut récolter presque tout au long de l'année, Le goût de ceux qu'on fait pousser soi-même est incroyable, alors vous allez vous régaler !

Les croisements dans la famille des brassicacées se sont produits depuis des millénaires. Il en existe de nombreuses variétés de par le monde, du régiment de choux et de feuilles orientaux, comme le pak choi, aux variétés européennes, dont j'ai la chance d'avoir quelques exemplaires dans mon jardin, comme le chou-fleur vert, le chou-fleur violet, toutes les couleurs de choux frisés, et un de mes préférés, le cavolo nero (chou noir italien). Comme les brassicacées ont évolué au cours du temps, certaines de leurs caractéristiques ont été exagérées, du coup ils ont de grosses racines ou des feuilles boursouflées. Pour vous aider à comprendre la composition de la famille des brassicacées, je pense que la façon la plus simple c'est de dire qu'elle se divise en quatre catégories : les racines, les tiges, les fleurs et les feuilles. En voici quelques exemples.

Les racines

Les rutabagas et les navets sont des racines enflées qui poussent en terre. Ce que je préfère avec les bons vieux rutabagas, c'est de les écraser avec la moitié de leur quantité de carottes, du beurre et de les parfumer avec de la noix de muscade, du sel et du poivre. Vous n'êtes peut-être pas un amateur de navets, mais j'aime les blanchir à l'eau, les émincer et les faire revenir avec des feuilles de thym ou de romarin, de l'ail écrasé et un filet de vinaigre.

Les tiges

Le chou-rave est une tige qui peut-être blanche ou violette. En gros, on peut le traiter comme une pomme de terre – vous pouvez le blanchir puis le faire rôtir avec du romarin, de l'huile et de l'ail écrasé ou vous pouvez le cuire à l'eau et en faire de la purée avec une bonne huile ou de la crème. C'est délicieux. Il peut aussi être mangé cru.

Les fleurs

Vous ne voyez sans doute pas le brocoli ou le bon vieux chou-fleur comme étant des fleurs, mais c'est pourtant le cas. Outre le brocoli vert ordinaire, vous pouvez trouver du brocoli à jets violets et à jets blancs et du chou romanesco. Il y a tellement de façons de faire cuire ces fleurs de brassicacées ! Et pourtant dans ce pays, on leur fait subir le traitement classique qui consiste à les faire bouillir dans de l'eau salée et à les servir avec une noix de beurre. On n'est pas obligé d'être si ennuyeux ! En fait, ils sont géniaux associés à des saveurs intenses comme celles des olives, des tomates et de l'ail. Les choux-fleurs en particulier adorent vraiment le piment et les épices – il suffit de regarder un menu indien pour savoir de quoi je parle. Alors la prochaine fois que vous pensez à cuisiner un gratin de chou-fleur, essayez quelque chose de différent !

Les feuilles

Les feuilles de brassicacées comprennent le chou frisé, le chou rouge, le chou de printemps, le chou de Bruxelles et le cavolo nero. Le chou frisé, blanchi à l'eau bouillante et mélangé avec de l'huile d'olive et un peu de jus de citron, est extra. Le chou rouge est servi classiquement avec des pommes râpées, un filet de vinaigre et un peu de bacon fumé. Pour le chou de printemps, les superbes feuilles de l'intérieur ont juste besoin d'être rapidement cuites à l'eau puis mélangées avec un peu de beurre, du sel et du poivre. Le cavolo nero est incroyable, cuit à l'eau avec de l'ail, puis égoutté et mixé. C'est génial tartiné sur un crostini ou servi avec des gnocchis ou comme farce de raviolis.

Beignets de chou-fleur au curry

C'est une façon vraiment inhabituelle mais délicieuse de manger du chou-fleur. Les Japonais sont vraiment forts pour préparer une super pâte croustillante pour leurs tempuras. Alors, récemment, quand j'étais là-bas, j'ai voulu découvrir leur secret. En fait, il y a plein de techniques différentes, comme d'utiliser de la farine de maïs à la place de la farine ordinaire ou de l'eau gazeuse glacée au lieu de celle du robinet. Dans cette recette, je vais utiliser de la bière, car elle donne vraiment une belle couleur et elle va bien avec les épices. Cependant, le meilleur conseil qu'on m'ait donné c'est de faire frire les beignets en petites fournées et de les manger tout de suite, pour qu'ils soient chauds et croustillants.

P.-S. : Cette recette de pâte à beignets peut servir pour toutes sortes de choses, comme les filets de poisson ou de fines lanières de poulet ou de n'importe quel légume, finement émincé. Si vous la préférez nature, vous pouvez la préparer sans épices.

pour 6 personnes

1 chou-fleur
un peu de farine pour fariner
huile végétale
en option : un petit morceau de pomme de terre, pelé
les feuilles d'une petite botte de persil plat
sel de mer
1 citron

pour la pâte
1 cuillère à café de graines de cumin
2 cuillères à café de graines de moutarde noires
2 à 3 piments rouges, séchés
1 cuillère à café de grains de poivre noir
200 g de farine à levure incorporée
½ cuillère à café de curcuma
35 cl de bière froide
sel de mer

Commencez par la pâte. Écrasez les graines de cumin et de moutarde, les piments et les grains de poivre dans un mortier jusqu'à ce qu'ils soient réduits en poudre. Mettez la farine dans un bol et mélangez-y les épices écrasées et le curcuma. Versez presque toute la bière et fouettez doucement. Vérifiez la consistance – il faut qu'elle ressemble à celle de la crème liquide. Si elle est trop épaisse, ajoutez le reste de bière en fouettant. Ne vous inquiétez pas s'il y a quelques grumeaux dans la pâte, ils se transformeront en petits morceaux croustillants quand vous les ferez frire. Salez la pâte et mettez-la de côté.

Coupez le bas de la tige du chou-fleur et cassez-le en florettes de la taille d'une bouchée. Coupez la tige en tronçons de 2 cm – comme ça tout cuira à la même vitesse. Lavez le chou-fleur, égouttez-le et séchez-le avec du papier absorbant. Mettez les morceaux de chou-fleur dans un bol et farinez-les.

Versez l'huile dans une casserole profonde – sur une hauteur de 10 à 12 cm – et faites-la chauffer à 180 °C. Si vous n'avez pas de thermomètre ne vous en faites pas, mettez juste un morceau de pomme de terre dans l'huile. Quand il remonte à la surface et commence à grésiller, c'est que l'huile est à la bonne température. Retirez-le de la casserole.

Ôtez l'excès de farine du chou-fleur. Trempez les morceaux un par un dans la pâte à la bière, puis plongez-les délicatement dans l'huile chaude. Faites attention à vous tenir à distance pour ne pas être éclaboussé. Le mieux c'est de les frire en fournées pour ne pas surpeupler la casserole (mais servez chaque fournée dès qu'elle est prête). Chaque fois qu'une fournée de chou-fleur est presque prête, ajoutez des feuilles de persil trempées dans la pâte et faites-les frire 40 secondes (pour les servir parsemées sur les beignets). Faites frire les beignets doucement, en les retournant une ou deux fois avec une écumoire. Quand ils sont dorés et croustillants, sortez-les de l'huile, en laissant l'excès couler dans la casserole et égouttez-les sur du papier absorbant.

Incroyables cannellonis gratinés au chou-fleur et au brocoli

C'est une variante d'un plat italien, les orecchiette au brocoli, aux anchois et à l'ail – j'ai ajouté du chou-fleur et j'en ai fait un plat cuit au four. Les saveurs sont extraordinaires.

pour 4 à 6 personnes

sel de mer et poivre noir fraîchement moulu
500 g de brocoli lavé, les tiges et les florettes hachées
huile d'olive
7 gousses d'ail, pelées et finement émincées
les feuilles d'une petite botte de thym frais
une boîte de 25 g d'anchois à l'huile de la meilleure qualité, égouttés, hachés, l'huile réservée
2 à 3 petits piments secs, émiettés
50 cl de passata de bonne qualité
vinaigre de vin rouge de bonne qualité
50 cl de crème fraîche
200 g de parmesan finement râpé
16 cannellonis
les feuilles d'une petite botte de basilic
200 g de mozzarella de bonne qualité
huile d'olive vierge extra
4 grosses poignées de feuilles de roquette, lavées et séchées
1 citron

Préchauffez le four à 190 °C (th. 6). Portez une grande casserole d'eau salée à ébullition et mettez-y le brocoli et le chou-fleur coupés. Laissez bouillir 5 à 6 minutes, puis égouttez-les dans une passoire, en réservant l'eau de cuisson.

Faites chauffer une grande casserole, versez-y deux bonnes lampées d'huile d'olive et ajoutez l'ail. Laissez revenir quelques secondes, puis ajoutez les feuilles de thym, les anchois, l'huile des anchois, les piments et continuez à faire revenir le tout quelques secondes avant d'ajouter le brocoli et le chou-fleur cuits avec environ 4 cuillères à soupe de l'eau de cuisson réservée. Mélangez le tout, couvrez la casserole en laissant une petite ouverture, et faites mijoter 15 à 20 minutes en remuant régulièrement – le fait de « surcuire » les légumes rend non seulement leurs saveurs plus intenses, mais ça leur donne aussi la bonne texture pour cette recette. Retirez le couvercle pour les 5 dernières minutes, afin que l'humidité s'évapore, puis utilisez un presse-purée pour écraser les légumes. Retirez la casserole du feu, goûtez les légumes et assaisonnez-les délicatement de sel et de poivre. Étalez le mélange sur une plaque, pour le faire refroidir. Pendant ce temps, trouvez-vous un plat à gratin (assez grand pour que les cannellonis tiennent bien serrés côte à côte – pour vérifier, je fais l'essai en les posant dans le plat, puis je les mets de côté) et versez-y la passata avec une pincée de sel et un filet de vinaigre de vin rouge.

Préparez maintenant une sauce blanche vraiment rapide et facile. Mélangez la crème fraîche avec la moitié du parmesan, une pincée de sel, de poivre et un peu de l'eau de cuisson réservée pour détendre.

Versez votre mélange de brocoli et de chou-fleur refroidi dans un sac à congélation et coupez-en un coin. Serrez le haut du sac et appuyez dessus pour remplir les cannellonis avec le mélange. Si vous préférez, vous pouvez les remplir avec une poche à douille. Remplissez bien les cannellonis – ne soyez pas radin ! – et posez-les en une seule couche sur la passata. Répartissez les feuilles de basilic sur les cannellonis et versez la sauce blanche de façon régulière dessus. Assaisonnez avec du poivre noir, parsemez avec le parmesan restant et déchirez la mozzarella par-dessus. Arrosez d'huile d'olive vierge extra et enfournez dans le four préchauffé pour 30 à 40 minutes, jusqu'à ce que ce soit bien doré et bouillonnant.

Assaisonnez les feuilles de roquette avec un filet de jus de citron et environ 3 fois plus d'huile d'olive vierge extra. Servez les cannellonis avec la roquette et du bon pain de campagne.

Ragoût anglais d'étonnants légumes d'été et de jambon émietté

J'adore ce plat anglais rétro, parce qu'il est d'un bon rapport qualité/prix, simple à préparer et qu'il est absolument délicieux. Il suffit que vous passiez 5 minutes à tout préparer et ensuite vous n'avez plus qu'à laisser votre four ou votre gazinière faire le boulot ! Si vous avez du jambon avec l'os, votre bouillon sera plus goûteux.

pour 6 à 8 personnes

2 kg de jambon à l'os fumé, avec l'os
un brin de laurier
les feuilles de quelques brins de persil plat, les tiges réservées
quelques grains de poivre
6 carottes moyennes, avec leurs fanes (si elles sont en bon état)
1 gros bulbe de fenouil, coupé en 6, les pluches réservées
6 échalotes ou 1 gros oignon rouge, pelé et coupé en 6
1 cœur de céleri, coupé en 4, les feuilles arrachées et réservées
400 g de pommes de terre nouvelles (ou de plus grosses pommes de terre, coupées en petits morceaux), légèrement brossées
6 petits navets, pelés
sel de mer et poivre noir fraîchement moulu
4 belles poignées de légumes verts d'été (utilisez des épinards, des blettes, du chou frisé ou un mélange), grossièrement déchirés
une bonne poignée de brocoli violet à jets, les tiges parées
huile d'olive vierge extra

Mettez votre jambon dans une grosse cocotte, couvrez-le d'eau et faites-le cuire à feu moyen. Dès que l'eau se met à bouillir, égouttez le jambon et jetez l'eau – ça enlèvera l'excès de sel de la viande. Attachez le laurier, le thym et le persil pour faire un petit bouquet.

Remettez le jambon dans la cocotte avec le bouquet d'herbes et les grains de poivre. Ajoutez de l'eau pour couvrir le jambon. Portez à ébullition, puis baissez le feu et laissez mijoter doucement environ 1h30. Ajoutez les carottes, le fenouil, les échalotes, le céleri, les pommes de terre et les navets dans la cocotte, assaisonnez et refaites bouillir. Laissez mijoter environ 45 minutes jusqu'à ce que ce soit cuit.

Retirez le jambon et les légumes de la cocotte en utilisant de longues pinces ou une écumoire et réservez-les dans un grand plat chaud, pendant que vous cuisinez les légumes verts. Ajoutez les légumes déchirés et le brocoli dans la cocotte et refaites bouillir le bouillon. Faites cuire 5 minutes, jusqu'à ce que les légumes soient tendres.

Vérifiez l'assaisonnement du bouillon, puis retirez les légumes verts et le brocoli et ajoutez-les dans le plat chaud. Défaites la viande avec deux fourchettes, puis portez le plat à table. Partagez la viande et les légumes dans les bols et versez plein de bouillon dessus. Parsemez des pluches de fenouil, des feuilles de persil et de céleri et arrosez d'une bonne huile d'olive vierge extra. C'est délicieux avec un peu de moutarde anglaise à côté.

Comment je fais pousser les choux

La terre
Les brassicacées poussent bien dans la plupart des types de terres, mais elles n'aiment pas vraiment les sols acides. Elles ont besoin d'un coin ensoleillé dans le jardin.

La plantation
Les périodes de semence varient en fonction de la variété et du type de brassicacées, alors vérifiez-la sur le paquet de graines. En règle générale, les brassicacées d'été sont semées au début du printemps, celles de l'automne et de l'hiver sont semées du printemps au début de l'été et celles du printemps sont semées du milieu de l'été jusqu'à l'automne pour pousser pendant l'hiver.

Bien qu'on puisse les semer directement dehors, je sème mes graines de brassicacées dans des plateaux modulaires remplis de terreau bio et je les laisse à l'intérieur au début. De cette façon, je ne gaspille pas les graines. Je sais exactement combien j'ai de plants et les semis sont plus faciles à protéger, loin des limaces, des insectes et du mauvais temps. Pour semer, il vous suffit de remplir chaque module de terreau, d'y faire un trou de 1 à 2 cm avec le doigt ou le bout d'un bâton et d'y installer deux graines. Couvrez-les avec un peu de terre et arrosez-les doucement.

Les semis sont prêts à être plantés dehors quand ils font 6 à 9 cm de haut. J'ai tendance à planter les brassicacées à feuilles tous les 30 à 60 cm, en les alternant sur deux rangées. Les brassicacées à racines peuvent être plus proches, 15 à 30 cm. La taille que vont atteindre ces légumes est souvent déterminée par l'espace dans lequel on les plante, car ils ont tendance à occuper la place qui leur a été allouée puis à s'arrêter. Les mini brassicacées, comme les mini choux ou les mini choux-fleurs, supportent d'être plus proches les unes des autres que leurs grands frères. Ce qu'elles ont toutes en commun, c'est qu'elles aiment être plantées fermement pour pouvoir prendre racine correctement et ne pas être renversées par le vent. Alors souvenez-vous de tasser la terre autour des semis quand vous les plantez.

La récolte et la conservation
Les choux et les choux de Bruxelles atteignent une certaine taille puis arrêtent de pousser, alors cueillez-les dès qu'ils ont l'air assez grands. Vous pouvez les arracher de la terre avec leurs racines et les accrocher à l'envers dans un endroit frais, comme une remise non chauffée. Les rutabagas devraient être cueillis quand ils ont la taille d'un pamplemousse, les navets quand ils ont la taille d'une balle de squash. Si vous les laissez trop longtemps, ils vont devenir ligneux et durs. Les têtes de choux-fleurs, de brocolis, de choux calabrais, devraient être récoltées quand elles sont fermes, sans bouton de fleur ouvert et mangées aussi tôt que possible. Les variétés à feuilles comme le chou frisé et le vert peuvent être cueillies quelques feuilles à la fois.

Mes tuyaux
- La mouche du chou est un des principaux nuisibles des brassicacées parce que les larves rentrent dans la terre, près de la tige, et mangent les racines. Comme je fais pousser mes légumes à la maison de façon biologique, je ne peux pas pulvériser de pesticides pour m'en débarrasser. À la place, j'utilise quelque chose qui s'appelle un « collier à brassicacées ».

- Faites attention aux chenilles, en particulier celles du papillon blanc du chou, car elles peuvent dévaster un chou en quelques jours. La façon la plus simple et la plus écologique de les arrêter c'est de couvrir vos plantes avec un filet à mailles fines ou avec de la ouate spéciale de jardin, dès l'apparition de jolis papillons blancs dans votre jardin. Le filet les empêchera de pondre des œufs sur vos précieuses plantes et comme ça vous n'aurez pas à pulvériser de pesticides sur ce que vous allez manger.

- Si vous n'êtes pas trop dégoûté vous pouvez simplement retirer les chenilles des feuilles avec les doigts – elles sont souvent bien cachées, alors regardez aussi sous les feuilles. Jetez les chenilles dans un coin sauvage de votre jardin ou par-dessus la haie – ou, encore mieux, faites-les bouillir puis griller avec un peu d'ail et de beurre… (c'est une blague !).

- Ne faites pas pousser les brassicacées dans le même coin de terre année après année. Si vous le faites, vous risquez une accumulation de nuisibles et de maladies dans la terre.

- Pliez de grandes feuilles sur les têtes de chou-fleur en train de pousser. Ça les protège du soleil ardent l'été et du gel l'hiver.

carottes et betteraves

Vous ne vous attendez peut-être pas à voir les carottes et les betteraves dans le même chapitre, mais pour moi elles sont inséparables. On les sème de la même façon, elles sont faciles d'entretien et on peut en manger les délicieuses feuilles parfumées quand elles sont jeunes (essayez-les en salade ou au wok). Enfin, c'est leur racine que nous mangeons. Bien que les gens consomment régulièrement des carottes, les betteraves n'ont pas leurs faveurs. Personnellement, je trouve qu'elles devraient.

En ce qui concerne l'aspect festif et l'utilisation générale en cuisine, les carottes et les betteraves sont toutes les deux au rendez-vous. J'aime bien les faire cuire de façon semblable – elles sont excellentes, soit cuites à l'eau et assaisonnées d'une bonne huile d'olive ou de beurre, d'un filet de jus de citron et d'une pincée de sel et de poivre, soit râpées crues avec un économe, pour faire des rubans et donner du croquant et du goût à n'importe quelle salade. Mais ma façon préférée est de les faire bouillir 10 minutes, de les mélanger avec une bonne huile d'olive, du sel, du poivre, des herbes boisées comme le thym et le romarin, de l'ail écrasé et de les faire cuire à 180 °C (th. 6), jusqu'à ce qu'elles soient légèrement dorées. Elles auront alors une saveur intense. Ça c'est du sérieux ! Au niveau du goût, les carottes et les betteraves sont toutes les deux sucrées. Du coup, même si ce sont des légumes, on peut les utiliser dans des gâteaux – vous connaissez peut-être le gâteau de carottes, mais essayez d'en préparer un avec des betteraves à la place. C'est délicieux !

Nous avons tous grandi avec des carottes orange. Mais saviez-vous qu'historiquement les carottes n'étaient pas orange, elles étaient plutôt de couleur violette ? Originaires du Moyen-Orient, on en mange depuis des milliers d'années. Mais ce n'est que lorsque des agriculteurs hollandais patriotiques ont commencé à cultiver des carottes orange au XVIe siècle, en signe de respect pour la Maison Royale d'Orange, qu'elles sont devenues si populaires. Il y a tant d'autres couleurs et de formes qui existent – regardez ce qui est proposé dans les bons supermarchés ou par des vendeurs de graines sur Internet (voyez p. 395 celles que j'ai utilisées). Cherchez les jaunes, roses, blanches, rouges et même les violettes et noires – incroyable ! Allez-y faire un tour ou rendez-vous la vie plus simple en faisant pousser vous-même des variétés intéressantes (peut-être pas les orange, on croira que vous les avez achetées !). Soyez un peu plus aventureux – essayez d'autres couleurs et, si vous manquez de place, plantez-les au milieu de vos parterres de fleurs. J'en ai même fait pousser dans des seaux, des sacs et des pots au cours de l'année dernière. Les carottes ne vous laisseront pas tomber.

Les betteraves sont vraiment l'outsider de ces deux légumes et probablement les plus connues pour être vendues en bocaux au vinaigre. Comme pour les carottes, on trouve des betteraves d'une grande variété de couleurs – de blanches et jaunes, à une étonnante variété rayée. Comme je l'ai dit au-dessus on peut les faire cuire comme des carottes. Imaginez-vous en train de poser un sacré bon rôti sur la table ou un steak fantastique, avec des pommes de terre croustillantes, et ensuite de sortir quelque chose d'inattendu comme de la betterave rôtie – c'est comme ça que vous allez faire parler vos amis et leur faire découvrir des nouveautés ! Vous pouvez transformer les betteraves en soupe, les cuire à l'eau et les assaisonner, les rôtir, les cuire à la vapeur ou au wok ou les utiliser dans des salades. Alors ne vous contentez pas de lire ça et de ne rien faire – faites entrer les betteraves dans votre vie !

Salade de carottes à l'indienne

C'est une superbe salade à l'indienne, toute fraîche, punchy et croquante qui va merveilleusement bien avec l'agneau épicé. Les carottes assaisonnées peuvent être servies toutes seules avec un peu de pomme ou de céleri pour plus de douceur et de croquant.

Faites chauffer une grande poêle et faites revenir l'agneau haché jusqu'à ce qu'il ait perdu tout son gras. Ajoutez le garam masala, une bonne pincée de sel et mélangez. Poursuivez la cuisson pour que la viande soit bien croustillante. Râpez les carottes en longues lanières fines avec un couteau économe ou une mandoline et mettez-les de côté.

Faites chauffer une petite poêle à feu moyen et faites griller les graines de cumin pendant 30 secondes – elles vont commencer à dégager une délicieuse odeur de noisette. Il ne s'agit pas de faire cuire les graines mais juste de réveiller un peu leurs saveurs. Écrasez-les dans un mortier. Remettez la poêle sur le feu et faites griller les graines de sésame jusqu'à ce qu'elles soient dorées. Transférez-les sur une assiette.

Émincez très très finement vos échalotes ou votre oignon pelés. Comme pour toutes les salades qui contiennent de l'oignon, vous ne voulez pas tomber sur de gros morceaux ! Si vous n'êtes pas très à l'aise avec un couteau utilisez le côté large d'une râpe carrée à la place. Ça transformera presque vos oignons en purée mais au moins vous ne rencontrerez pas de gros morceaux.

Pour faire la vinaigrette, mettez le zeste et le jus de citron dans un bol et ajoutez les échalotes ou l'oignon, le gingembre râpé, le cumin écrasé et une pincée de sel. Fouettez le tout avec environ 5 cuillères à soupe d'huile d'olive vierge extra. Versez la vinaigrette sur les carottes, ajoutez les feuilles de coriandre et de menthe et mélangez le tout avec les doigts. C'est important de goûter pour voir si la vinaigrette a besoin de plus de jus de citron, d'huile ou d'assaisonnement.

Répartissez l'agneau haché croustillant sur quatre assiettes et déposez la salade assaisonnée par-dessus. Parsemez des graines de sésame grillées. Servez avec des pains naan, du yaourt et des demi-citrons. Ça fait un super en-cas !

pour 4 personnes

600 g d'agneau de bonne qualité, grossièrement haché
2 cuillères à café de garam masala
sel de mer
500 g de carottes, (si possible de plusieurs couleurs) pelées
1 cuillère à café de graines de sésame
les feuilles d'une petite botte de coriandre
les feuilles d'une petite botte de menthe

pour la vinaigrette
1 cuillère à café de graines de cumin
3 échalotes ou un petit oignon rouge, pelés
le zeste et le jus d'1 citron
1 cuillère à café bombée de gingembre frais râpé
huile d'olive vierge extra

Betteraves fumées avec du bœuf grillé et une sauce au cottage cheese

J'ai découvert cette façon de fumer lentement les betteraves au barbecue, ou dans les braises chaudes d'un feu, aux États-Unis. Ici, j'utilise de petites betteraves, plus faciles à peler et moins longues à cuire, et des brins de romarin pour protéger les betteraves de la chaleur directe. Vous pouvez également faire rôtir les betteraves au four à 200 °C (th. 7) pendant 1h30 – elles seront très bonnes aussi mais vous n'aurez pas ce merveilleux goût de fumé.

pour 2 personnes

8 petites betteraves, le haut retiré
les feuilles d'une petite botte de romarin frais
1 cuillère à soupe de vinaigre de vin rouge
huile d'olive vierge extra
sel de mer et poivre noir fraîchement moulu
les feuilles d'une petite botte de persil plat frais
les feuilles hachées d'une petite botte d'estragon ou de basilic frais
4 tranches de filet de bœuf de 100 g chacune

pour la sauce au cottage cheese
4 cuillères à soupe bombées de cottage cheese (ou de fromage blanc)
1 citron coupé en deux
huile d'olive vierge extra
les feuilles de quelques brins de thym frais

Commencez par allumer votre barbecue ou votre feu. Posez les betteraves sur une double couche de papier d'aluminium – d'environ 30 cm (60 cm déplié) – et parsemez les feuilles de romarin par-dessus. Roulez le papier d'aluminium, en faisant rentrer les bords et en tournant les extrémités. Entaillez l'aluminium à plusieurs endroits avec un couteau pour que la fumée puisse rentrer à l'intérieur et parfumer les betteraves. Soulevez délicatement la grille de votre barbecue et insérez votre paquet d'aluminium au milieu du charbon. Posez aussi des morceaux de charbon par-dessus. Laissez cuire 30 à 40 minutes ou jusqu'à ce que les betteraves soient moelleuses, puis retirez le paquet et laissez-le refroidir. Déballez-le et jetez le romarin.

Une fois qu'elles sont tièdes, pelez les betteraves et éliminez la peau carbonisée. Coupez les betteraves en morceaux irréguliers et mettez-les dans un bol. Ajoutez le vinaigre, 3 cuillères à soupe d'huile d'olive vierge extra, les feuilles de thym, plein de sel et de poivre, la moitié du persil et de l'estragon. Mélangez, goûtez et ajustez l'assaisonnement si nécessaire.

Mettez le cottage cheese dans un bol et ajoutez le jus et le zeste finement râpé de la moitié du citron. Mélangez-y 2 lampées d'huile d'olive vierge extra, les feuilles de thym et un peu de sel et de poivre. Mélangez doucement le tout pour que l'huile et le citron strient le cottage cheese. Goûtez l'assaisonnement et rajoutez un peu de jus de citron si vous en avez envie.

Frottez votre bœuf avec un peu de sel et de poivre. Posez-le sur le barbecue et faites-le cuire à votre goût, en le retournant toutes les minutes, puis laissez-le reposer sur une assiette.

Pour servir, partagez les betteraves assaisonnées sur deux assiettes. Couvrez chaque assiette avec deux steaks et une cuillerée de sauce au cottage cheese. Parsemez des herbes restantes et régalez-vous !

Carottes et betteraves rôties avec des côtes de porc super juteuses

Les carottes et les betteraves sont particulièrement bonnes quand on les fait rôtir car ça fait ressortir leurs sucres naturels. Le meilleur conseil que je puisse vous donner c'est comment les assaisonner. Quelques gousses d'ail écrasées, une herbe boisée comme le thym, le romarin, la sauge ou le laurier, et un filet de vinaigre, de citron ou d'orange pressée, peuvent intensifier leurs saveurs naturelles.

pour 4 personnes

750 g de carottes pelées, de couleurs différentes si vous en trouvez
750 g de betteraves, de tailles et de couleurs différentes si vous en trouvez
sel de mer et poivre noir fraîchement moulu
les gousses d'1 tête d'ail, la moitié écrasées, les autres entières
huile d'olive vierge extra
le jus d'1 orange
les feuilles de quelques brins de thym frais
les feuilles de quelques brins de romarin frais
5 cuillères à soupe de vinaigre balsamique
4 grosses côtes de porc bio avec la couenne
8 feuilles de sauge fraîche
1 citron

Préchauffez le four à 220 °C (th. 7). Mettez vos carottes dans une grande casserole, vos betteraves dans une autre, et couvrez-les d'eau. Salez-les et portez-les à ébullition. Laissez cuire 15 à 20 minutes, jusqu'à ce qu'elles soient tendres. Puis égouttez-les et mettez-les dans des bols différents. Pelez vos betteraves et coupez les grosses carottes et betteraves en deux ou en quatre. Les petites peuvent rester entières.

Maintenant, pendant que les légumes sont encore chauds, ajoutez vos saveurs préférées. Mélangez les carottes avec la moitié de l'ail écrasé et une lampée d'huile d'olive, puis assaisonnez-les légèrement. Ajoutez le jus d'orange et les feuilles de thym et mélangez à nouveau. Mélangez les betteraves avec l'ail restant, le romarin, le vinaigre balsamique, du sel et du poivre. Vous pouvez maintenant mettre les légumes séparément dans des plats allant au four ou ensemble, sur une grande plaque à rôtir, les carottes d'un côté de la plaque et les betteraves de l'autre. Glissez-les au milieu du four préchauffé et faites-les rôtir environ 30 minutes ou jusqu'à ce qu'elles soient bien dorées.

Pendant la cuisson des carottes et des betteraves, posez les côtes de porc sur une planche, entaillez la couenne et la partie marbrée de la viande. Ça vous donnera de la couenne délicieusement grillée. Regardez la photo – vous verrez ce que je veux dire ! Pressez fermement une feuille de sauge au centre de la viande, des deux côtés des côtes. Salez et poivrez.

Quand les légumes commencent à colorer, faites chauffer une grande poêle allant au four ou une petite plaque à rôtir sur le feu, versez-y une bonne lampée d'huile d'olive et mettez-y les côtes de porc. Dès qu'elles sont bien colorées d'un côté, retournez-les et mettez la plaque au four pour 10 minutes ou jusqu'à ce que les côtes soient croustillantes à l'extérieur et bien cuites mais encore moelleuses à l'intérieur. Posez les côtes sur une assiette chauffée. Jetez la plupart de la graisse de la plaque et versez-y un filet de jus de citron. Mélangez et grattez les sucs savoureux du fond de la plaque avant de verser le tout sur les côtes. Retirez carottes et betteraves du four – à ce stade, elles doivent être bien collantes. Servez-les avec les côtes de porc et un verre de vin.

Comment je fais pousser carottes et betteraves

La terre

En général on sème directement les carottes et les betteraves en terre. Les carottes sont un peu plus exigeantes que les betteraves – elles préfèrent une terre légère et fertile plutôt que de l'argile épaisse (il n'y a pas besoin d'ajouter de fumier en hiver). Si vous avez de l'argile dans votre jardin, ne désespérez pas car vous pouvez utiliser de gros pots ou des auges. Elles ont besoin d'une terre légère, car si elles rencontrent un endroit dur, elles vont tout simplement se séparer en deux et vous aurez des carottes aux formes plutôt bizarres ! Les betteraves ne sont pas aussi capricieuses. Une banale terre de jardin leur convient.

La plantation

En choisissant différentes variétés de carottes et de betteraves et en semant « peu et souvent », toutes les trois ou quatre semaines entre février et août, vous pourrez les récolter de la fin du printemps jusqu'à l'hiver. Si vous les conservez bien, vous en aurez toute l'année.

Pour semer les carottes, aplanissez le sol et creusez des sillons de 1 à 2 cm de profondeur, tous les 15 ou 20 cm. Répandez un peu de graines de manière régulière dans le sillon. Couvrez-les ensuite de terreau et arrosez-les légèrement. En général, on sème les betteraves directement dans le sol, comme les carottes, mais je fais souvent démarrer mes graines dans des pots ou dans des bacs à germination, puis je les plante dehors quand elles grandissent. Je sème 2 à 3 graines par compartiment et quand les plants sont assez grands, je plante chaque petit groupe ensemble dehors, sans perturber les racines. De cette façon, je peux les espacer plus facilement, et c'est plus économique au niveau des graines.

La récolte et la conservation

Deux mois après la plantation, vous pouvez commencer à manger vos carottes et vos betteraves. Si vous les laissez plus longtemps, la plupart des variétés vont grandir jusqu'à ce que le temps se rafraîchisse au printemps. Si vous voulez manger des mini betteraves ou des mini carottes, il suffit de les arracher de la terre plus tôt.

Pour conserver toutes les variétés de légumes racine, comme les carottes, les betteraves, les navets, les rutabagas, les topinambours et même les pommes de terre, vous pouvez suivre la méthode utilisée avant les frigos et les congélateurs. Prenez une cagette en bois ou une boîte en polystyrène épais et versez-y une couche de sable humide. Étalez-la avec les doigts pour qu'elle soit régulière. Retirez l'excès de terre sur vos légumes, puis arrachez leurs tiges vertes et posez-les les uns à côté des autres mais sans qu'ils se touchent, en une couche sur le sable. Recouvrez-les avec du sable et recommencez, en faisant des couches de légumes et de sable jusqu'en haut de la cagette. Gardez la cagette dans une remise froide, dans un garage ou à l'extérieur en la couvrant. De cette manière, vous pourrez garder vos légumes quatre à cinq mois sans perdre trop de leur goût et de leur valeur nutritionnelle.

Mes tuyaux

- J'adore semer les carottes avec des sachets de graines de couleurs mélangées : c'est toujours une surprise quand on les arrache.

- Quand vos semis de carottes et de betteraves vont pousser vous aurez peut-être besoin de les éclaircir un peu. Arrachez quelques uns des petits plants, en laissant ceux qui sont forts tous les 5 à 8 cm. Ça donnera à ceux qui restent plus de place pour pousser. Après avoir éclairci, reformez la terre autour des plants qui restent et arrosez-les un peu car leurs racines ont été secouées. Les mini carottes et les mini betteraves que vous allez cueillir sont délicieuses à cuisiner, alors régalez-vous !

BEETROOT
GOLDEN
4/5/06

haricots grimpants

En août 2006, on aurait dû être au milieu de notre magnifique été britannique et profiter d'un soleil splendide ; à la place, il n'a fait que pleuvoir. Beaucoup ! Et pourtant nous ne devrions jamais nous plaindre, car le jardin adore un mélange de soleil et de pluie – la nature s'affole et tout pousse beaucoup plus vite. Surtout les haricots – vous verrez une différence énorme après seulement 10 ou 14 jours s'il y a eu une bonne pluie. Pendant ce laps de temps très court, les cosses peuvent passer du stade de petits bourgeons fleuris à leur taille normale – c'est tout simplement incroyable.

Les haricots grimpants poussent naturellement autour de tout ce qu'ils touchent. En leur donnant des supports comme des cannes ou des treillis, ils peuvent grimper sur des maisons, contre des murs, autour d'arceaux – tout ce qui se présente. Et dans certains pays, on trouve même des variétés de haricots, plantées à côté ou en-dessous d'autres cultures comme les tournesols et le maïs. Non seulement c'est un bon usage de l'espace disponible mais ça permet un meilleur rendement.

La famille des haricots grimpants est assez diversifiée – certains sont appréciés pour les haricots qu'on trouve dans les cosses, d'autres pour les cosses elles-mêmes, certains pour les deux ! Ce qui est encore mieux, c'est que les haricots vont bien avec presque tout : la viande et le poisson, chauds ou froids, en salade ou dans des soupes ou encore dans des plats de pâtes. Certains peuvent être servis sur du pain grillé ou être la star d'un plat. Il n'y a aucun mal à simplement les cuire à l'eau ou à la vapeur et les assaisonner d'une noix de beurre ou d'un filet d'huile d'olive vierge extra, car ils seront tout aussi délicieux. Mais je ne pense pas que ce soit la seule manière de les préparer. Les haricots absorbent tellement bien les saveurs qu'ils sont géniaux cuits au wok, en ragoût ou braisés avec des épices. Et comme ils sont pleins de protéines, ils sont parfaits pour les végétariens.

Carpaccio de bœuf et salade de haricots marinés

Le carpaccio, c'est de la viande crue très finement tranchée. J'aime le mien à l'italienne, avec de la viande un peu plus épaisse. Ça le rend un peu plus rustique, et on goûte vraiment la qualité de la viande. J'adore aussi colorer très rapidement la viande avant de la trancher, car ça crée un contraste de saveurs entre la croûte et le cœur. Avec cette salade de haricots marinés, ça marche très bien – vous pouvez utiliser des haricots verts ou un mélange de haricots différents.

Il ne vous faut pas des tonnes de viande mais juste deux ou trois tranches par personne, ce qui vous permettra de dépenser un peu plus pour une viande de qualité.

pour 4 personnes

sel de mer et poivre noir fraîchement moulu
250 g de haricots verts ou mélangés, étêtés mais pas équeutés
1 morceau de 500 g de filet de bœuf
quelques brins de thym
huile d'olive

pour la marinade
2 petites échalotes ou ½ oignon rouge, pelés et finement haché(e)s
les feuilles hachées d'une poignée d'herbes fraîches et douces (cerfeuil, persil, les feuilles jaunes du cœur de céleri, estragon)
1 cuillère à café de moutarde de Dijon
1 ½ cuillère à soupe de vinaigre de vin blanc
huile d'olive vierge extra

Portez une grande casserole d'eau salée à ébullition. Plongez-y les haricots et faites-les cuire 5 minutes. Quand ils sont parfaitement cuits, égouttez-les dans une passoire.

Pour préparer la marinade, mélangez les échalotes ou l'oignon dans un bol avec les herbes, la moutarde, le vinaigre et 4 cuillères à soupe d'huile d'olive vierge extra. Salez et poivrez à votre goût, puis ajoutez les haricots chauds et mélangez. Mettez de côté pour que les haricots refroidissent et s'imprègnent de toutes les fantastiques saveurs.

Posez le filet de bœuf sur une planche à découper et assaisonnez-le entièrement de sel et de poivre. Passez les brins de thym quelques secondes sous l'eau chaude – pour faire ressortir leurs huiles aromatiques. Effeuillez-les et hachez grossièrement les feuilles. Parsemez le thym sur la viande, puis faites-la rouler sur la planche pour faire adhérer les herbes et les assaisonnements qui restent.

Faites chauffer fortement une poêle épaisse et versez-y un filet d'huile puis le filet de bœuf. Faites-le dorer pendant seulement 1 minute en le retournant toutes les quelques secondes pour le saisir et former une croûte avec tous les parfums. Sortez la viande de la poêle et posez-la sur une assiette pour qu'elle repose une minute. Une fois que vous l'avez colorée, vous pouvez l'utiliser tout de suite ou la garder couverte sur une assiette. Je préfère ne pas la conserver au frigo.

En utilisant un couteau affûté, coupez la viande en tranches fines. Posez chaque tranche sur une planche et écrasez-la autant que possible en appuyant avec le plat de la lame du couteau – ça marche impeccablement. Posez deux ou trois tranches à plat sur chaque assiette. Assaisonnez-les encore légèrement et posez un petit tas de haricots par-dessus, en versant un peu de la marinade. Parsemez des herbes restantes et arrosez de bonne huile d'olive vierge extra.

Lotte grillée avec un doux ragoût de haricots à rames

J'adore cuisiner les haricots à rames de cette façon. Dégustés chauds, ils accompagnent parfaitement un poisson rôti ou une viande blanche. Ils sont aussi délicieux servis froids, comme antipasto. Sil vous plaît, essayez-les ! Pour terminer, je vais utiliser cet exhausteur de goût génial : la gremolata. Le mélange classique est fait d'ail, de zeste de citron et de persil plat, hachés très finement et mélangés. Elle peut être parsemée au dernier moment sur des ragoûts, des bouillons, des soupes ou des plats de pâtes. Le parfum et la vivacité du citron avec la petite chanson de l'ail : ça réveille vraiment les plats !

pour 4 personnes

600 g de haricots à rames, parés
huile d'olive
1 bocal de 100 g de bons filets d'anchois à l'huile
5 gousses d'ail, pelées
1 piment rouge sec, émietté
1 bocal de 700 g de passata ou 2 boîtes de 400 g de tomates, écrasées
2 brins de romarin frais
sel de mer et poivre noir fraîchement moulu
4 tranches de 200 g de lotte, sans la peau, parées (demandez à votre poissonnier de le faire)
une botte de persil plat
1 citron
huile d'olive vierge extra
les feuilles d'une petite botte de basilic vert ou violet

Passez les haricots à rames dans un coupe-haricots. Si vous n'en avez pas, passez un économe de chaque côté des haricots pour vous débarrasser des parties filandreuses puis coupez-les en biais en tronçons d'1 cm.

Votre ragoût de haricots à rames peut être cuisiné à l'avance ou démarré juste au moment de faire le poisson. Faites chauffer une casserole et versez-y 2 cuillères à soupe d'huile d'olive et l'huile du bocal d'anchois. Hachez 4 des gousses d'ail et faites-les revenir doucement avec les anchois et le piment sec, jusqu'à ce que tout soit fondu et que les anchois se transforment en bouillie. Ajoutez-y les tomates écrasées ou la passata, avec les haricots et le romarin. Assaisonnez et portez à ébullition. Couvrez et laissez mijoter doucement 12 à 15 minutes ou jusqu'à ce que les haricots soient bien cuits. Si la sauce devient un peu sèche, ajoutez un peu d'eau et remuez les haricots.

Posez les tranches de lotte sur une planche à découper et coupez-les horizontalement presque en deux, pour qu'elles s'ouvrent comme un livre. Essayez de faire en sorte qu'elles soient de la même épaisseur des deux côtés. Entaillez légèrement le poisson et réservez-le.

Pour faire la gremolata, hachez finement la dernière gousse d'ail avec une pincée de sel. Ensuite, hachez finement le persil et zestez, finement également, le citron. Mélangez-les avec l'ail, hachez le tout une dernière fois et mettez de côté.

Faites chauffer un très grand gril en fonte ou une poêle (ou deux petites). Salez et poivrez bien le poisson et frottez-le légèrement avec de l'huile d'olive. Faites cuire le poisson 2 minutes par côté ou jusqu'à ce qu'il soit bien cuit (ne soyez pas tenté de le faire trop cuire).

Retirez les haricots du feu, goûtez-les et assaisonnez-les de nouveau si nécessaire. Ôtez les brins de romarin et pressez-y le jus de citron. Posez un tas de haricots sur chaque assiette et couvrez-les avec un morceau de poisson. Arrosez-les d'huile d'olive et parsemez les feuilles de basilic et la gremolata. Vous pouvez aussi servir le tout sur un plat au milieu de la table.

Haricots maison tout simples

« Une tartine aux haricots ? » : telle a été ma première réaction quand j'ai vu ces haricots à la carte d'un restaurant. Puis, je les ai goûtés et ça m'a rendu humble de voir qu'un plat aussi simple avait un goût aussi sublime. Une fois que vous savez bien les assaisonner et les faire cuire, vous pouvez appliquer cette méthode aux haricots cannellini, aux haricots blancs, aux haricots borlotti, aux haricots verts, aux lentilles et même aux pois chiches. Si vous avez fait pousser vos haricots, félicitations ! Si les haricots frais mettent environ 45 minutes à cuire, les haricots secs sont économiques et très fiables à cuisiner. Cependant, il faudra les faire tremper au moins 12 heures.

pour 4 personnes

300 g de haricots secs borlotti, cannellini ou tarbais, trempés au moins 12 heures dans de l'eau froide
3 gousses d'ail, non pelées
quelques brins de thym frais
1 brin de romarin frais
3 feuilles de laurier
1 tige de céleri, parée
1 petite pomme de terre, pelée et coupée en deux
2 tomates cerises
huile d'olive vierge extra
vinaigre de vin rouge
quelques brins de persil plat, frais et hachés
4 tranches de pain au levain

Égouttez vos haricots trempés, puis lavez-les bien. Mettez-les dans une grande cocotte et couvrez-les d'eau froide. Jetez-y l'ail, les brins d'herbes, les feuilles de laurier, la tige de céleri, la pomme de terre et les tomates. Mettez les haricots sur le feu et portez-les doucement à ébullition. Couvrez-les et laissez-les mijoter très doucement, entre 45 minutes et 1 heure (suivant que vous avez des haricots frais ou secs), jusqu'à ce qu'ils soient tendres et bien cuits. Écumez si nécessaire et remettez de l'eau bouillante.

Quand les haricots sont cuits, égouttez-les dans une passoire, en gardant assez d'eau de cuisson pour les couvrir à moitié quand vous les remettrez dans la cocotte. Ôtez l'ail, les herbes, le céleri, les morceaux de pomme de terre et les tomates des haricots. Appuyez sur les gousses d'ail pour les faire sortir de leur peau et pincez les tomates pour les peler. Posez l'ail, les tomates et les morceaux de pomme de terre sur une assiette, écrasez-les avec une fourchette puis mélangez-les avec les haricots. Salez, poivrez et versez trois généreuses lampées d'huile d'olive vierge extra et un filet de vinaigre. Mélangez-y le persil et servez sur du pain au levain toasté.

Quatre façons de servir vos haricots maison

Voici mes quatre recettes préférées pour transformer vos humbles haricots maison (voir page 124) en héros du jour. Chaque recette est pour une personne.

Haricots crémeux au crabe frais et au piment

Mélangez de la belle **chair de crabe** décortiquée avec un peu de **piment** frais haché et des **pluches de fenouil.** Mettez les **haricots** maison chauds sur une assiette et répartissez le mélange au crabe dessus.

Rouget barbet croustillant aux haricots

Prenez 1 ou 2 filets de **rouget.** Assaisonnez-les de **sel de mer** et **poivre noir fraîchement moulu** et faites-les revenir à feu moyen 2 minutes par côté dans une bonne lampée d'**huile d'olive.** Hachez une poignée de **roquette** et mélangez-la dans vos **haricots maison** chauds avec un peu de **zeste de citron** et de l'**huile d'olive vierge extra.** Mettez les haricots sur une assiette, posez les filets de rouget parfaitement cuits dessus et saupoudrez de **paprika fumé.**

Salade tiède de haricots et de pain

Toastez deux tranches de **bon pain** et déchirez-les en gros morceaux. Mettez-les dans un bol avec une poignée de **tomates hachées,** du **sel de mer** et du **poivre noir fraîchement moulu,** un filet d'**huile d'olive vierge extra** et une pointe de bon **vinaigre balsamique.** Mettez un peu de vos **haricots maison** chauds sur une assiette, suivis par le mélange de pain et de tomates. Servez avec quelques tranches de **prosciutto** (jambon italien) et des petites feuilles de **basilic.**

Haricots aux coquilles Saint-Jacques et à la pancetta

Prenez jusqu'à 3 **coquilles Saint-Jacques** et enveloppez chacune dans une tranche de **pancetta.** Enfilez-les sur une brochette ou une tige de **romarin frais** rigide et saisissez-les de chaque côté dans un peu d'**huile d'olive vierge extra,** jusqu'à ce qu'elles soient dorées. Mettez vos délicieux **haricots maison** chauds sur une assiette et posez les Saint-Jacques dessus. Servez avec un filet de **citron** et arrosez d'huile d'olive vierge extra et du jus qui reste dans la poêle. C'est génial !

Comment je fais pousser les haricots grimpants

La terre

La meilleure terre pour faire pousser les haricots grimpants, c'est une bonne terre drainante à laquelle on a ajouté du fumier en hiver. Ce fumier peut être, soit mélangé avec la terre, soit laissé à la surface comme paillis que les vers de terre pourront creuser. L'endroit idéal pour planter doit être ensoleillé et partiellement protégé.

La plantation

En général, je sème mes graines à l'intérieur en avril ou en mai et j'utilise des tubes bio, biodégradables, que vous pouvez acheter dans les bonnes jardineries – sinon, essayez de vous en fabriquer à partir de rouleaux de papier toilette ou en roulant des morceaux de carton et en les agrafant –, ou des petits pots profonds (même les pots de yaourt en plastique peuvent convenir, mais n'oubliez pas de percer quelques trous au fond d'abord). Remplissez-les presque à ras bord avec du bon compost bio et appuyez doucement pour tasser. Ajoutez-en un peu si nécessaire et appuyez à nouveau. Faites un trou de 3 à 5 cm de profondeur dans la terre, mettez deux graines par pot et remplissez les trous avec un peu plus de compost. Arrosez bien et installez-les sur un rebord de fenêtre ensoleillé ou dans un endroit chaud et clair, à l'abri du gel, pour trois à quatre semaines.

Quand vos plants font 15 à 20 cm, vous pouvez les planter dans votre jardin. Tout ce dont les haricots grimpants ont besoin c'est d'une structure pour les soutenir (par exemple, un arceau en grillage), avec des petites brindilles ou des bâtons pour les aider à commencer à grimper. Ma méthode préférée est de construire un treillis en forme de tipi avec des cannes en bambou. Pour ce faire, poussez les longues cannes dans le sol en formant un cercle. Rassemblez-les en haut et attachez-les avec de la ficelle ou du fil de fer.

Faites un trou assez grand pour un plant de haricot à la base de chaque canne. Si vous utilisez des tubes biodégradables, vous pouvez mettre le tube en entier avec le plant dans le sol. Sinon, sortez les plants de leurs pots et plantez-en un près de chaque canne. Enroulez les premières vrilles des pousses de haricots autour de la base des cannes de bambou – ça guidera les plantes pendant la pousse (il n'est pas nécessaire de les attacher). Elles s'agripperont ensuite aux cannes toutes seules. N'oubliez pas de bien les arroser.

Mes tuyaux

- Ne vous inquiétez pas si vous trouvez que les haricots font un peu « bof » dans le jardin – ce ne sont pas les plantes les plus excitantes en termes de look, mais comme les fraises, ils vous réserveront une belle surprise un jour où vous serez allé surveiller leurs progrès. Sous les feuilles, vous trouverez de précieux haricots en train de pousser, et comme ils sont cachés, les oiseaux ne peuvent pas les picorer. La nature est bien faite.

- La plupart des plantes de la famille des haricots attrapent l'azote contenu dans l'air et le concentrent dans leurs racines. Elles consomment ce dont elles ont besoin pour leur propre croissance puis relâchent le reste dans la terre, ce qui améliore sa fertilité pour les récoltes suivantes. Comme l'azote est un nutriment majeur des plantes, faire pousser des haricots est une façon écologique d'enrichir le sol sans utiliser de fertilisants chimiques.

- Les haricots détestent vraiment la sécheresse. Vous remarquerez que leur croissance ralentit et que leurs cosses se dessèchent si elles ne reçoivent pas de pluie pendant un certain temps. N'oubliez pas de les arroser généreusement tous les quelques jours s'il n'y a pas eu d'averse.

A traditional exhibition
variety, producing
tasty long, smooth,
straight pods
Sow Apr-Jul
Harvest Jul-Oct
RUNNER BEAN
Enorma

Les courgettes font partie de la famille des courges et des concombres. En Grande-Bretagne on en trouve partout maintenant, mais il ne me semble pas qu'on les aime autant que, par exemple, les bons vieux petits pois. Je peux me tromper, mais je pense que c'est parce que les gens ne savent pas vraiment comment les cuisiner. La plupart de ceux à qui j'ai parlé des courgettes ne ressentent pas d'affection pour elles et elles ne leur manqueraient pas si elles disparaissaient. Si tout ce qu'ils ont fait c'est les cuire à l'eau, je les comprends.

Ça ne fait que cinquante ans que l'on trouve des courgettes en Grande-Bretagne, ce qui en fait un légume super moderne. Ces mêmes cinquante dernières années ont été parmi les plus sombres de l'histoire culinaire Britannique. Ce que je veux dire par là, c'est que pendant cette période, les gens ont commencé à moins cuisiner à la maison et les fast-food et le micro-ondes ont pris le pouvoir. Du coup ça n'aide pas la courgette à trouver sa place de bon petit légume que tout le monde devrait cuisiner ! Mais ne craignez rien. Nous allons vous transformer en expert ès courgettes sans le moindre problème.

Quand elles sont petites et croquantes, vous pouvez les émincer finement à cru ou en faire des lanières à l'économe pour vos salades, mais il faut les assaisonner de jus de citron, d'huile d'olive, de sel, de poivre et d'herbes délicates. Elles sont aussi mises en valeur par les épices, comme le piment frais. Et elles sont délicieuses associées au parmesan. Alors, la prochaine fois que vous préparez une salade d'épinards et de cresson, de tomates coupées et d'avocats, prenez une petite courgette, râpez-la à l'économe, assaisonnez-la et mélangez-la dans la salade – vous serez surpris que ce soit si savoureux. Les courgettes sont excellentes, grillées au barbecue ou sur un gril – il suffit de les couper en tranches de 0,5 cm d'épaisseur et de les faire griller à sec. Une fois qu'elles ont les marques du gril, assaisonnez-les d'huile d'olive et de jus de citron. Elles sont aussi super, quand on les fait rôtir jusqu'à ce qu'elles forment des cloques et qu'elles soient bien dorées. Laissez simplement les petites courgettes entières ou coupez-les en deux, dans la longueur, puis mélangez-les avec de l'huile et une pointe de vinaigre de vin rouge, de l'ail écrasé et arrosez-les d'huile d'olive avant de les faire rôtir.

La menthe et le thym sont deux saveurs qui s'associent parfaitement aux courgettes. Essayez de les couper grossièrement pour avoir des formes différentes (en retirant l'intérieur cotonneux des grosses courgettes), puis mettez-les dans une cocotte, avec un peu de menthe ou de thym haché, de l'huile d'olive, du sel et du poivre et faites-les revenir à feu doux pendant 20 à 25 minutes, en remuant de temps en temps. La douceur et l'intensité des arômes vont vous exploser les papilles ! Terminez avec un filet de jus de citron et un peu plus de menthe hachée. Servez avec ce que vous voulez.

Je voudrais vraiment vous encourager à faire pousser vos propres courgettes car vous aurez les fleurs en plus des courgettes elles-mêmes. Elles ont une douce saveur de pollen et sont fabuleuses farcies de viandes assaisonnées ou de fromages (surtout la ricotta), avec des herbes délicates. Vous pouvez les faire cuire au four, les rôtir ou même les frire en beignets. Sinon, vous pouvez tout simplement les déchirer et les mettre à la dernière minute dans des salades, des soupes, des ragoûts, des risottos ou des plats de pâtes.

courgettes

Rubans crus croustillants de courgettes et maquereaux grillés

Ces courgettes, savoureuses et croquantes, contrastent agréablement avec les poissons au goût intense comme le maquereau. Elles accompagnent bien aussi les côtes de porc ou les pavés de thon. Le maquereau est un poisson incroyablement sous-estimé – il est bourré d'huiles omega-3, donc il vous fait vraiment du bien. Attention, ne l'achetez que s'il est vraiment frais. Si vous avez un doute, utilisez votre nez ! Il doit sentir la mer pas le poisson. Pour cette recette, je le fais cuire au barbecue, mais vous pouvez aussi utiliser un gril en fonte ou le mettre sous un gril ultrachaud.

pour 4 personnes

le zeste d'1 citron, le jus d'½
huile d'olive vierge extra
1 piment rouge frais, épépiné et finement haché
sel de mer et poivre noir fraîchement moulu
6 petites courgettes vertes et jaunes ou 12 pâtissons
2 maquereaux de 200 g, écaillés, vidés et nettoyés, sans les ouïes
huile d'olive
4 brins de romarin frais
2 grosses poignées de roquette, lavées et essorées
les feuilles d'une petite botte de basilic frais
des quartiers de citron pour accompagner

Commencez par allumer votre barbecue et attendez d'avoir un bon lit de charbons ardents. Brossez la grille avec une brosse métallique propre pour éviter que le poisson ne s'y colle. Si vous n'utilisez pas un barbecue, préchauffez votre gril à fond ou faites chauffer votre gril en fonte.

Mettez le zeste de citron dans un grand bol et ajoutez le jus de citron avec trois fois la quantité de bonne huile d'olive vierge extra. Ajoutez le piment haché et assaisonnez la vinaigrette de sel et de poivre à votre goût.

Pour arriver à couper vos courgettes en beaux rubans bien fins, il faut soit que vous soyez très doué avec un couteau, soit de façon plus réaliste que vous utilisiez un banal économe. Coupez ou râpez-les directement dans le bol avec la vinaigrette. Ne les mélangez pas avant que le poisson ne soit cuit.

Entaillez la peau de chaque poisson d'environ 0,5 cm de profondeur des deux côtés. Frottez les poissons avec de l'huile d'olive et salez-les à l'intérieur et à l'extérieur. Glissez un brin de romarin à l'intérieur de chaque poisson.

Posez-les sur la grille chaude du barbecue, sur votre gril en fonte ou sous le gril chaud et laissez-les cuire 2 à 3 minutes de chaque côté, jusqu'à ce qu'ils soient dorés et croustillants, avec de belles marques de gril. Puis cuisez-les encore 1 minute sur le ventre, pour être sûr qu'ils soient bien cuits (il faut que la chair se détache facilement de l'arête).

Ajoutez la roquette et la moitié des feuilles de basilic à vos courgettes. Déchirez des fleurs de courgettes si vous en avez. Mélangez délicatement du bout des doigts, pour être sûr d'enrober le moindre ruban de courgette. Servez les courgettes à côté des maquereaux, avec un quartier de citron, le reste des feuilles de basilic parsemées dessus et arrosées d'huile d'olive vierge extra.

Magnifique carbonara aux courgettes

Grand classique pour accompagner les pâtes, la carbonara est une sauce faite de crème, de parmesan et de bacon. Personnellement, j'utilise un panaché de différents thyms en fleurs, mais du thym normal fait aussi bien l'affaire. Essayez de trouver les meilleurs ingrédients pour réaliser votre carbonara, c'est grâce à eux qu'elle sera extraordinaire. Pour les pâtes, votre choix peut se résumer à des linguine ou des spaghetti. Mais j'ai entendu une mamma italienne dire que les penne sont LES pâtes pour ce plat. C'est donc ce que j'utilise pour cette recette.

pour 4 personnes

sel de mer et poivre noir fraîchement moulu
6 courgettes moyennes, vertes et jaunes
500 g de penne
4 gros œufs, bio ou de plein air
10 cl de crème liquide
2 poignées de parmesan, fraîchement râpé
huile d'olive
12 tranches épaisses de pancetta ou de bacon fumé, coupées en gros lardons
les feuilles hachées d'une petite botte de thym frais, les fleurs réservées (si vous arrivez à vous procurer du thym en floraison)
en option : quelques fleurs de courgettes

Portez une grande casserole d'eau salée à ébullition. Coupez les courgettes en deux, puis coupez les plus grosses en quatre, dans la longueur. Ôtez et jetez les parties cotonneuses du milieu. Coupez les courgettes en biais, à peu près de la taille des penne. Les petites courgettes peuvent être juste finement émincées. À ce stade, l'eau doit être en train de bouillir, alors plongez-y les penne comme indiqué sur le paquet.

Pour préparer la crémeuse sauce carbonara, mettez les jaunes d'œufs dans un bol, ajoutez la crème, la moitié du parmesan et mélangez avec une fourchette. Assaisonnez légèrement et mettez de côté.

Faites chauffer une très grande poêle (35 cm me paraît bien – il faudrait en avoir une dans toutes les maisons), ajoutez une bonne lampée d'huile d'olive et faites griller la pancetta ou le bacon, jusqu'à ce qu'ils soient brun foncé et croustillants. Ajoutez les tranches de courgette et deux bonnes pincées de poivre noir, pas juste pour assaisonner mais pour donner du mordant. Parsemez-y les feuilles de thym, mélangez le tout pour que les courgettes soient bien enrobées, et faites-les revenir jusqu'à ce qu'elles commencent à dorer et à ramollir.

C'est très important de bien réussir l'étape qui suit ou vos carbonara risquent d'être ratées. Il faut travailler rapidement. Quand les pâtes sont cuites, égouttez-les en réservant un peu d'eau de cuisson. Mélangez tout de suite les pâtes dans la poêle avec les courgettes, le bacon et toutes les bonnes saveurs, puis retirez-les du feu et ajoutez une louche de l'eau de cuisson réservée et votre sauce crémeuse. « Touillez » rapidement le tout. (Stoppez la cuisson, sinon vous risquez de brouiller les œufs).

Rassemblez tout le monde autour de la table, prêt à manger. Pendant que vous mélangez les pâtes et la sauce, ajoutez-y le reste du parmesan et, si nécessaire, un peu d'eau de cuisson pour avoir une sauce lisse et brillante. Goûtez rapidement pour rectifier l'assaisonnement. Si vous avez réussi à avoir des fleurs de courgettes, déchirez-les dessus, puis servez et mangez tout de suite, car la sauce peut devenir épaisse et se figer si elle attend trop longtemps.

Fleurs de courgettes croustillantes à la ricotta et à la menthe

Ces fleurs de courgettes farcies ont un aspect et un goût incroyables ! Il faut les manger tout de suite, tant qu'elles sont chaudes et croustillantes. Si vous n'arrivez pas à trouver de fleurs vous pouvez quand même préparer la recette avec juste des courgettes – ce sera comme une tempura à l'italienne.

pour 4 personnes

200 g de bonne ricotta friable (pas de la ricotta de supermarché ; achetez-la chez un traiteur italien)
¼ de noix de muscade, finement râpée ou une pincée de noix de muscade en poudre
une petite poignée de parmesan, fraîchement râpé
les feuilles finement hachées d'une petite botte de menthe fraîche
1 à 2 piments rouges frais, coupés en deux, épépinés et très finement hachés
sel de mer et poivre noir fraîchement moulu
200 g de farine à levure incorporée, plus un peu pour fariner
35 cl de vin blanc correct ou d'eau gazeuse
8 fleurs de courgettes, avec les courgettes attachées
huile végétale
en option : un petit morceau de pomme de terre pelée
en option : quelques brins de persil
2 citrons coupés en deux

Battez la ricotta dans un bol avec la noix de muscade, le parmesan, le zeste de citron et la plupart de la menthe hachée et du piment. Assaisonnez à votre goût.

Pour faire une délicieuse et légère pâte à frire, versez la farine dans un bol avec une pincée de sel. Ajoutez-y le vin blanc et fouettez jusqu'à ce que ce soit épais et lisse. La consistance de la pâte doit être comme celle de la crème liquide – si vous y plongez votre doigt, il doit ressortir bien nappé.

Ouvrez délicatement les fleurs de courgettes en les laissant attachées aux courgettes et coupez les pistils pointus qui sont à l'intérieur car ils sont amers. Farcissez précautionneusement chaque fleur avec le mélange de ricotta. Ou, comme je préfère le faire, versez la ricotta dans le coin d'un sac à congélation. Coupez 1 cm de ce coin et utilisez-le comme une poche à douille pour remplir doucement chaque fleur de garniture, jusqu'à ce qu'elles soient pleines. Appuyez doucement sur les fleurs pour les fermer. Mettez les fleurs de côté. (Si vous avez du rab de ricotta vous pourrez le tartiner sur des crostinis pour faire un snack !).

Et maintenant la friture. Éloignez tout le monde si vous le pouvez et faites attention qu'il n'y ait pas d'enfants. Préparez une pince ou une araignée pour sortir les fleurs de l'huile et une assiette avec une double couche de papier absorbant pour les égoutter. Versez l'huile dans une friteuse ou une sauteuse (sur environ 12 cm de profondeur). Faites chauffer l'huile à 180 °C ou si vous utilisez une sauteuse, mettez-y votre morceau de pomme de terre. Dès que la pomme de terre commence à dorer, remonte à la surface et se met à grésiller, l'huile est à peu près à la bonne température. Retirez la pomme de terre de la sauteuse.

Trempez une par une dans la pâte les courgettes avec les fleurs farcies à la ricotta, en les couvrant bien, et en laissant couler l'excès de pâte. Lâchez-les doucement, à distance, dans l'huile chaude. Trempez rapidement dans la pâte une ou deux fleurs de thym et des petites feuilles de courgettes (ou du persil) si vous en avez – mais ne chargez pas trop la sauteuse sinon tout va coller ensemble. Faites-les frire jusqu'à ce qu'elles soient bien dorées de partout et croustillantes, puis retirez-les de l'huile et égouttez-les sur le papier absorbant. Posez-les sur un plat ou une planche, parsemez-les de sel, du piment et de la menthe restants. Servez-les avec un demi-citron à presser dessus. Quel délice ! Mangez-les vite !

Comment je fais pousser les courgettes

La terre

Les courgettes aiment pousser dans une terre qui a été mélangée avec du fumier ou du compost bio. Elles préfèrent aussi les espaces chauds, ensoleillés et dégagés. C'est important qu'elles ne subissent pas de gel.

La plantation

Prenez un sachet de graines d'une jardinerie ou d'un fournisseur sur Internet. Je trouve que le mieux c'est de les démarrer à l'intérieur entre mi-avril et début mai, avant de les planter dehors. C'est tellement facile – il suffit de remplir un plateau en plastique (un plateau divisé en grands « compartiments »), avec la terre que vous avez préparée. Faites un petit trou dans la terre de chaque compartiment, d'environ 2 cm de profondeur, et faites-y tomber une ou deux graines. Couvrez-les et placez le plateau dans un endroit chaud, comme une serre ou un rebord de fenêtre ensoleillé.

Après environ quatre semaines, vous pouvez planter les courgettes dehors dans la terre que vous avez préparée. Plantez-les tous les 80 à 100 cm, et entourez chacune d'une petite bordure circulaire – ainsi, l'eau ne s'écoulera pas mais restera à l'intérieur de la bordure, près des racines. Comme moi, vous serez époustouflé par la vitesse à laquelle elles poussent avec un peu de bon fumier.

La récolte

Il faut cueillir les courgettes quand elles sont petites, car c'est là qu'elles sont les plus nutritives et savoureuses. Elles vont commencer à pousser dès qu'elles ont commencé à fleurir, en général quatre à cinq semaines après que vous les ayez plantées dehors. Dès qu'elles font plus de 10 cm de long, elles deviennent spongieuses, cotonneuses et pleines de graines, alors évitez de les faire pousser ou de les acheter au-delà de cette taille. C'est important de ne pas couper toutes vos courgettes en même temps. Il faut laisser quelques plantes femelles (celles qui ont les fleurs) et quelques mâles aussi, sinon elles cesseront de produire.

Mes tuyaux

- Si vous laissez une courgette pousser un peu trop longtemps, en mûrissant, elle va ressembler à une grosse courge, mais elle sera fibreuse et fade, vous ne pourrez pas alors en faire grand chose.

- Les courgettes adorent l'eau, alors surveillez-les après la pluie car elles vont avoir un sursaut de croissance assez fou !

- Plus il y a de bourdons autour des fleurs, plus vous aurez de courgettes. Allez les bourdons ! Mais vérifiez qu'il n'y ait pas de limaces – elles adorent les courgettes et leurs fleurs.

SEMENTI
DAL 1783
ZUCCHINO
ROMANESCO

oignons

Les oignons sont le légume le plus consommé au monde et peuvent être utilisés, le plus souvent hachés ou émincés, dans presque tous les types de plats. Mais ils sont rarement mangés tout seul ou pris comme ingrédient vedette d'un plat. Il est vrai qu'en Grande-Bretagne, on les utilise en permanence dans la cuisine, mais plus comme un ingrédient de base dans les soupes, les ragoûts ou les risottos. Dans ce chapitre, je veux célébrer l'oignon en vous présentant une soupe à l'oignon vraiment savoureuse, une salade originale avec des oignons au vinaigre et une façon étonnante de les rôtir au vinaigre balsamique, qui les rend noirs et collants.

Non seulement les oignons, mais toute la famille des alliacées (l'ail, les échalotes, les poireaux et la cive) sont des légumes fantastiques, en tant que tels, mais en plus ils sont très bons pour la santé. Les oignons et l'ail aident à combattre les rhumes et peuvent aussi faire baisser le taux de cholestérol. De plus, ils ont des propriétés anti-inflammatoires et antiseptiques. Alors, il est temps d'en manger !

Comme moi, quand vous coupez des oignons vous finissez probablement par pleurer. Il existe des tas d'astuces de grand-mère pour empêcher cette réaction, mais pour moi, la seule chose qui marche, c'est de porter un masque de plongée qui couvre les yeux et le nez avec un tuba pour compléter ma tenue ! Les oignons vous font pleurer car quand on les coupe, une réaction chimique se produit et du soufre se dégage – c'est lui qui vous irrite les yeux. Tant que vous couvrez vos yeux avec un masque ou des lunettes de piscine, tout ira bien ! Couper les oignons sous l'eau courante ou dans l'eau peut aider… Sinon essayez de les refroidir d'abord ou de les hacher au mixeur. Il existe même des chefs qui congèlent leur couteau avant de les utiliser dans ce but ! Testez toutes ces méthodes et trouvez celle qui vous convient le mieux. Ou sinon payez-vous une bonne crise de larmes !

Salade au fromage et à l'oignon, avec une vinaigrette crémeuse aux herbes

Dans cette recette, les oignons au vinaigre sont préparés très rapidement. Normalement ça prend du temps, mais si vous émincez très finement les oignons, le sel et le vinaigre vont être absorbés immédiatement. La règle principale quand vous préparez une salade d'oignons, c'est de faire attention à les émincer ou à les hacher très finement. Il n'y a rien de pire que les salades avec de gros morceaux d'oignons – c'est maladroit, paresseux et horrible !

Essayez cette recette, même si vous pensez que vous n'aimez pas particulièrement les oignons en salade, car ici ils sont très doux. Si vous préférez, vous pouvez remplacer les échalotes par des oignons rouges. Et choisissez un mélange intéressant de feuilles de salade.

Mettez les échalotes dans un bol avec une bonne pincée de sel et juste assez de vinaigre de vin blanc pour les couvrir. Vous viderez l'excès de sel et de vinaigre une fois que les oignons auront mariné, alors ne soyez pas inquiet si vous trouvez qu'il y en a un peu trop ! Malaxez le tout avec les doigts et laissez mariner 10 minutes.

Pour préparer la vinaigrette, mélangez 4 cuillères à soupe d'huile d'olive avec la crème fraîche et le vinaigre de vin rouge. Fouettez le tout et assaisonnez à votre goût.

Pressez fortement les échalotes avec les doigts et égouttez-les. Répartissez les feuilles de salade sur une assiette. Parsemez les échalotes et le roquefort émietté dessus. Éparpillez les noix concassées – c'est vraiment bon quand elles sont juste grillées et encore tièdes. J'aime bien arroser avec de la vinaigrette, directement à table. Terminez en jetant dessus des fleurs de cive ou d'ail déchirées, si vous en avez.

pour 4 personnes

8 petites ou 4 échalotes « cuisse de poulet », pelées et finement émincées
sel de mer et poivre noir fraîchement moulu
vinaigre de vin blanc
1 salade romaine, lavée et essorée, les feuilles séparées
1 laitue ronde, les feuilles extérieures retirées, lavée et essorée
4 grosses poignées de feuilles de salades mélangées (comme de la roquette, de la feuille de chêne et un peu de pissenlit) lavées, essorées, les feuilles séparées
100 g de roquefort, émietté
une bonne poignée de noix, grillées et concassées
en option : une petite poignée de fleurs de cive ou d'ail

pour la vinaigrette crémeuse
huile d'olive vierge extra
2 cuillères à soupe de crème fraîche
1 cuillère à soupe de vinaigre de vin rouge

Soupe à l'oignon anglaise à la sauge et au cheddar

pour 8 personnes

une bonne noix de beurre
huile d'olive
une bonne poignée de feuilles de sauge – 8 feuilles réservées pour le service
6 gousses d'ail, pelées et écrasées
5 oignons rouges, pelés et émincés
3 gros oignons blancs, pelés et émincés
3 échalotes « cuisse de poulet », pelées et émincées
300 g de poireaux, parés, lavés et émincés
sel de mer et poivre noir fraîchement moulu
2 litres de bouillon chaud de bœuf, de volaille ou de légumes, de bonne qualité
8 tranches de bon pain rassis, de 2 cm d'épaisseur
200 g de cheddar fraîchement râpé
sauce Worcestershire

Il y a quelque chose d'incroyablement humble dans la soupe à l'oignon. C'est vraiment une de mes préférées mais malheureusement je ne peux la préparer qu'au restaurant ou pour moi tout seul car ma chérie pense qu'elle est allergique aux oignons. (Elle ne l'est pas, parce que j'en mixe dans des tas de plats sans le lui dire !).

Si vous en avez la possibilité, procurez-vous le plus possible de variétés d'oignons pour cette soupe – il vous en faut environ 1 kilo en tout. Faites-les suer doucement, et vous serez ébahi par les parfums qui s'en dégagent.

Mettez le beurre, 2 lampées d'huile d'olive, la sauge et l'ail dans une casserole antiadhésive à fond épais. Remuez le tout et ajoutez les oignons, les échalotes et les poireaux. Salez et poivrez. Couvrez la casserole en laissant un petit trou et laissez doucement mijoter pendant 50 minutes, sans laisser trop les légumes colorer. Retirez le couvercle pour les vingt dernières minutes – vos oignons deviendront tendres et dorés. Remuez de temps en temps pour que rien n'accroche au fond. Faire cuire les oignons tout doucement leur donne une douceur incroyable et un goût fantastique, alors ne soyez pas tenté d'accélérer cette étape.

Quand vos oignons et vos poireaux sont bien soyeux, ajoutez le bouillon. Portez à ébullition, réduisez le feu et laissez mijoter 10 à 15 minutes. Vous pouvez écumer la surface pour retirer la graisse si vous le souhaitez, mais je préfère la laisser car elle apporte un bon goût.

Préchauffez le four ou un gril au maximum. Toastez votre pain des deux côtés. Rectifiez l'assaisonnement de la soupe. Quand il est parfait, versez-la dans des bols individuels résistant à la chaleur et posez-les sur une plaque allant au four. Déchirez le pain toasté au-dessus de chaque bol pour former un couvercle. N'hésitez pas à plonger un peu le pain dans la soupe. Parsemez-le de cheddar râpé et arrosez d'un peu de sauce Worcestershire.

Assaisonnez légèrement vos feuilles de sauge réservées d'huile d'olive et posez une feuille sur chaque tranche de pain. Mettez la plaque dans le four préchauffé ou sous un gril, jusqu'à ce que le fromage soit doré et qu'il fasse des bulles. Surveillez pour ne pas que ça brûle ! Quand le fromage fait des bulles, soulevez très délicatement la plaque et portez-la à table. Régalez-vous.

Oignons et pommes de terre rôtis au balsamique avec du rôti de porc

Ce plat a du caractère – il y a beaucoup de vinaigre balsamique mais faites-moi confiance, ça fonctionne vraiment bien ! Les oignons et les pommes de terre sont rôtis dans le vinaigre, ce qui les rend croustillants, noirs, collants et sucrés. J'ai choisi de les servir avec du rôti de porc, mais c'est aussi bon avec du bœuf ou de l'agneau. Je préfère les oignons rouges pour leur couleur et leur douceur.

pour 6 personnes

1,5 kg de pommes de terre à chair ferme (comme les charlottes), pelées et coupées en quatre dans la longueur
sel de mer et poivre noir fraîchement moulu
huile d'olive
200 g de beurre, coupé en dés
les feuilles hachées d'une botte de romarin frais
1 tête d'ail, coupée en quatre ou écrasée
5 oignons rouges moyens, pelés et coupés en quatre
35 cl de vinaigre balsamique bas de gamme

pour le porc
les feuilles finement hachées d'une petite botte de romarin frais
2 cuillères à soupe de graines de fenouil, fraîchement pilées
1 rôti de1,5 kg de longe de porc, désossée, roulée, de préférence de plein air ou bio, sans la couenne et le gras entaillé en croisillons
huile d'olive
6 gousses d'ail, écrasées
1 oignon rouge moyen, pelé et coupé en quatre
2 tiges de céleri, parées et hachées
4 feuilles de laurier
2 verres de vin blanc
huile d'olive vierge extra

Préchauffez le four à 200 °C (th. 7). Mettez les pommes de terre dans une casserole d'eau bouillante salée et faites-les cuire environ 8 minutes, puis égouttez-les et remettez-les dans la casserole.

Pour préparer la viande, parsemez une poignée de feuilles de romarin finement hachées sur une planche à découper. Saupoudrez dessus du sel, du poivre et les graines de fenouil pilées. Roulez le porc sur la planche pour faire coller les aromates.

Prenez un grand plat à rôtir de la taille de votre rôti et mettez-le sur le feu à température moyenne. Versez-y un peu d'huile d'olive et posez-y le porc, le gras vers le bas, parsemé des aromates restés sur la planche. Après quelques minutes, quand le gras du porc est légèrement doré, retournez-le et ajoutez les gousses d'ail, l'oignon, le céleri et les feuilles de laurier dans le plat. Posez-le au plus bas niveau de votre four pour 1 heure, en l'arrosant à mi-cuisson. (Pour les vingt dernières minutes de cuisson, vous aurez peut-être besoin de couvrir le porc avec un peu de papier sulfurisé humide pour l'empêcher de trop colorer).

Prenez un autre plat dans lequel les pommes de terre tiennent sur une couche, et faites-le chauffer sur le feu. Quand il est chaud, versez-y une lampée d'huile d'olive, le beurre, le romarin et l'ail. Ajoutez les pommes de terre et mélangez. Ajoutez les oignons et le vinaigre balsamique. Salez et poivrez. Faites cuire 5 minutes sur le feu pour réduire légèrement le vinaigre. Mettez le plat en haut de votre four et laissez cuire environ 50 minutes, jusqu'à ce que les pommes de terre et les oignons soient noirs, collants et croustillants. Retirez le plat. Remuez les oignons et les pommes de terre au milieu de la cuisson.

Au bout d'une heure, la viande devrait être cuite. Piquez-la avec un couteau pointu – si le jus qui coule est clair c'est bon ; sinon enfournez-la à nouveau pour 10 à 15 minutes, en gardant les pommes de terre au chaud. Sortez-la du four et laissez-la reposer sur une assiette pendant 10 minutes. Videz la plupart de la graisse du plat et écrasez l'ail et l'oignon. Posez le plat sur le feu et versez-y le vin blanc. Laissez mijoter jusqu'à ce que le liquide soit réduit de moitié, en grattant tous les bons sucs de viande pour faire une petite sauce savoureuse et assaisonnez-la si nécessaire. Passez la sauce dans une saucière. Puis coupez le porc en tranches et servez-le avec vos incroyables oignons et pommes de terre rôtis, arrosez-les du jus de leur plat. C'est génial avec une belle salade verte ou une salade de roquette.

Comment je fais pousser les oignons

Les oignons sont si peu chers et faciles à trouver de nos jours au supermarché, au marché, frais ou surgelés, au vinaigre ou séchés, que vous vous demandez peut-être quel est l'intérêt de les faire pousser soi-même ? Et bien, il y a des tas de raisons nutritionnelles pour les sortir frais de la terre, mais je trouve surtout que c'est dommage d'avoir un potager sans oignons ou d'autre membre de la famille des alliacées (qui comprend l'ail et les oignons blancs frais). Les plants d'oignons ont un vrai caractère – robuste et fiable et tellement d'utilisations en cuisine ! Les oignons de potager sont plus juteux et croquants que ceux qui ont été conservés, alors, même s'ils sont bon marché, je pense quand même que tout jardinier qui débute devrait essayer d'en faire pousser.

La terre

Il faut avoir un sol drainant et fertile (nourri au compost ou au fumier l'année précédente) et choisir un endroit ouvert et ensoleillé.

La plantation

À part les échalotes, qui peuvent être mises en terre à partir de mi-février, et l'ail qui préfère être planté à la fin de l'automne, l'oignon qui fait partie de la même famille (les alliacées) se plante dehors de mars à mi-avril.

Bien qu'on puisse les planter à partir de graines, je préfère les planter à partir de petits bulbes car c'est très facile. Ce sont de petits oignons qu'il suffit d'enfoncer dans la terre. Remuez la terre, faites-y un trou avec le doigt et plantez votre bulbe pour qu'il y en ait au moins la moitié qui dépasse, partie pointue vers le haut. Appuyez sur le sol autour pour le tasser. Vous pouvez les planter un par un, ou par trois comme je le fais, en laissant environ 15 à 20 cm entre les groupes. La façon dont vous les espacez va déterminer leur taille. S'ils sont tout seul ils vont devenir plus grands parce qu'ils auront plus d'espace pour pousser. Avec un peu d'eau et de lumière, vous aurez des oignons à maturité 4 ou 5 mois plus tard. Les échalotes et l'ail sont encore plus rusés. Plantez une seule gousse d'ail ou d'échalote et elle va se diviser lentement et en faire jusqu'à 12 nouvelles. Incroyable !

La récolte et la conservation

Je sais que mes oignons sont prêts entre fin juillet et août, quand leurs feuilles deviennent jaunes et que les plantes s'affaissent. Je les sors délicatement de la terre avec une fourchette, puis je sépare les oignons et je les laisse sur du papier ou de la toile de jute pour qu'ils sèchent naturellement au soleil si le temps est clément. S'il fait un temps comme celui d'août 2006, trouvez un lieu clair et aéré à l'intérieur ! Le séchage prend environ deux semaines. Il leur donnera une peau protectrice comme du papier et s'ils n'ont ni entailles, ni meurtrissures, ils se garderont tout l'hiver si vous les attachez avec de la ficelle et que vous les suspendez.

Mes tuyaux

- Les alliacées sont bien robustes et n'ont pas besoin de beaucoup d'entretien – il faut juste les arroser si le temps est très sec.

- Arrachez des tiges de fleurs si elles apparaissent. Si vous laissez fleurir les alliacées, leurs racines ne vont pas enfler correctement.

- C'est très important de planter des alliacées dans des endroits différents de votre jardin chaque année, comme ça il y a moins de chances que des maladies se développent dans le sol et ne les abîment.

- Les oiseaux aiment arracher les oignons et les échalotes nouvellement plantés, alors surveillez-les et remettez-les dans le sol si nécessaire.

- Les alliacées peuvent tenir compagnie à d'autres plantes dans le jardin. Comme elles dégagent une forte odeur, elles éloignent les insectes indésirables, alors c'est une bonne idée de les planter près des carottes par exemple, pour repousser la terrible mouche de la carotte, ou même à côté de vos roses pour éloigner les pucerons. C'est une façon écologique de se débarrasser des nuisibles.

fèves et petits pois

J'ai adoré le fait d'avoir mes propres petits pois et mes fèves dans le jardin cette année. Ils sont très faciles à cultiver, jolis, c'est excitant de les regarder se développer et c'est un exemple génial de la nature au travail. Chaque fois que j'ouvre une cosse et que je vois cette jolie enveloppe veloutée, confortable avec les fèves bien protégées à l'intérieur, ça me stimule ! L'autre jour, j'en cueillais dans le jardin avec Poppy et Daisy et nous étions en train de constater à quel point cet emballage naturel est incroyable. C'est comme le papier bulle qui sert à protéger ce qu'on envoie par la poste.

Les petits pois et les fèves appartiennent à la famille des légumineuses – qui compte plus de 1 000 variétés dans le monde – et ils sont bourrés de bonnes choses. En gros, les légumineuses poussent dans des cosses et les groupes principaux sont les pois, les haricots et les lentilles. Partout dans le monde, les gens les consomment comme une des composantes de leur alimentation parce qu'aucune autre plante n'est aussi riche en protéines et si peu chère à cultiver. Avec les céréales, les légumineuses sont une des sources de nourriture les plus consommées par les hommes – alors les petits pois et les fèves sont certes de petites choses mais plutôt importantes ! Les deux sont délicieux crus, mais attention, plus ils sont frais, plus ils sont bons. Parsemez-les sur des ragoûts, mélangez-les dans la sauce des pâtes ou ajoutez-les dans des salades. Ils sont « multi-usage » quand ils sont un peu plus grands et quand ils sont très grands, il vaut mieux les écraser et les préparer en croquettes, par exemple. En Italie, il est fréquent de servir des assiettes de pecorino avec de jeunes fèves dans leurs cosses à grignoter ensemble avant de dîner. Le summum de la simplicité – un trait de génie. Le truc c'est de manger vos fèves quand elles sont petites ou moyennes. Ce n'est jamais aussi amusant quand elles sont grandes parce qu'il faut les peler et leur texture est un peu « farineuse ».

En ce qui concerne les petits pois, ne les laissez pas dépasser leur apogée. Il ne faut pas qu'ils soient trop petits, mais pas non plus qu'ils soient trop gros ou trop vieux, sinon ils ressembleront à des petits projectiles, durs et fibreux (mais très bons pour faire une purée !).

Vous pouvez manger les jeunes pousses et les feuilles des petits pois et des fèves, et suivant la variété, vous pouvez aussi manger les cosses comme pour les mange-tout. La récompense à la fin de la saison, c'est quand vous trouvez des petits pois et des fèves qui ont durci (comme des petites perles). Ils peuvent être séchés et stockés pour l'hiver ou pour vous servir de graines. Les pois séchés sont devenus une des bases de l'alimentation des paysans européens au Moyen Âge car ils étaient abondants, faciles à stocker, très nourrissants et peu chers.

Les petits pois et les fèves sont de super plantes à faire pousser dans votre jardin, non seulement parce qu'elles vous donnent une récolte incroyable et ont des fleurs magnifiques mais aussi parce qu'elles nourrissent la terre avec des réserves d'azote précieuses. C'est un peu comme lui donner un très bon petit déjeuner au démarrage d'une longue et dure journée ! Si vous faites pousser vos petits pois et vos fèves à un endroit différent chaque année, les bons éléments dégagés par leurs racines peuvent nourrir tout votre potager. Ça s'appelle « l'engrais vert », et c'est vraiment comme ça que la nature a prévu que nous améliorions notre sol, pas en le pulvérisant ou en l'arrosant de tonnes de fertilisant de synthèse.

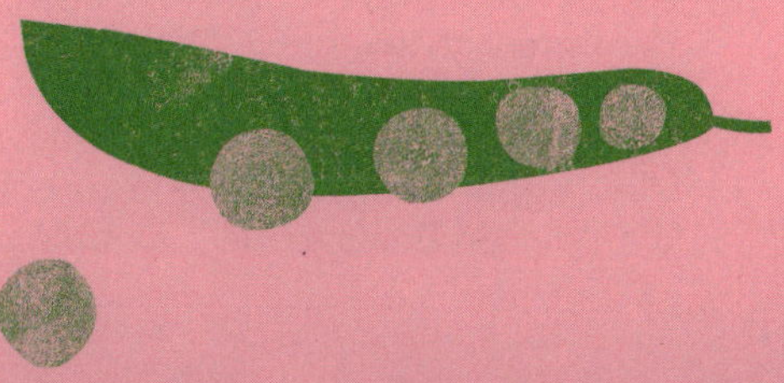

Incroyables petits pois et fèves écrasés sur du pain grillé

L'Angleterre est renommée pour sa purée de petits pois, alors pour célébrer ce petit légume génial, j'ai décidé de créer ma propre version de cette purée. C'est le style de nourriture que j'adore cuisiner et manger dehors, surtout quand il y a du soleil. Tous mes amis qui y ont goûté l'ont absolument adorée – alors je suis sûr que ce sera pareil pour vous.

N'utilisez pas de petits pois ou de fèves surgelés, vous rateriez quelque chose. Préparé avec des petits pois crus et des fèves fraîches et sucrées, ce plat aura tous les bons goûts de l'été. Pensez à de l'herbe fraîchement coupée et à de chaudes soirées ensoleillées ! Plus vous trouverez les légumes tôt dans la saison, plus ils seront sucrés. Les marchés et les supermarchés commencent à vendre des pousses de petits pois – utilisez-les comme des feuilles de salade. Elles sont super.

pour 4 personnes

500 g de petits pois dans leurs cosses (environ 150 g écossés)
700 g de fèves dans leurs cosses (environ 250 g écossées)
les feuilles d'une petite botte de menthe fraîche
sel de mer et poivre noir fraîchement moulu
huile d'olive vierge extra
50 g de pecorino, finement râpé et un peu plus pour le service
le jus d'1 citron
4 tranches de pain au levain
1 gousse d'ail non pelée, coupée en deux
2 grosses boules de mozzarella de bufflonne, déchirées en deux
une poignée de pousses de petits pois

Écossez les petits pois et les fèves, en les laissant séparés. S'il y en a qui sont vraiment petits, mettez-les de côté pour les utiliser dans la salade.

La prochaine partie se prépare dans un mortier, en plusieurs fois si nécessaire. (Vous pouvez les mixer au robot, mais vous n'aurez pas les saveurs des légumes écrasés qui rendent ce plat stupéfiant.) Écrasez la moitié des feuilles de menthe avec les petits pois et une pincée de sel. Ajoutez les fèves petit à petit et pilez jusqu'à ce que vous obteniez une épaisse pâte verte.

Mélangez-y quelques cuillères à soupe d'huile d'olive vierge extra pour que la pâte soit vraiment splendide et facile à tartiner. Ajoutez le pecorino. Si le mélange est un peu trop dense, mettez un peu plus d'huile pour le détendre. Versez environ les trois quarts du jus de citron – c'est la touche finale. Goûtez et voyez ce que vous en pensez. Il faut que la richesse du pecorino et de l'huile contrebalance la fraîcheur des petits pois, des fèves et de la menthe. Salez un peu plus et poivrez si nécessaire.

Faites griller le pain des deux côtés, soit au barbecue, soit sur un gril en fonte. Frottez le pain deux fois seulement par côté (très important) avec le côté coupé de l'ail et couvrez-le avec des pois écrasés et une demi-boule de mozzarella.

Assaisonnez les pousses de petits pois, les feuilles de menthe restantes ainsi que les petits pois et les fèves réservés avec le reste de jus de citron, de l'huile d'olive, du sel et du poivre et parsemez cette salade sur les crostinis. Terminez avec un peu plus d'huile d'olive et râpez un peu de pecorino dessus. Vraiment délicieux !

P.-S. : Juste pour vous faire réfléchir, imaginez cette pâte avec des tagliatelles… Mmmm ! Une bonne cuillerée sur un morceau de poisson blanc grillé… Double mmmm !

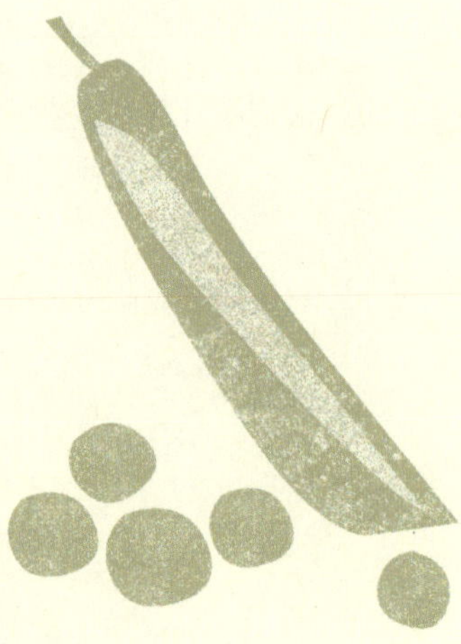

Boulettes de saucisse express avec une sauce tomate au basilic et des petits pois sucrés

C'est une recette fantastique. Elle rend hommage à tout ce que j'aime chez les petits pois. Bien qu'ils ne fassent leur apparition qu'à la fin, c'est pour jouer les vedettes. J'adore servir un tas de petits pois dans leurs cosses au milieu de la table pour que chacun puisse en écosser dans son assiette. C'est aussi une recette incroyablement rapide – vous pouvez vous asseoir pour manger juste après la fin de la cuisson des pâtes. Le secret pour réussir cette recette, c'est d'acheter des saucisses de très bonne qualité.

pour 4 personnes

huile d'olive
8 saucisses de porc de bonne qualité
500 g de spaghetti
sel de mer
300 g de petits pois frais, dans leurs cosses
un morceau de parmesan frais pour le service
les feuilles de quelques brins de marjolaine, de thym ou de romarin frais

pour la sauce tomate
huile d'olive
2 gousses d'ail, pelées, finement émincées
les feuilles d'une petite botte de basilic frais, les tiges finement hachées
2 boîtes de 400 g de tomates pelées de bonne qualité
sel de mer et poivre noir fraîchement moulu
vinaigre balsamique de bonne qualité

Faites chauffer une grande casserole avec quelques lampées d'huile d'olive. Entaillez les saucisses et pincez la viande pour la faire sortir de la peau en lui donnant la forme de boulettes – ne les faites pas trop grandes, sinon elles mettront trop longtemps à cuire. Essayez de faire au moins trois boulettes avec chaque saucisse. Ne vous donnez pas trop de mal pour faire des boulettes parfaitement rondes ou trop chics – un look rustique un peu brut fera l'affaire ! Mettez-les dans la casserole. Faites-les revenir en les retournant jusqu'à ce qu'elles soient bien cuites et dorées.

Pendant ce temps, mettez les spaghetti dans une grande casserole d'eau bouillante salée et faites-les cuire al dente en suivant les instructions sur le paquet.

Pour préparer la sauce tomate, faites chauffer une autre casserole et versez-y un peu d'huile d'olive. Ajoutez l'ail et les tiges de basilic hachées et remuez-les pendant quelques minutes. Réservez quelques petites feuilles de basilic pour plus tard, et parsemez le reste dans la casserole. Ajoutez les tomates et assaisonnez soigneusement à votre goût. Faites cuire à petits bouillons, écrasez un peu vos tomates avec une cuillère et ajoutez une lampée de vinaigre balsamique – il donne un goût sucré délicieux à la sauce.

Ajoutez les herbes dans la casserole avec les boulettes de saucisse, en remuant pour mélanger toutes les bonnes saveurs. Faites cuire environ 30 secondes. Quand vos spaghetti sont cuits, égouttez-les et répartissez les pâtes et les boulettes dans quatre bols. Versez la sauce tomate par-dessus. Parsemez avec les feuilles de basilic réservées et servez avec une poignée de petits pois frais par personne au milieu de la table, pour que chacun puisse les écosser, et un peu de parmesan pour faire des copeaux ou râper par-dessus.

Croquettes de fèves épicées et yaourt au citron et à la menthe

Ces croquettes sont un en-cas délicieux. Non seulement elles ont un goût fabuleux, mais en plus elles ont un look incroyable : foncées et croustillantes à l'extérieur, vert vif et moelleuses à l'intérieur ! Elles sont simples à préparer, et les épices leur donnent du peps. Ce plat est meilleur avec des fèves de début de saison, fraîches comme la rosée et vert pastel. Sinon, vous pouvez utiliser des fèves surgelées – il suffit de les décongeler et de les peler.

pour 10 personnes

1 kg de fèves fraîches dans leurs cosses (environ 300 g écossées), ou 500 g de fèves décongelées, pelées
6 brins de coriandre fraîche
une petite botte de menthe fraîche
sel de mer et poivre noir fraîchement moulu
½ cuillère à café de poivre de Cayenne
1 cuillère à café rase de cumin en poudre
½ piment rouge frais, épépiné et finement émincé
le zeste et le jus d'1 citron
1 cuillère à soupe bombée de farine ordinaire
1 litre d'huile végétale
en option : un petit morceau de pomme de terre, pelé
4 cuillères à soupe de yaourt nature
quelques poignées de feuilles de salades croquantes, lavées et essorées
huile d'olive vierge extra
des piments en bocal pour le service

Faites bouillir les grandes fèves à peau blanche 30 secondes puis égouttez-les. Quand elles ont refroidi, pelez-les – elles seront moins amères si vous le faites. Maintenant, mixez la coriandre et la moitié de la menthe dans un robot. Salez et poivrez, puis ajoutez les épices, le piment, les fèves, le zeste de citron et mixez jusqu'à ce que le mélange soit finement haché (en vous arrêtant une ou deux fois pour gratter les bords). Saupoudrez avec la farine et mixez quelques secondes. N'ajoutez pas plus de farine sinon le mélange va devenir trop sec.

Prenez une grande sauteuse et versez-y l'huile à hauteur de 5 à 7 cm. Faites attention – éloignez les enfants et les animaux, et vérifiez que la poignée ne dépasse pas pour ne pas l'accrocher par accident. Faites chauffer l'huile. Pour vérifier la température, faites-y tomber le morceau de pomme de terre – dès qu'il grésille et qu'il remonte à la surface, vous êtes prêt à vous lancer. Retirez la pomme de terre et jetez-la.

Couvrez une assiette avec du papier sulfurisé. Prenez une petite quantité du mélange de fèves et donnez-lui la forme d'une quenelle avec les mains ou avec deux cuillères et posez-la sur l'assiette. Quand tout est prêt, plongez-en une délicatement dans l'huile avec une écumoire et faites-la frire jusqu'à ce qu'elle soit bien dorée et croustillante. Retirez-la avec votre écumoire et égouttez-la sur une assiette recouverte de papier absorbant. Quand vous maîtrisez le sujet, faites frire les autres – elles devraient toutes tenir dans la sauteuse en même temps, mais si ce n'est pas le cas, faites plusieurs fournées.

Pour votre yaourt au citron et à la menthe, pressez la moitié du citron dans le yaourt. Effeuillez la menthe, hachez les feuilles et mélangez-les dedans. Salez et poivrez à votre goût. Assaisonnez vos feuilles de salade avec un filet de jus de citron et de l'huile d'olive.

Saupoudrez les croquettes de sel et servez-les avec le yaourt au citron et à la menthe, la salade assaisonnée et des piments en bocal.

Comment je fais pousser des petits pois et des fèves

La terre
Les petits pois et les fèves apprécient tous les deux une terre riche et bien drainante. Ils ne se conduisent pas bien si le sol est gorgé d'eau ou très acide. Ajoutez à votre terre du compost ou du fumier bien décomposé en automne avant de semer. Vous pouvez aussi réduire l'acidité en ajoutant de la chaux dans la terre pendant l'hiver.

La plantation
Certaines variétés de petits pois et de fèves peuvent être semées en automne (de mi-octobre à mi-novembre), pendant que la terre est encore un peu chaude, mais je trouve que c'est mieux de les semer toutes les trois semaines à partir de la mi-février, pour avoir une récolte suivie. Les fèves n'aiment pas les grosses chaleurs de l'été alors faites vos dernières plantations avant la fin du mois d'avril. Les petits pois sont plus tolérants et peuvent être mis en terre jusqu'à la mi-mai. Les petits pois et les fèves peuvent être d'abord plantés dans des pots puis transplantés dehors, mais ce sont des graines tellement résistantes et robustes que ça demande moins d'efforts d'attendre quelques semaines que le temps se réchauffe un peu et de les semer directement dans la terre.

Pour semer les petits pois, creusez des sillons dans la terre (de 15 cm de large et de 4 à 5 cm de profondeur), distants de 60 cm. Parsemez vos graines au fond des sillons, couvrez-les de terre et arrosez-les bien.

La récolte
La saison de la cueillette court de la fin du printemps jusqu'à l'été et je trouve que c'est assez évident de voir que les petits pois et les fèves sont mûrs. Regardez les cosses du bas en premier, car elles mûrissent du bas de la plante vers le haut. Pour mieux en juger, ouvrez simplement les cosses et le bon sens vous dira que si les pois ou les fèves sont ridiculement petits, il faudra patienter. Cependant, comme la saison ne dure pas longtemps, je trouve que c'est bien de les utiliser quand ils sont justes assez grands, car vous pourrez en faire des choses excitantes.

Les mange-tout et les pois gourmands qui se consomment entiers, devraient être cueillis tous les 3 ou 4 jours avant qu'ils ne deviennent trop gros. De cette façon, de nouvelles fleurs se forment qui créent de nouvelles cosses. Surveillez les petits pois pour les cueillir au bon moment.

Mes tuyaux
- C'est important d'arroser les fèves et les pois pendant les périodes sèches, en été, surtout quand les fleurs se forment et que les cosses enflent.

- Protégez vos fèves et vos pois des oiseaux avec des filets ou en plantant une série de bâtonnets de 60 cm dans la terre, de chaque côté de vos plantations. Cela empêchera les oiseaux de se poser et de les manger. En plus, elles seront contentes d'avoir quelque chose sur lequel pousser.

- Les récoltes précoces de pois vont avoir besoin de protection contre le frais. Vous pouvez utiliser une cloche ou de la ouate spéciale jardin.

- Les fèves attrapent quelquefois des « mouches noires », en général sur leurs extrémités, là où la sève est la plus sucrée. Pour l'éviter, enlevez les pousses du haut une fois qu'elles ont quatre ou cinq ramifications avec des cosses. Ne jetez pas les pousses – elles sont super bonnes en salade (comme les pousses de petits pois) ! Les mouches noires sont moins un problème pour les plantations précoces.

- Si votre jardin est venteux ou exposé, pensez à faire pousser des variétés naines qui peuvent aussi pousser dans des grands pots ou des sacs à planter.

pizza

J'ai décidé d'inclure ce chapitre dans le livre parce que j'ai fait construire un four à bois dans mon jardin l'année dernière et j'y ai fait cuire de délicieuses pizzas. Comme ces fours atteignent des températures de cuisson très élevées, ils sont parfaits pour cuire le pain et les galettes comme les pizzas. Vous êtes peut-être en train de penser « Mais je n'ai pas de four à bois ». Ce n'est pas grave parce qu'une fois que j'étais satisfait d'avoir réussi la pizza parfaite dans le four à bois, je me suis mis à travailler sur les recettes de ce chapitre pour qu'elles donnent à peu près le même résultat impressionnant en cuisant dans un four normal. Le secret, c'est d'acheter une pierre à pizza dans un bon magasin d'ustensiles de cuisine, une plaque de marbre ou une épaisse plaque de granit, dans votre magasin de bricolage ou chez un tailleur de pierres. Ce qui est génial avec ces plaques, c'est que vous pouvez mesurer votre four et les faire couper à la bonne taille. Il suffit de préchauffer la pierre à pizza ou la plaque dans un four très chaud et les bases de vos pizzas seront très réussies quand vous les ferez cuire dessus – presque autant qu'avec un four à bois ! Vous pouvez aussi rôtir des poissons entiers, des côtes de bœuf et des côtes d'agneau sur une pierre à pizza ou sur une plaque en pierre. Payez-vous en une, vous ne le regretterez pas !

J'ai aussi utilisé le maximum de produits de mon jardin pour garnir mes pizzas. Tout l'été, j'ai regardé ce qui était disponible pour voir si je pouvais le mettre sur une pizza ! Par exemple, vous pouvez faire suer les blettes quelques minutes pour les ramollir puis les jeter dessus – tout simplement ! Entre les légumes verts, les herbes, les pommes de terre finement émincées ou un de mes œufs de plein air cassé dessus, j'ai été étonné de pouvoir utiliser tant de choses du jardin. Sans oublier les tomates bien sûr, pour l'indispensable sauce tomate.

Dans l'univers de la pizza, il y a deux choses qu'il est incroyablement important de réussir. D'abord et surtout la pâte, et ensuite la sauce tomate. Dans ce chapitre il y a une recette de base pour la pâte que vous pouvez utiliser pour toutes les recettes de pizza et une recette de sauce tomate, simple, rapide et facile (que vous pouvez utiliser comme base pour plein d'autres choses aussi). Voyez les pages 182-183 pour les deux recettes.

Ce que j'aime le plus avec les pizzas, c'est qu'elles ne demandent pas trop de préparation et qu'elles sont super à cuisiner si vous avez quelques potes qui passent ou juste pour vous amuser en famille. Surtout si vous étalez les bases en premier et que vous mettez plein d'ingrédients dans des bols pour que chacun puisse composer sa garniture. Les pizzas sont vraiment une nourriture conviviale, interactive et pleine de couleurs que la plupart des gens aiment manger. Et à une pizza party, chacun peut les personnaliser. Ma préférée c'est la pizza Margherita basique, avec en plus quelques tranches de coppa de Parme (de l'épaule de porc salée – vous pouvez en acheter chez les traiteurs italiens) qui deviennent bien croustillantes, et bien sûr plein de piments. Sans oublier les bières fraîches…

Pizza bomba

Récemment, j'étais dans un restaurant sur l'île de Capri avec mon beau-frère Salvatore, un Italien de Naples. Quand on nous a servi ces petites boules de pizza sur un grand plat – il les appelait des « bombas » ce qui veut dire « petite bombe » – je ne l'ai jamais vu aussi excité de ma vie ! Il se trouve qu'il les mangeait quand il était gamin et qu'elles lui rappelaient plein de souvenirs. Comme avec les raviolis farcis, il faut cuire les bombas doucement, pour que leur farce soit protégée et que l'extérieur ne se fende pas, alors soyez attentif. Vous pouvez les cuire en fournées – il suffit de ne pas se précipiter !

pour 20 bombas

½ recette de pâte à pizza (voir page 182)
de la farine pour fariner
30 cl de sauce tomate express (voir page 183)
10 tomates cerises mûres, coupées en deux
les feuilles d'une botte de basilic frais, les petites feuilles réservées
2 boules de 125 g de mozzarella de bufflonne, chacune coupée en dix morceaux
huile végétale
sel de mer
en option : un petit morceau de pomme de terre pelé

Commencez par préparer votre pâte à pizza. Farinez votre plan de travail avec un peu de farine ou de semoule. Déchirez la pâte pétrie en 20 morceaux de la taille d'un citron vert et farinez-les avec la farine ou la semoule. Étalez chaque boule en un disque d'environ 10 cm de diamètre et de l'épaisseur d'une pièce d'un euro. Vous pouvez maintenant les conserver au frigo, en tas, séparées par du papier aluminium huilé à l'huile d'olive et fariné, jusqu'à ce que vous soyez prêt à les faire cuire ou vous pouvez en faire des bombas et les cuire tout de suite.

Pour préparer les bombas, posez un disque de pâte au creux de votre main, puis pliez vos doigts comme pour former un récipient. Versez-y une cuillère à soupe de sauce tomate, en laissant le haut de la pâte dégagé. Ajoutez une demi-tomate cerise dessus, quelques grandes feuilles de basilic et un morceau de mozzarella. Sans faire tomber la farce, soulevez précautionneusement les bords de la pâte et pliez-les au-dessus. Pincez les bords pour bien fermer la bomba. Enveloppez la petite boule dans vos mains pour la rendre bien ronde, puis farinez-la et posez-la sur une plaque à pâtisserie farinée. Recommencez jusqu'à ce que tous vos disques de pâte soient transformés en bombas, et ne vous inquiétez pas si vous êtes un peu maladroit au début, vous ferez des progrès au fur et à mesure.

Versez 10 cm d'huile dans une grande sauteuse robuste ou une friteuse, si vous en avez, sans qu'elle arrive en haut (sinon elle va déborder). Faites chauffer l'huile à 180 °C – vous pouvez tester la température en mettant délicatement un morceau de pomme de terre dans l'huile. Quand il grésille et remonte à la surface, c'est que l'huile est prête. Retirez-le et jetez-le.

Plongez délicatement les bombas dans l'huile chaude avec une écumoire et faites-les frire environ 5 minutes – retournez-les à mi-cuisson. Si elles roulent et ne veulent pas cuire de l'autre côté, utilisez votre écumoire pour les maintenir dans l'huile jusqu'à ce qu'elles soient bien dorées partout. Vous pouvez les faire cuire en fournées, si votre friteuse n'est pas assez grande pour toutes les contenir. Égouttez les bombas sur du papier absorbant et saupoudrez-les d'une pincée de sel. Faites chauffer la sauce tomate restante et versez-la sur un plat de service. Posez les bombas dessus et parsemez des feuilles de basilic réservées.

DOP

Pizza fritta

C'est la recette originale de la pizza, d'où viennent toutes les autres pizzas du monde ! La base est frite dans de l'huile chaude, ce qui va lui donner une texture croustillante et gonflée, comme un naan, puis elle est garnie avec des combinaisons d'ingrédients tout simples. La pizza est ensuite passée sous un gril chaud. C'est vraiment léger, délicieux et original.

pour 10 pizzas

1 pâte à pizza (voir page 182)
de la farine pour fariner
huile végétale
en option : un morceau de pomme de terre pelé
40 cl de sauce tomate express (voir page 183)
2 boules de 150 g de mozzarella de bufflonne
20 tomates cerises, coupées en deux
quelques pincées d'origan sec ou 10 feuilles de basilic frais
sel de mer et poivre noir fraîchement moulu
huile d'olive vierge extra

Commencez par préparer la pâte à pizza. Farinez votre plan de travail avec un peu de farine ou de semoule. Déchirez la pâte pétrie en 10 boules et étalez chaque boule sur le plan de travail fariné pour obtenir des disques d'environ 15 cm de diamètre, de l'épaisseur d'une pièce d'un euro. Vous pouvez maintenant les conserver au frigo, en tas, séparées par du papier aluminium huilé à l'huile d'olive et fariné, jusqu'à ce que vous soyez prêt à les faire cuire ou vous pouvez les faire cuire tout de suite.

Versez environ 5 cm d'huile végétale dans une poêle et faites-la chauffer à feu vif. Vous pouvez tester la température, en mettant délicatement un morceau de pomme de terre dans l'huile. Quand il grésille et qu'il remonte à la surface, c'est que l'huile est prête. Retirez le morceau de pomme de terre et jetez-le. Plongez-y délicatement une de vos pizzas, en la tenant à distance pour ne pas vous éclabousser d'huile chaude. Faites-la frire environ 30 secondes par côté, sortez-la de l'huile avec une pince, égouttez-la sur du papier absorbant et posez-la sur une plaque à pâtisserie. Faites la même chose avec toutes les pizzas. Si au bout d'un moment il n'y a plus assez d'huile, ajoutez-en un peu et refaites-la chauffer à bonne température avant de continuer la friture.

Préchauffez votre gril au maximum. Une fois que toutes les bases de pizzas sont frites, tartinez-les d'une cuillerée de sauce tomate, déchirez de la mozzarella dessus, ajoutez quelques moitiés de tomates cerises et une pincée d'origan ou quelques feuilles de basilic. Salez et poivrez-les, arrosez-les d'huile d'olive vierge extra et faites-les griller environ 5 minutes, jusqu'à ce que le fromage soit doré et fasse des bulles.

Pizza Margherita... et plus encore !

pour 6 grandes pizzas

1 pâte à pizza (voir page 182)
de la farine pour fariner
30 cl de sauce tomate express (voir page 183)
4 boules de 125 g de mozzarella de bonne qualité, déchirée en morceaux
les feuilles d'une botte de basilic frais
sel de mer et poivre noir fraîchement moulu
huile d'olive vierge extra
4 poignées de roquette, lavées et essorées
1 citron
18 tranches de jambon de Parme
1 morceau de parmesan pour le service

La pizza de base, classique, est attribuée à un homme, Raffaele Esposito, de la pizzeria Brandi de Naples. Il y a plus de cent ans, quand la reine Margherita faisait un tour de l'Italie, elle voyait beaucoup de paysans qui mangeaient une grande galette plate et demanda à goûter une de ces « pizzas ». Elle a adoré et elle a demandé à Raffaele de lui cuisiner une sélection de pizzas. Il en a préparé une spéciale en l'honneur de la reine et l'a garnie de tomates, de mozzarella et de feuilles de basilic frais – pour représenter les couleurs du drapeau italien. On la prépare toujours dans le monde entier. Ce qu'il y a de génial avec la Margherita, c'est que vous pouvez l'entraîner sur des tas de chemins différents en lui ajoutant des garnitures crues. J'adore le peps de la roquette, du parmesan râpé et des tranches de jambon non salé (comme on le voit ici) mais de la chair de crabe ou des crevettes seraient délicieux aussi. Faites travailler votre imagination...

Commencez par préparer votre pâte. Préchauffez le four à fond et mettez-y une grande plaque à pâtisserie, une pierre à pizza ou une plaque de granit à chauffer. N'oubliez pas qu'elle sera très chaude quand vous la sortirez, alors prenez une triple couche de torchons ou une manique très épaisse. Faites attention.

Déchirez la pâte à pizza pétrie en 6 morceaux et étalez-les sur un plan de travail fariné. Il faut qu'ils soient à peu près ronds, d'un diamètre d'environ 30 cm et de l'épaisseur d'une pièce d'un euro. Vous pouvez maintenant les conserver au frigo, en tas, séparés par du papier aluminium huilé à l'huile d'olive et fariné, jusqu'à ce que vous soyez prêt à les faire cuire ou vous pouvez les couvrir de tomate et de fromage et les faire cuire tout de suite.

Posez une pizza sur votre plaque à pâtisserie, pierre à pizza ou plaque de granit préchauffée – la pâte va commencer à faire des bulles et à cuire immédiatement. En travaillant vite, versez 3 à 4 cuillères à soupe de sauce tomate au centre de la pâte et étalez-la régulièrement en laissant le bord de la pâte dégagé. Parsemez la pizza de mozzarella et de feuilles de basilic. Salez et poivrez légèrement et arrosez d'huile d'olive vierge extra.

Mettez la pizza dans le four préchauffé et faites-la cuire 8 à 10 minutes, ou jusqu'à ce que la base de la pizza soit dorée, croustillante au bord et forme des bulles, et que la garniture de tomate et de fromage soit fondue et chaude. Faites cuire les autres pizzas de la même façon, en ajoutant la garniture au dernier moment, juste avant de les mettre au four (qui doit atteindre à nouveau sa température de préchauffage).

Dès qu'une pizza sort du four, posez-la sur une assiette ou une planche et drapez-la de trois tranches de jambon. Assaisonnez votre roquette à la dernière minute avec un filet de jus de citron, de l'huile d'olive, du sel et du poivre. Parsemez la roquette sur la pizza chaude, râpez un peu de parmesan dessus et servez.

Pizza quattro gusti

Vous pouvez acheter ces pizzas à Rome, où elles sont préparées sur d'immenses plateaux rectangulaires (elles font leur effet !). Ce qu'il y a de génial là-bas, c'est que vous pouvez commander un morceau de la taille que vous voulez manger, avec autant de goûts que vous en avez envie – « quattro gusti » veut dire quatre goûts, « otto gusti », huit goûts. Quand vous préparez ce style de pizza, sentez-vous libre d'utiliser n'importe quelle combinaison de saveurs qui vous tente. Ne soyez pas inquiet du mélange, car je vais vous montrer comment les séparer en utilisant des lanières de pâte. Je crois que c'est sans doute la plus grande pizza que j'ai jamais préparée – c'est génial pour une fête ! Il faudra vous procurer une plaque de cuisson de 30 sur 40 cm pour la faire.

P.-S. : Pour la garniture aux fruits de mer, si vous pouvez trouver de l'agritti qui est un légume italien qui a un peu le goût de chou marin, essayez-le. On l'appelle aussi « barba di frate » ou barbe de moine.

pour 1 énorme pizza

1 pâte à pizza (voir page 182)
de la farine pour fariner
10 cl de sauce tomate express (voir page 183)
huile d'olive vierge extra
1 boule de 125 g de mozzarella, déchirée en morceaux
sel de mer et poivre noir fraîchement moulu

Préparez votre pâte à pizza. Préchauffez votre four à fond, puis farinez votre plan de travail et étalez votre pâte pétrie. Vous cherchez à obtenir un rectangle de 30 par 40 cm, d'environ 1,5 cm d'épaisseur.

Retirez deux bandes de pâte de 0,5 cm de large, une sur le côté long et l'autre sur le côté court du rectangle et posez-les en forme de croix au milieu de la pizza, ce qui vous donne 4 rectangles égaux. Faites la même chose avec les autres bords de la pizza, comme ça vos garnitures seront doublement bien maintenues. Posez délicatement la base de la pizza sur une grande plaque à pâtisserie. Elle est trop grande pour être cuite sur une pierre à pizza ou sur une plaque de granit, alors nous ferons comme à Rome. Maintenant vous êtes prêt à la garnir avec vos quatre goûts – vous pouvez inventer les vôtres, mais ceux de la page d'en face sont mes préférées...

Une fois que vous avez garni chaque quartier, posez la pizza dans le four préchauffé et faites-la cuire 10 à 15 minutes, jusqu'à ce que la pâte soit bien dorée, que l'œuf soit mollet et que les clams soient ouvertes. C'est génial de verser un peu plus d'huile d'olive vierge extra dans les clams ouverts. Qu'est-ce que je peux ajouter... Bon appétit !

pour la garniture au salami piquant

6 tranches de salami • 2 piments verts en bocal, finement hachés • les feuilles déchirées de quelques brins de persil plat

Couvrez un quart de votre pizza avec 2 à 3 cuillères à soupe de sauce tomate et des tranches de salami. Parsemez le piment haché et les feuilles de persil déchirées. Éparpillez dessus la moitié de la mozzarella.

pour la garniture aux fruits de mer

2 gousses d'ail pelées • 1 cuillère à soupe de vin blanc • une petite poignée de pousses d'épinard ou d'agritti, lavées et essorées • les feuilles déchirées de quelques brins de persil plat • 5 clams frais dans leur coquille • 5 crevettes roses crues ou cuites • une poignée de feuilles de basilic frais • 3 tomates cerises, coupées en quartiers • le zeste d'½ citron

Écrasez les 2 gousses d'ail avec une pincée de sel dans un mortier. Versez-y une cuillère à soupe d'huile d'olive vierge extra et le vin blanc. Étalez ce mélange sur le deuxième quart de pizza. Couvrez avec les pousses d'épinard ou l'agritti et le persil déchiré. Répartissez dessus les clams, les crevettes, les feuilles de basilic et les tomates cerises. Terminez avec le zeste de citron et un filet d'huile d'olive vierge extra.

pour la garniture Fiorentina

Quelques feuilles de blettes, lavées, les tiges réservées • le jus d'1 citron • 1 gousse d'ail, pelée et hachée • 1 gros œuf bio ou de plein air

Hachez les tiges de blettes, plongez-les dans de l'eau bouillante et faites-les cuire 2 minutes. Au bout d'1 minute, ajoutez les feuilles. Égouttez-les et pressez-les, puis mettez-les dans un bol. Arrosez-les avec un peu plus d'huile d'olive vierge extra, le jus de citron et mélangez avec l'ail. Assaisonnez et goûtez – ça doit être parfait, alors ajoutez un peu d'huile et de jus de citron si nécessaire. Étalez 2 cuillères à soupe de sauce tomate sur le troisième quart de pizza. Posez les blettes assaisonnées par-dessus, cassez l'œuf dessus et éparpillez la mozzarella.

pour la garniture à la courgette

1 petite courgette verte ou jaune, coupée en longueur avec un économe ou en tranches • 4 fines tranches de pancetta • 75 g de taleggio, grossièrement déchiré • ½ piment rouge frais, finement émincé • en option : quelques fleurs de courgettes

Étalez 2 à 3 cuillères à soupe de la sauce tomate sur le dernier quart de pizza. Répartissez les courgettes émincées dessus, puis les tranches de pancetta et les fleurs de courgettes si vous en avez. Éparpillez le taleggio déchiré dessus et parsemez de piment.

Calzone

La calzone est une pizza italienne pliée en deux, qui, du fait de sa forme est beaucoup plus facile à transporter qu'une pizza normale. Bien que les garnitures puissent être les mêmes que celles de la pizza, les Italiens remplissent souvent leurs calzones avec les restes de légumes de la veille ou ceux qu'ils ont besoin d'utiliser, mélangés avec de belles tomates et de la mozzarella fondante. C'est super chaud ou froid.

pour 4 personnes

1 pâte à pizza (voir page 182)
de la farine pour fariner
huile d'olive
500 g de champignons mélangés (tels que les girolles, les shiitake, les enoki et les rosés des prés), nettoyés et déchirés
4 gousses d'ail, pelées et finement émincées
les feuilles de 4 brins de thym frais
50 g de beurre
sel de mer et poivre noir fraîchement moulu
20 cl de sauce tomate express (voir page 183)
300 g de feuilles d'épinard, lavées et essorées
2 boules de mozzarella de bonne qualité, déchirées

Commencez par préparer votre pâte à pizza. Préchauffez votre four au maximum. Déchirez la pâte à pizza pétrie en 4 morceaux et étalez-les sur un plan de travail fariné. Il faut qu'ils soient à peu près ronds, d'un diamètre d'environ 30 cm et de l'épaisseur d'une pièce d'un euro. Vous pouvez maintenant les conserver au frigo, en tas, séparés par du papier d'aluminium huilé à l'huile d'olive et fariné, jusqu'à ce que vous soyez prêt à les faire cuire ou vous pouvez les couvrir de garniture et les faire cuire tout de suite.

Versez une bonne lampée d'huile d'olive dans une poêle chaude. Ajoutez les champignons et mélangez-les rapidement dans l'huile chaude avant d'ajouter l'ail et le thym. Faites revenir jusqu'à ce que les champignons soient cuits et dégagent une odeur fantastique. Ajoutez le beurre et remuez-le avec les champignons pour les rendre brillants et goûteux. Salez et poivrez légèrement.

Versez la sauce tomate dans la poêle et mélangez. Faites cuire quelques minutes puis ajoutez les épinards, en plusieurs fois si nécessaire, et mélangez à nouveau. Laissez mijoter pour que le liquide s'évapore et qu'il vous reste un mélange épais et savoureux qui ne soit pas trop humide (sinon il transpercera la pâte quand vous ferez cuire la calzone).

Répartissez de façon égale le mélange d'épinard et de champignons entre les 4 bases de pizza et étalez-le. Couvrez avec des morceaux de mozzarella. Salez et poivrez. Pour faire vos calzones, soulevez délicatement un côté de la pâte et ramenez-le vers vous pour la plier en deux. Pincez les bords afin que la garniture ne s'échappe pas. Posez les calzones côte à côte sur une plaque à pâtisserie farinée (ou deux si nécessaire), une pierre à pizza ou une plaque de granit.

Faites cuire 10 à 15 minutes, en bas du four préchauffé, jusqu'à ce que la pâte soit gonflée, dorée au-dessus et que la garniture soit chaude.

La pâte à pizza

pour 6 à 8 bases fines de pizzas moyennes

1 kg de farine à pain blanche forte ou type « 00 »
ou 800 g de farine à pain blanche forte ou type « 00 », plus 200 g de farine de semoule
1 cuillère à soupe rase de sel de mer
2 sachets de 7 g de levure de boulanger
1 cuillère à soupe de sucre roux
4 cuillères à soupe d'huile d'olive vierge extra
65 cl d'eau tiède

C'est une pâte à pizza fantastique, fiable, pour tous les jours et qui peut aussi servir à faire du pain. Elle est meilleure préparée avec de la farine type 00, plus fine que la farine ordinaire, et qui rendra votre pâte incroyablement lisse. Cherchez-la chez les traiteurs italiens et dans les bons supermarchés. Si vous utilisez de la farine à pain blanche à la place, vérifiez qu'elle est forte et a un bon taux de gluten (ce qui la transformera en une belle pâte, élastique à souhait). Si vous le voulez, mélangez-y un peu de farine de semoule pour donner un peu de couleur et de goût.

Tamisez la ou les farines sur un plan de travail propre et faites un puits au milieu. Dans un broc, mélangez la levure, le sucre et l'huile d'olive avec l'eau et laissez reposer quelques minutes, puis versez dans le puits. En utilisant une fourchette ramenez progressivement la farine des bords et faites-la tourner dans le liquide. Continuez à mélanger en ajoutant de plus en plus de farine, et quand tout commence à être homogène, incorporez le reste de la farine avec vos mains propres et farinées. Pétrissez jusqu'à ce que vous obteniez une pâte lisse et élastique.

Mettez la boule de pâte dans un grand bol fariné et farinez également le haut de la pâte. Couvrez le bol avec un linge humide et laissez-la reposer dans la pièce pendant environ 1 heure, jusqu'à ce que la pâte double de volume.

Maintenant, posez la pâte sur un plan de travail fariné et tapez-la un peu avec les mains pour retirer une partie de l'air qu'elle contient. Vous pouvez soit vous en servir immédiatement, soit la garder au frigo (ou au congélateur) enveloppée dans du film alimentaire jusqu'à ce que vous en ayez besoin. Si vous l'utilisez tout de suite, partagez la pâte en autant de boules que vous voulez préparer de pizzas – cette quantité de pâte est suffisante pour faire 6 à 8 pizzas moyennes.

C'est une bonne idée d'étaler les pizzas environ 15 à 20 minutes avant de les faire cuire. Mais ne les étalez pas en les laissant traîner quelques heures – si vous êtes prêt en avance, il vaut mieux laisser votre pâte enveloppée dans du film alimentaire au frigo. Cependant, si vous voulez les étaler pour avoir moins de choses à faire quand vos invités seront là, étalez vos pâtes en disques grossiers, d'environ 0,5 cm d'épaisseur et posez-les sur des feuilles de papier aluminium légèrement plus grandes, huilées à l'huile d'olive et farinées. Vous pouvez ainsi empiler les pizzas, les couvrir de film alimentaire et les glisser au frigo.

Sauce tomate express

Mon ami et mentor Gennaro Contaldo m'a appris cette recette. C'est une super sauce tomate basique à utiliser sur les pizzas. Elle est aussi excellente avec des pâtes ou pour accompagner de la viande ou du poisson – rapide, fraîche, parfumée et douce.

pour 50 cl de sauce

huile d'olive
4 gousses d'ail, pelées et finement émincées
les feuilles déchirées d'une botte de basilic frais
3 boîtes de 400 g de tomates entières de bonne qualité
sel de mer et poivre noir fraîchement moulu

Mettez une grande poêle antiadhésive sur le feu et versez-y 4 généreuses lampées d'huile d'olive. Ajoutez l'ail, remuez un peu la poêle, et une fois que l'ail commence à colorer, mettez le basilic et les tomates. En utilisant le dos d'une cuillère en bois, écrabouillez les tomates autant que possible.

Salez et poivrez la sauce. Dès qu'elle bout, retirez la poêle du feu. Passez la sauce dans une passoire à gros trous au-dessus d'un bol, en utilisant votre cuillère en bois pour pousser les plus gros morceaux de tomate à travers. Jetez le basilic et l'ail qui sont dans la passoire, mais récupérez bien tous les bons sucs de tomate restés à l'envers et ajoutez-les dans le bol.

Reversez la sauce dans la poêle, portez-la à ébullition, puis baissez le feu et laissez-la mijoter 5 minutes pour concentrer les saveurs. Quand sa consistance est parfaite pour l'étaler sur une pizza, elle est prête.

Gardez la sauce dans un bocal propre au réfrigérateur – elle se conservera une bonne semaine. Vous pouvez aussi la congeler en plusieurs fois ou même dans des bacs à glaçons, pour pouvoir décongeler exactement la quantité dont vous avez besoin. Mais pour être franc, elle est tellement rapide à faire, qu'il est aussi simple de la préparer le jour où vous en avez besoin.

pommes de terre

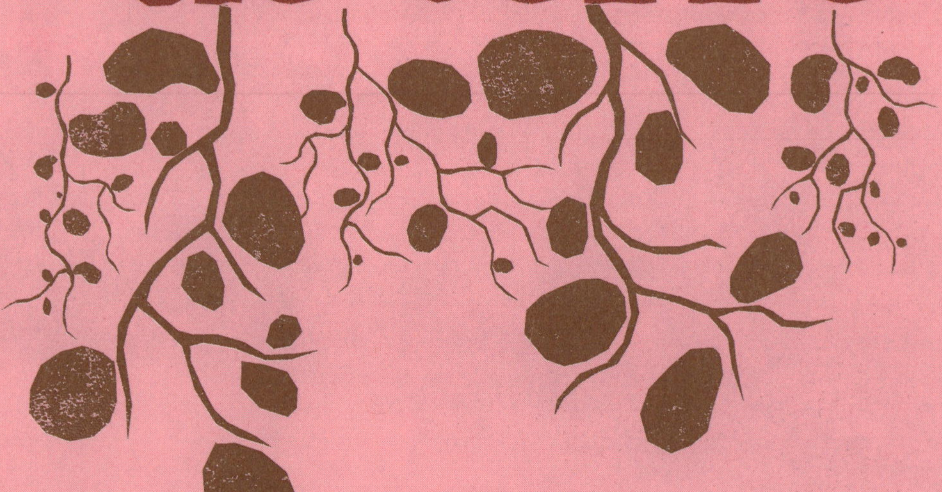

Tout le monde adore les pommes de terre ! C'est vraiment un des légumes que vous devriez essayer de faire pousser car elles demandent réellement peu d'entretien. En plus les pommes de terre « maison » ont un goût cent fois supérieur à toutes celles que vous achèterez. Et quand vous les déterrez, c'est comme trouver un trésor, parce qu'elles ressemblent à de petits bijoux ! Un vrai bonheur. Sa peau est tellement fine que vous pouvez l'enlever en la frottant, sans même devoir la brosser avant de la cuire. Elles sont si fraîches que leur peau n'a pas le temps de se raffermir comme la plupart de celles que vous achetez au supermarché. De plus, quand elles viennent de sortir de terre elles cuisent presque deux fois plus vite. Leur texture est tellement crémeuse et délicieuse qu'il suffit de les cuire à l'eau et de les servir avec une simple noix de beurre. Elles sont aussi super, cuites à l'eau, écrasées et rôties ou ajoutées dans des ragoûts ou des soupes, pour leur donner du corps et les épaissir.

Les pommes de terre sont populaires dans le monde entier. Elles ont été cultivées en premier en Amérique du Sud, il y a environ 6 000 ans. Les Incas du Pérou pensaient qu'elles rendaient l'accouchement plus facile et les utilisaient pour traiter des plaies. Elles devaient être une importante source de nourriture à l'époque, parce que les historiens ont trouvé plus de mille mots incas pour les nommer !

Les premières pommes de terre sont arrivées en Angleterre vers la fin du XVIe siècle. La raison qui fait qu'elles sont encore si populaires aujourd'hui, c'est sans doute qu'on peut en faire pousser un grand nombre dans un espace relativement petit et qu'elles sont nourrissantes et très énergétiques. Saviez-vous qu'une patate moyenne contient à peu près la moitié de nos besoins quotidiens en vitamines ?

Cependant, vous serez peut-être surpris d'apprendre que les pommes de terre appartiennent à la famille mortelle des solanancées, avec les aubergines et les tomates. Les fruits – des petites excroissances vertes qui apparaissent au milieu des feuilles – peuvent donner la diarrhée, des maux de tête et des crampes. Il ne faut pas les manger. Les pommes de terres germées ou vertes ont les mêmes effets, alors ne les consommez pas non plus, car elles sont toxiques.

On fait souvent référence aux pommes de terre par rapport à leur saison de croissance ou de récolte, chaque saison offrant un large choix de variétés, de textures et de goûts. Celles qui sont récoltées en premier sont appelées « nouvelles » ou « primeurs ». Celles qui sont récoltées plus tard sont dites pommes de terre « de conservation ». Lancez-vous, faites-en pousser, parce qu'une fois que vous aurez goûté une pomme de terre en direct du jardin, vous aurez du mal à faire marche arrière et à en acheter. Vous avez peut-être la chance d'avoir un lopin de terre ou un grand jardin, mais sinon, il y a d'autres façons de procéder. Les pommes de terre sont vraiment faciles à faire pousser dans des pots ou des sacs à planter. Tant que vous avez un balcon, une petite véranda, un toit plat ou de l'espace dans votre jardin, vous pouvez avoir une récolte « maison ».

Salade de pommes de terre au saumon fumé et crème fraîche au raifort

pour 4 personnes

600 g de pommes de terre nouvelles, lavées
sel de mer et poivre noir fraîchement moulu
le zeste et le jus d'1 gros citron
un filet de vinaigre de vin rouge
huile d'olive vierge extra
2 cuillères à soupe de câpres, trempées et égouttées
1 morceau de 3 cm de raifort pelé ou du raifort râpé en bocal, à votre goût
15 cl de crème fraîche
une petite botte d'aneth ou des pluches de fenouil, grossièrement hachées
400 g de tranches de saumon fumé

J'ai toujours adoré le saumon fumé. Comme j'ai grandi dans le pub de mes parents, je pouvais choisir à peu près tout ce que je voulais dans mes sandwichs pour l'école, du coup je demandais à ma mère du rab de sandwichs au saumon fumé, en lui prétextant que j'étais en pleine croissance. Mais au lieu de les manger moi, je les vendais aux autres gamins à l'école. Quel bon fils !

Quoi qu'il en soit, c'est une super petite recette – le saumon fumé, les pommes de terre et le raifort sont de très bons amis, alors vous ne pouvez pas vous tromper ! Il y a quand même deux choses à retenir. La première c'est d'essayer de vous procurer du saumon fumé de bonne qualité. Certains supermarchés proposent maintenant une sélection de merveilleux saumons fumés, avec des goûts et des textures fantastiques, qui ne sont pas trop huileux. La deuxième, c'est que c'est mieux d'assaisonner vos pommes de terre pendant qu'elles sont encore chaudes, pour qu'elles absorbent tous les bons jus. Laissez-les refroidir dans la vinaigrette avant d'ajouter les herbes fraîches, sinon elles vont flétrir et perdre leur couleur et leur goût.

Prenez les plus grosses pommes de terre et coupez-les en deux, pour qu'elles soient à peu près de la même taille que les petites. Mettez toutes les pommes de terre dans une casserole d'eau bouillante salée. Faites-les cuire 15 à 20 minutes, jusqu'à ce qu'elles soient juste cuites, puis égouttez-les dans une passoire.

Mettez le zeste de citron et la moitié du jus dans un bol et ajoutez le vinaigre. Normalement quand je prépare une vinaigrette, je n'utilise qu'un seul élément acide, mais ici, le fait d'utiliser du jus de citron et du vinaigre donne au plat un surplus de peps. Versez-y trois fois plus d'huile d'olive vierge extra que de vinaigre et ajoutez les câpres. Salez et poivrez la vinaigrette. Mélangez bien le tout, puis ajoutez les pommes de terre et remuez-les jusqu'à ce qu'elles soient bien enrobées.

Pour finir, râpez le raifort dans un bol – n'ayez pas peur d'en mettre pas mal car sa chaleur est nécessaire pour accompagner le saumon et les pommes de terre – mélangez-le avec la crème fraîche, le jus de citron restant, du sel et du poivre. Parsemez la plupart de l'aneth ou du fenouil sur les pommes de terre et mélangez à nouveau.

Étalez votre saumon sur une grande assiette ou sur un plat. Ne soyez pas trop soigneux – je veux que ça ait l'air rustique ! Pincez-le ici et là pour former des vagues et empilez les pommes de terre assaisonnées dessus. Éparpillez des cuillerées de crème fraîche au raifort par-dessus, arrosez d'huile d'olive et parsemez le reste d'aneth ou de fenouil. Servir avec un verre de vin et du bon pain, ça vous fera un délicieux déjeuner.

Cuisses de poulet croustillantes et collantes, avec des pommes de terre nouvelles écrasées et des tomates

C'est une recette simple de poulet rôti dans un plat – le genre de nourriture que j'adore manger. Comme tout cuit ensemble dans le même plat, les superbes saveurs se mélangent bien. C'est ça l'histoire ! Avec une salade verte, c'est un dîner facile.

pour 4 personnes

800 g de pommes de terre nouvelles, brossées
sel de mer et poivre noir fraîchement moulu
12 cuisses de poulet désossées, avec la peau, de préférence de plein air ou bio
huile d'olive
600 g de tomates cerises, de couleurs et de formes différentes si vous en trouvez
les feuilles d'une botte d'origan frais
huile d'olive vierge extra
vinaigre de vin rouge

Mettez les pommes de terre dans une grande casserole d'eau salée bouillante et faites-les bouillir jusqu'à ce qu'elles soient cuites.

Pendant la cuisson des pommes de terre, préchauffez votre four à 200 °C (th. 7). Coupez chaque cuisse de poulet en trois lanières et mettez-les dans un bol. Frottez bien la viande avec de l'huile d'olive et parsemez-la de sel et de poivre. Faites chauffer une poêle assez grande pour contenir tous les morceaux de poulet bien serrés sur une couche, et mettez le poulet dans la poêle, peau vers le bas. Si vous n'avez pas de poêle assez grande, faites cuire le poulet en deux fois. Mélangez et faites revenir à feu vif pendant environ 10 minutes, jusqu'à ce que ce soit presque cuit, puis retirez les morceaux avec une écumoire et mettez-les dans un plat allant au four.

Piquez les tomates avec un couteau pointu. Mettez-les dans un bol, couvrez-les d'eau bouillante et laissez-les environ 1 minute. Égouttez-les, et quand elles sont moins chaudes et que vous pouvez les manipuler, pincez leur peau pour la retirer. Vous n'êtes pas obligé de le faire, mais si vous le faites, en cuisant, elles vont devenir délicieuses et sucrées et leur saveur intense va parfumer les pommes de terre. À ce stade, les pommes de terre doivent être cuites. Égouttez-les dans une passoire, puis écrasez-les légèrement en appuyant dessus avec votre pouce.

Écrasez la plupart des feuilles d'origan dans un mortier avec une pincée de sel ou dans un Flavour Shaker si vous en avez un. Ajoutez 4 cuillères à soupe d'huile d'olive vierge extra, une bonne lampée de vinaigre de vin rouge et du poivre pour relever le tout. Versez sur le poulet avec les pommes de terre, les tomates et le reste des feuilles d'origan. Mélangez délicatement. Étalez le tout sur une couche dans un plat allant au four et faites cuire 40 minutes dans le four préchauffé ou jusqu'à ce que ce soit doré.

C'est délicieux servi avec une salade de roquette assaisonnée de jus de citron, d'huile d'olive vierge extra et accompagné d'un bon verre de vin blanc.

Omelette pommes de terre/chorizo, avec une sorte de salade de persil

Cette omelette est un croisement entre une tortilla espagnole et une frittata italienne. Elle est espagnole par la pomme de terre et le chorizo, mais un peu italienne aussi parce que j'aime bien la terminer au four, au lieu de le faire sur le feu, pour qu'elle gonfle comme un soufflé. Elle contient les ingrédients que j'adore – les pommes de terre, la saucisse et les œufs.

pour 2 personnes

4 petites pommes de terre à chair ferme, brossées et coupées en morceaux
sel de mer et poivre noir fraîchement moulu
6 gros œufs de plein air ou bio
2 chorizos de 60 g, coupés en tranches de 1 cm d'épaisseur
les feuilles de 2 brins de romarin frais
2 échalotes, pelées et très finement émincées
le jus d'1 citron
huile d'olive vierge extra
les feuilles d'une botte de persil plat frais

Préchauffez votre four au maximum ou faites bien chauffer votre gril. Mettez les pommes de terre dans une casserole d'eau bouillante salée et laissez-les mijoter jusqu'à ce qu'elles soient cuites, puis égouttez-les dans une passoire et laissez-les se dessécher. Battez les œufs à la fourchette dans un grand bol. Salez et poivrez bien. Mettez-les de côté.

Faites chauffer une poêle antiadhésive de 20 cm de diamètre. Ajoutez-y les tranches de chorizo et les morceaux de pommes de terre. Le chorizo va commencer à grésiller, en relâchant toute sa bonne huile et ses épices. Après quelques minutes, quand tout est légèrement doré et croustillant, videz le contenu de la poêle avec une écumoire et réservez-le. Parsemez les feuilles de romarin dans l'huile chaude. Elles vont immédiatement se mettre à croustiller. Versez tout de suite les œufs battus dessus, en ajoutant les pommes de terre et le chorizo et en répartissant le tout de façon homogène. Mettez la poêle dans le four préchauffé ou sous le gril, jusqu'à ce que l'omelette soit dorée sur le dessus et bien cuite.

Pendant la cuisson de l'omelette, mettez les échalotes dans un bol avec le jus de citron, du sel, du poivre et une lampée d'huile d'olive vierge extra. Mélangez et pincez légèrement les échalotes avec les doigts pour les attendrir un peu, puis ajoutez les feuilles de persil et mélangez à nouveau. Servez-en un peu sur l'omelette et régalez-vous !

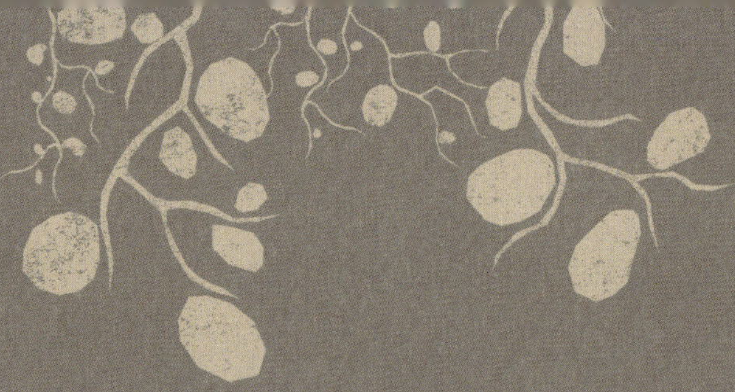

Comment je fais pousser les pommes de terre

La terre

Si vous êtes un jardinier débutant, les patates sont assez faciles à faire pousser. Elles aiment une terre riche et bien préparée. Vous pouvez les aider en ajoutant pendant l'hiver plein de fumier décomposé ou de compost. Soit vous creusez la terre pour le mélanger, soit vous le laissez à la surface pour que les vers de terre et la pluie y travaillent. Les pommes de terre pousseront très bien dans les parties claires du jardin, tant qu'il n'y a pas de grosse sécheresse ou d'inondation.

La plantation

J'ai commencé par faire pousser des pommes de terre de semence bio, que vous pouvez acheter dans les bonnes jardineries ou chez vos fournisseurs de graines préférés sur Internet. Vous y trouverez un grand choix de variétés.

Si vous n'avez pas de jardin, vous pouvez faire pousser les pommes de terre dans des pots. Vous pouvez commencer à partir de janvier, tant que vous les laissez dans un endroit clair, abrité et à l'abri du gel comme une remise ou une serre. Prenez un pot d'environ 30 à 45 cm de large. Remplissez-le de bon terreau bio et plantez 3 à 5 pommes de terre de semence à environ 10 à 15 cm de profondeur. Couvrez-les de terreau et gardez-les humides en les arrosant bien. Quand le temps se réchauffe, mettez les pots dehors. J'aime bien en planter toutes les quelques semaines jusqu'au début de l'été pour que ma récolte puisse s'étaler dans le temps.

La plupart des pommes de terre que je cultive sont plantées directement dehors entre mars et mai. Personnellement, je suis la nature et je regarde quand l'herbe commence à pousser. C'est comme un thermomètre naturel qui vous dit que c'est le moment d'y aller. Les pommes de terre nouvelles (primeurs) peuvent être plantées en mars et seront prêtes en juin. Les pommes de terre de conservation peuvent être mises en terre en mai et seront prêtes vers septembre.

Pour les planter, je creuse juste un trou de 15 à 20 cm de profondeur et j'y fais tomber une pomme de terre avec les parties germées vers le haut. Les pommes de terre ont besoin d'espace pour pousser, alors je les plante tous les 45 cm.

La récolte et la conservation

Les pommes de terre nouvelles peuvent être déterrées quand la plante commence à fleurir. Il faut laisser les pommes de terre de conservation le plus longtemps possible dans la terre, jusqu'à ce que les feuilles à la surface se fanent. À ce moment-là, il suffit de les sortir de la terre et de les laisser sécher quelques heures au soleil. Elles peuvent être conservées dans des sacs en papier épais, à l'abri de la lumière. Chaque semaine, surveillez les pommes de terre que vous conservez et jetez celles qui sont moisies.

Mes tuyaux

- Vous pouvez faire pousser encore plus de pommes de terre. Dès que les plantes font environ 15 cm de haut, empilez plus de compost, de terreau ou de paille pour les couvrir, en laissant 6 à 7 cm de tige exposés. En bloquant le soleil, vous allez encourager la plante à faire plus de ramifications sous la terre, ce qui veut dire que vous aurez plus de pommes de terre qui poussent. Au lieu d'avoir 20 à 30 pommes de terre par plante, vous pourrez en récolter 20 à 30 kilos !

- En creusant délicatement autour d'un plant de pomme de terre, vous pouvez récolter de petites pommes de terre sans déterrer la plante mère qui va continuer à pousser et à produire plus longtemps. Ça marche mieux avec les pommes de terre nouvelles. Les patates en pot peuvent être récoltées de la même manière si vous faites attention.

La jolie fraise est un de mes fruits préférés au monde. Typiquement britanniques, les fraises représentent pour moi une parfaite journée d'été et me rappellent plein de souvenirs de mon enfance, quand je les écrasais avec de la glace à la vanille ou que je les plantais dans un peu de crème fraîche sur un des scones chauds de ma maman. Quand j'étais petit, mes copains et moi on adorait les fraises, et pourtant j'ai rencontré plein de mômes ces dernières années qui ne les supportent pas. C'est probablement parce qu'on ne mange plus les fraises en saison. Maintenant, elles sont disponibles toute l'année, en voyageant des milliers de kilomètres par avion, et ces fraises importées n'ont franchement pas de goût.

Les fraises sont à leur apogée de mai à septembre en Grande-Bretagne et je trouve qu'elles sont particulièrement bonnes dans ce pays grâce à notre climat. Les fruits peuvent se développer et mûrir doucement, ce qui intensifie leur douceur. Bien que nous imaginions que les fraises soient typiquement britanniques, j'ai été ébahi de découvrir que nous ne les mangeons que depuis 1509. À cette époque, on les considérait comme un aphrodisiaque et elles étaient offertes en cadeau aux jeunes mariés (oui maman !). Il y a un débat autour de l'origine de leur nom. Est-ce qu'il vient du fait qu'on couchait les baies (berries) sur de la paille (straw) pour les protéger pendant le trajet entre la ferme et le marché ? Ou est-ce qu'il vient du mot « strewn » (éparpillé), parce que les plantes grimpent et s'étalent partout ?

À l'origine, les fraises de ce pays étaient beaucoup plus petites que celles qu'on trouve maintenant – plutôt comme les fraises des bois. En tout cas, la taille n'est vraiment pas un facteur dans la qualité des fraises, les petites peuvent avoir trois fois plus de goût ! Ce ne sont pas que la nature du sol et la météo qui déterminent si une fraise va avoir un goût incroyable – ça dépend beaucoup de la variété des fraises que vous faites pousser.

Triste réalité de la vie moderne : la production de masse des fraises signifie souvent que les variétés avec peu de goût sont sélectionnées au détriment de celles qui en ont plus – parce qu'on peut les garder plus longtemps dans les rayons sans qu'elles ramollissent. Si vous voulez que vos fraises aient un goût de paradis, la solution c'est de les acheter localement, en saison, et de les garder à l'extérieur du frigo.

fraises

Salade de fraises au speck et au halloumi

La plupart des gens ne pensent qu'à manger des fraises en dessert, mais elles sont aussi très bonnes en salade. Surtout quand on les associe avec le fromage halloumi (que j'adore). C'est un fromage chypriote à base de lait de chèvre et de brebis, et vous le trouverez dans tous les bons supermarchés. C'est comme une feta élastique avec laquelle on peut cuisiner. Quand on le fait dorer ou griller, il devient croustillant à l'extérieur et moelleux et légèrement caoutchouteux à l'intérieur : il est génial.

pour 4 personnes

300 g de fraises, équeutées et coupées en tranches de 0,5 cm
du vinaigre balsamique de bonne qualité
le jus d'½ citron
huile d'olive vierge extra
sel de mer et poivre noir fraîchement moulu
huile d'olive
les feuilles de quelques brins de basilic
250 g de fromage halloumi, coupé en 8 tranches fines
les feuilles de quelques brins de menthe fraîche
une poignée de feuilles de salades mélangées, lavées et essorées
8 tranches de speck

Dans un bol, arrosez les tranches de fraises avec un bon filet de vinaigre balsamique, le jus de citron et de l'huile d'olive vierge extra. Salez et poivrez-les. Ça fera ressortir le jus des fraises et le parfumera.

Préchauffez une grande poêle antiadhésive à feu moyen et versez-y un filet d'huile d'olive. Pressez une feuille de basilic sur chaque tranche de halloumi. Mettez les tranches, feuille vers le bas, dans la poêle et faites-les dorer 1 minute. Retournez-les délicatement et faites-les cuire encore 1 minute, jusqu'à ce que le halloumi soit légèrement doré et croustillant.

Prenez quatre assiettes et posez deux tranches de halloumi croustillant sur chacune. Mettez la menthe, le reste des feuilles de basilic et les feuilles de salade dans un bol avec les fraises et mélangez. Empilez un peu du mélange de fraises au milieu de chaque assiette et drapez le speck autour. Terminez avec quelques feuilles de salade. Pour servir, arrosez avec du vinaigre balsamique et de l'huile d'olive vierge extra.

PIMM'S

Fraises grillées au Pimm's et à la glace à la vanille

Voici une recette incroyable, préparée avec le célèbre « Pimm's », un classique parmi les classiques des boissons estivales, ici, en Angleterre ! Vous ne mettrez pas plus de dix minutes à la faire. La glace à la vanille et les fraises se marient vraiment bien et la petite pointe de gingembre fait toute la différence... Vous allez voir : entre le chaud, le froid, le croquant et le sucré, chaque bouchée est un vrai délice. Essayez au moins une fois !

pour 4 personnes

500 g de fraises lavées
2 ou 3 morceaux de gingembre au sirop hachés
3 cuillerées à soupe de sirop de gingembre
1 gousse de vanille, fendue dans la longueur, les graines noires grattées et récupérées
un bon trait de Pimm's
8 biscuits « shortbread »
un pot de glace à la vanille
quelques tiges de menthe fraîche

Préchauffez le four à 210 °C (th. 7). Équeutez les fraises, taillez-les à leur base (pour faire un socle) puis placez-les dans un bol. Ajoutez le sirop, les graines de vanille, le Pimm's et les morceaux de gingembre hachés. Mélangez bien, versez la préparation dans un plat allant au four, la partie pointue des fraises orientée vers le haut. Versez le jus par-dessus, mettez la gousse de vanille et enfournez pour 3 à 5 minutes de cuisson.

Placez les biscuits dans un torchon (ou un sac en plastique) puis écrasez-les avec un rouleau à pâtisserie pour obtenir une sorte de chapelure assez fine. Quand les fraises sortent du four, cuites à point, répartissez-les dans 4 bols de service, sans oublier de verser le jus et les sucs de cuisson.

Posez une boule de glace à la vanille sur les fraises chaudes, saupoudrez de chapelure de biscuit, décorez avec la menthe et servez aussitôt.

Pudding crémeux de riz et sa confiture de fraises « minute »

Tout le monde aime le pudding de riz et c'est vraiment un de mes desserts préférés : une recette « qui fait du bien » et haute en couleur, servie telle quelle ou accompagnée de quelques fruits de saison. À mon avis, c'est en été qu'il faut préparer ce pudding : servi bien froid avec sa confiture encore chaude, mmm ! Cela dit, pour changer, vous pourrez aussi l'accompagner de pêches ou de prunes rôties. Magnifique !

Quand j'étais petit, je faisais très souvent des confitures avec ma mère et, maintenant, j'en connais tous les secrets. Pour obtenir un vrai goût de fruit, je ne mets pas trop de sucre et je limite le temps de cuisson au strict minimum. Je conserve les restes de confiture dans le réfrigérateur, pendant quelques semaines, dans des pots en verre ébouillantés... à condition que les gourmands ne passent pas à proximité ! Utilisez cette confiture comme une sauce ou un coulis, pour accompagner les tartes ou les glaces. Dégustez-la aussi, tout simplement, sur des tartines.

pour 6 ou 8 personnes

50 g de meringues écrasées
en option : quelques fraises des bois pour le décor

pour la confiture
1 kg de fraises lavées, égouttées et équeutées
150 g de sucre en poudre

pour le pudding de riz
1,2 litre de lait entier
200 g de riz à pudding
2 cuillères à soupe de sucre vanillé

Placez les fraises dans une grande poêle en acier inoxydable et saupoudrez-les avec le sucre. Écrasez les fraises avec vos doigts pour obtenir une pulpe assez grossière, ressemblant déjà un peu à une confiture. En fait, il faut que tout le sucre ait fondu avec la pulpe de fraise avant de commencer la cuisson. Portez à ébullition et laissez cuire à feu doux pendant 20 à 30 minutes, en écumant toutes les 5 minutes environ. Ne vous inquiétez pas si la confiture paraît un peu liquide, ce sera parfait pour napper le pudding. Sortez du feu. Vous obtenez une superbe confiture, une véritable « essence » de fraise !

Pendant ce temps, placez le lait, le riz et le sucre vanillé dans une grande casserole. Faites frémir, couvrez et laissez cuire une demi-heure, en mélangeant de temps en temps. Il faut obtenir une préparation épaisse, crémeuse, surtout pas sèche ou trop dure. Dans ce cas, n'hésitez pas à rajouter un peu de lait pour la « rallonger ».

Pour le service, répartissez le pudding de riz dans les bols de service. Nappez-les avec la confiture de fraises puis mélangez délicatement (mais pas trop) pour obtenir un bel effet « marbré ». Saupoudrez de meringue écrasée et, si vous en avez, finissez la décoration avec des fraises des bois.

Martini à la fraise

Les boissons comme le Martini à la fraise ou au litchi sont vraiment délicieuses… mais assez traîtres car on ne réalise pas du tout la quantité d'alcool que l'on absorbe, alors attention ! Mais appréciez quand même !

pour 2 personnes

1 trait de vermouth sec
2 poignées de fraises (des bois si possible) bien mûres, lavées et équeutées
les feuilles d'1 tige de menthe
2 poignées de glaçons
15 cl de gin ou de vodka

Placez 2 verres à Martini et le shaker au congélateur pendant une bonne demi-heure.

Répartissez le vermouth dans les verres et agitez un peu ceux-ci. Placez 3 fraises au fond de chaque verre (si elles sont trop grosses, coupez-les).

Mettez les fraises restantes et la menthe dans le shaker et écrasez le tout avec l'extrémité d'un rouleau à pâtisserie. Ajoutez les cubes de glace, le gin ou la vodka. Fermez le shaker et secouez. Répartissez ensuite la boisson dans les deux verres.

Champagne à la fraise

Voici la recette la plus simple du monde pour réaliser sans doute le meilleur cocktail à base de champagne que je connaisse. Idéal pour démarrer un dîner estival ou une belle soirée.

pour 6 personnes

1 feuille de menthe fraîche
3 belles poignées de fraises (des bois si possible), lavées et équeutées
1 bouteille de champagne ou de prosecco

Placez la feuille de menthe et les fraises dans une passoire. Pressez les fraises avec le dos d'une cuillère à soupe à travers la passoire pour obtenir un jus parfumé. Placez dans le réfrigérateur jusqu'au moment du service.

Répartissez le jus de fraise dans les verres, puis complétez avec le vin effervescent. Profitez-en !

Comment je fais pousser les fraises

L'été ou le début de l'automne sont les meilleurs moments pour planter vos fraises. Les plants ont ainsi tout le temps nécessaire pour se développer avant la floraison. Les fraises aiment un peu de froid en hiver, vous pouvez donc les laisser à l'extérieur pendant les mois froids !

La plantation

Personnellement, pour faire pousser les fraises, je ne me complique pas la vie avec les graines. Je prends directement des plants de bonne qualité, soit chez un pépiniériste soit par Internet ! Faites en sorte de prendre différentes variétés de fraises. De cette manière, non seulement vous aurez des fraises de différentes saveurs mais aussi (et surtout) vous en aurez plus longtemps dans l'année, les périodes de récolte variant selon les espèces. En vous y prenant bien, vous pourrez les récolter de mai à fin septembre !

En plein sol

Les seules fraises que je fais pousser en plein sol sont des variétés anciennes, originales, non hybridées. Même si elles sont petites et pas faciles à récolter, elles ont la saveur de 10 fraises « normales ». Ces plants sont très jolis, durent des années et donnent une belle couverture au jardin. J'aime bien retourner les feuilles pour découvrir les grappes de fraises cachées juste en dessous. Les poules, elles aussi, adorent se balader dedans !

Pour planter mes fraisiers sauvages en plein sol, je creuse une petite rigole pour que l'eau de pluie puisse s'évacuer quand elle tombe en excès. Pensez toujours à laisser de 30 à 45 cm d'espace entre chaque plant, surtout si vous avez d'autres choses en train de pousser juste à côté. Faites un trou de taille adaptée et sortez délicatement le plant de son pot en plastique. Comme les racines n'ont pas eu la place de se déployer dans le pot, elles sont souvent toutes emmêlées ensemble. Éliminez alors un peu de la terre qui les recouvre pour les exposer. Placez ensuite le plant dans le trou, rebouchez, tassez très légèrement et arrosez. Retirez les fraises qui sont peut-être déjà présentes sur les plants : ils doivent mobiliser leur énergie pour renforcer les racines et non les fruits.

Dans des pots

Après de nombreux essais, je ne plante les fraisiers hybrides que dans des pots. Non seulement cette technique tient à distance les parasites et les maladies, mais vous pouvez mettre un plus grand nombre de plants dans une surface donnée. Cela peut surprendre de voir les fraises traîner et pendre quand elles sont mûres mais, de cette manière, vous aurez un rendement supérieur d'environ 40 %... et, si vos pots sont suspendus, vous n'aurez même pas à vous pencher pour la récolte !

Pour mettre en pot les plants de fraisier, sortez-les de leur caissette et... plantez-les le plus simplement possible, en ajoutant un peu de terreau. Arrosez puis suspendez le pot dans un endroit bien ensoleillé, à l'extérieur de préférence. Les fraises poussent bien aussi dans les serres, les verrières ou même près d'une fenêtre.

Mes tuyaux

- Les fraisiers poussant dans les pots suspendus doivent être fréquemment arrosés quand le temps est chaud et sec.

- Ne mettez pas trop d'engrais. Les fraisiers n'aiment pas être trop nourris. Beaucoup d'engrais donne de grosses fraises... mais peu parfumées.

- Quand vos plants seront en terre depuis au moins un an, des boutures commenceront à pousser en automne. Si vos fraisiers sont en pleine terre, maintenez les boutures contre le sol avec des petites pièces en bois (photo en haut à droite). Elles développeront alors leurs propres racines et vous aurez de nouveaux fraisiers pour rien !

- Les plants de fraisiers hybrides ont un cycle de vie d'environ 3 ans. La première année, vous aurez une petite récolte, la deuxième sera bien meilleure et après la troisième, la plante perd son énergie. En revanche, les fraisiers « sauvages » tiennent, année après année.

- À la fin de la période de récolte, coupez les tiges à environ 7 cm du sol. Cette taille gardera vos plants en bonne condition durant la saison froide avec pour résultat de bons et nombreux fruits à la saison suivante.

salades d'été

Les salades font vraiment partie de ce que je préfère manger : il en existe tellement de variétés et tellement de combinaisons possibles que les recettes à faire et à inventer sont illimitées... Impossible de s'ennuyer ! J'ai découvert récemment que le premier livre en anglais traitant des salades date de 1699. Incroyable, non ? Il a été écrit par John Evelyn avec, pour titre *Acetaria : A discourse on Sallets*. Il contient, notamment, des descriptions des nouvelles salades de l'époque qui arrivaient d'Italie et des Pays-Bas.

À cette époque, les gens « civilisés » ne mangeaient que de la viande et des céréales. Consommer des nourritures crues s'apparentait pratiquement à un suicide : on pensait qu'elles se décomposaient dans l'organisme (comme le compost...) et l'empoisonnaient purement et simplement. En ce temps-là, l'hygiène alimentaire n'existait pas et la cuisson apparaissait comme le seul moyen de rendre les aliments consommables. Par conséquent, les légumes verts (et tous leurs bienfaits) ne profitaient... qu'aux animaux !

De nos jours, on dirait que tout le monde ne jure plus que par les salades en sachet ! Mais savez-vous qu'elles ont été lavées dans des bains contenant un désinfectant au chlore ? Certes, on commence maintenant à trouver des salades toutes prêtes nettoyées dans de l'eau sans chlore (ce qui est quand même bien mieux) mais, quand même, la vraie bonne solution, c'est d'acheter 4 ou 5 salades différentes, bio si possible, ou de les faire pousser soi-même. Il suffit juste de les laver. D'ailleurs, il faut faire cette opération dans les règles. Remplissez votre évier d'eau froide, lavez les feuilles puis essorez-les. Il suffit ensuite de les assaisonner et le tour est joué. L'essorage est très important car si la salade est pleine d'eau, d'une part elle ne se conservera pas longtemps et, au moment de l'assaisonner, votre vinaigrette sera diluée et perdra tout son goût. Voici comment je m'y prends : je lave plusieurs salades, je les essore puis je les range dans le tiroir à légumes du réfrigérateur, préalablement tapissé d'un torchon. Je recouvre ensuite les feuilles de salade d'un autre torchon et je peux les conserver ainsi pendant 4 jours.

Si vous êtes parent et que vous voulez que vos enfants mangent de la salade, plantez-en avec eux et montrez-leur comment elle pousse. L'autre jour, j'ai acheté des graines de moutarde et de cresson et les enfants ont écrit leur nom avec les graines... Ensuite, ils ont adoré venir et revenir voir le nom croître et embellir au fur et à mesure que les graines poussaient ! Faites-leur consommer des salades plutôt douces et tendres. À la maison, un beau bol de salade composée est souvent le plat principal pour le dîner. Mes filles y sont habituées et pour elles, c'est tout à fait normal.

Faire pousser les salades est une activité vraiment parfaite pour les apprentis jardiniers car elles ne demandent pas beaucoup d'entretien. Il suffit juste d'acheter quelques sachets de graines chez un marchand (ou sur un bon site Internet), de les semer sur un sol un peu ensoleillé, d'arroser de temps en temps et vous allez être surpris de voir à quel point vous avez la main verte... Moi, je n'en revenais pas !

Surprenante salade d'herbes sur bruschetta de tomate

Les herbes fraîches ont certes beaucoup de goût mais elles peuvent aussi devenir très excitantes quand on les utilise avec conviction et un brin de folie ! Que vous les mélangiez avec des feuilles de salade, comme ici, pour souligner la saveur des tomates ou que vous vous en serviez pour accompagner un rôti ou un poisson grillé, elles sont encore et toujours surprenantes. Si vous n'avez pas vraiment l'habitude de les utiliser dans votre cuisine, vraiment, essayez aujourd'hui même !

P.-S. : Un peu de fromage de chèvre émietté ou du parmesan râpé juste saupoudré avant de servir font merveille sur cette salade.

pour 4 personnes

3 ou 4 tomates, bien mûres, de différentes couleurs si possible et grossièrement coupées
huile d'olive vierge extra de bonne qualité
vinaigre balsamique
sel et poivre noir fraîchement moulu
en option : 1 piment rouge frais, épépiné et haché
4 tranches de ciabatta de 2,5 cm d'épaisseur
1 gousse d'ail, non pelée et coupée en deux
le jus d'½ citron
1 petite poignée de roquette, lavée et essorée
les feuilles de quelques tiges d'estragon
quelques pluches vertes de fenouil frais
les feuilles de quelques tiges de menthe
2 poignées d'autres herbes fraîches (oseille, basilic, persil, aneth, ciboulette), lavées et essorées

Si vous avez un gril, faites-le chauffer à feu moyen. Si vous n'en avez pas, votre grille-pain fera très bien l'affaire. En attendant, placez les tomates dans un bol puis ajoutez une lampée d'huile d'olive vierge extra et un trait de vinaigre balsamique. Mélangez, salez. À ce stade, j'aime bien ajouter un peu de piment haché (vous connaissez mes obsessions !!) et si vous aimez aussi, laissez-vous tenter.

Faites griller les tranches de ciabatta une bonne minute environ. Quand le pain est agréablement doré des deux côtés, frottez-le avec la gousse d'ail.

Préparez une vinaigrette en fouettant ensemble le jus de citron, trois fois plus d'huile d'olive vierge extra, du sel et du poivre à votre goût. Ajoutez la roquette et toutes les herbes à cette vinaigrette puis mélangez délicatement.

Répartissez les tranches de ciabatta aillées dans quatre assiettes de service et déposez par-dessus les tomates assaisonnées. Pressez légèrement avec le dos d'une cuillère pour aplatir un peu puis finissez la recette en recouvrant avec la roquette.

Salade verte

Je suis complètement drogué à la salade verte ! Même la recette la plus simple, juste agrémentée de quelques herbes peut être un vrai petit chef-d'œuvre. Vous pouvez en apprendre beaucoup sur un restaurant rien qu'en regardant leur manière de faire et de présenter une salade verte. Le plus souvent, c'est la catastrophe, mais parfois ça marche et alors c'est splendide. En fait, une salade verte bien réussie ne s'encombre pas de superflu : quelques haricots verts, quelques pois gourmands, des fleurs comestibles, du fenouil finement émincé, de la menthe, du persil, du basilic ou quelques feuilles d'estragon suffisent. Rien à dire, la salade verte, c'est le top.

Donc, pour faire une belle salade verte, prenez une **laitue** et détachez les feuilles une à une. Lavez-les dans un grand volume d'eau froide, essorez-les puis placez-les dans un saladier. Préparez une vinaigrette classique en mélangeant ensemble 3 parts d'**huile d'olive vierge extra,** 1 part de **jus de citron** et un peu de **sel de mer** et de **poivre noir** fraîchement moulu. Versez la vinaigrette sur les feuilles de laitue et mélangez délicatement avec le bout des doigts. Attention, pas trop de vinaigrette ni de mélange trop long sinon les feuilles vont se ramollir. Et voilà, c'est prêt, votre salade verte est terminée, dégustez-la sans attendre.

WHOLE earth
ORGANIC
BAKED
BEANS
in Tomato Sauce
420g e

CHOPPED

La vraie salade César au poulet

Quand je m'attèle aux grands classiques, comme ici avec la salade César, je n'imagine pas changer la recette de fond en comble. Je veux toujours respecter l'idée originale de la recette tout en essayant de mieux mettre en valeur ses saveurs et ses textures. Ici, par exemple, le truc c'est de prendre des cuisses de poulet (bien plus tendres que les filets) et d'utiliser de la pancetta avec des croûtons pour absorber tous les succulents jus de cuisson. C'est une délicieuse petite salade, avec un brin d'impertinence, que vous pourrez servir chaude ou froide, à votre goût.

P.-S. : Faites preuve d'imagination. Si vous avez sous la main des salades un peu différentes (carmine, trévise, etc.) des fleurs comestibles ou des herbes, ajoutez-les : la recette sera encore plus inattendue !

pour 4 à 6 personnes

4 cuisses de poulet bio (ou élevé en plein air)
1 pain ciabatta de 250 g, déchiré en morceaux gros comme le pouce
les feuilles grossièrement hachées de 3 tiges de romarin frais
huile d'olive
sel de mer et poivre noir grossièrement haché
12 tranches de pancetta ou de poitrine fumée
¼ de gousse d'ail, non épluchée
4 filets d'anchois à l'huile d'olive, égouttés
75 g de parmesan fraîchement râpé, plus quelques copeaux pour le service
1 cuillère à soupe bombée de crème fraîche
le jus d'1 citron
huile d'olive vierge extra
2 ou 3 salades romaines, les feuilles extérieures éliminées

Préchauffez le four à 200 °C (th. 6/7). Placez les cuisses de poulet dans un plat allant au four avec les morceaux de pain. Saupoudrez de romarin haché, arrosez d'un trait d'huile d'olive, salez, poivrez. Mélangez avec vos mains pour bien répartir tous les ingrédients. Placez les morceaux de pain dans le plat, les cuisses assaisonnées par-dessus. De cette manière, le pain va absorber tous les délicieux jus qui ne manqueront pas de se former pendant la cuisson et se transformer en merveilleux croûtons. Enfournez dans le four chaud.

Après 45 minutes de cuisson, le poulet devrait être parfaitement cuit. Sortez la plaque du four, posez la pancetta ou la poitrine fumée sur le poulet. Enfournez pour 20 minutes de cuisson supplémentaires, pour que tout soit bien croustillant. Le poulet est prêt lorsque la viande se détache de l'os presque sans efforts. Sortez la plaque du four et laissez refroidir un moment.

Écrasez l'ail et les filets d'anchois dans un mortier ou avec le Flavour Shaker pour obtenir une pulpe bien fine. Placez-la dans un bol et mélangez-la avec le parmesan, la crème fraîche, le jus de citron et trois fois plus d'huile d'olive vierge extra. Assaisonnez à votre goût.

Séparez la viande des os (avec deux fourchettes par exemple ou à l'aide de vos doigts). Déchirez-la sans façon, de même que les croûtons et la pancetta. Lavez et essorez la salade. Mélangez-la dans un saladier avec le poulet, les croûtons, la pancetta et la vinaigrette crémeuse. Saupoudrez de copeaux de parmesan et servez aussitôt.

Salade de pêches grillées à la bresaola et sa vinaigrette crémeuse

En Italie, on fait souvent griller les fruits – une des meilleures choses que j'ai jamais goûtées était des fruits à noyau simplement grillés, saupoudrés de sucre vanillé et servis avec un peu de glace à la vanille. C'était tellement bon et inattendu ! Les pêches, les poires, les prunes, les abricots et même les figues peuvent se cuire au gril et atterrir ailleurs que dans des desserts... Ici, je propose de servir les pêches grillées avec de la bresaola, une viande de bœuf marinée et finement tranchée que l'on trouve facilement dans les supermarchés. Sa saveur riche et salée est top avec celle de la pêche. C'est ma recette préférée... jusqu'à nouvel ordre, en tous cas ! Mortel !!

pour 4 personnes

4 pêches mûres à point
quelques feuilles hachées de romarin frais
huile d'olive
sel de mer et poivre noir fraîchement moulu
en option : quelques tiges de romarin ou de thym
1 cuillère à soupe de vinaigre de vin rouge
huile d'olive vierge extra
1 cuillère à café de yaourt nature ou de crème fraîche
16 tranches de bresaola ou de jambon de Parme
les feuilles de quelques tiges d'estragon
2 poignées de roquette, lavée et essorée
100 g de fromage de chèvre émietté

Préchauffez le barbecue ou une plaque à griller à poser sur le feu. Coupez les pêches en deux et retirez le noyau. Mélangez-les dans un saladier avec le romarin, une petite goutte d'huile d'olive, du sel et du poivre. Si vous utilisez un barbecue, jetez-y quelques tiges de romarin ou de thym, si vous aimez. Cela donnera une saveur encore plus riche aux pêches. Faites-les donc griller quelques minutes. Attention elles doivent cuire et dorer sans noircir !

Versez 1 cuillère à soupe de vinaigre dans un saladier ou dans le Flavour Shaker et ajoutez trois fois cette quantité en huile d'olive. Incorporez le yaourt (ou la crème fraîche), un peu de sel et de poivre. Mélangez (ou secouez bien) pour obtenir une belle vinaigrette crémeuse.

Répartissez et étalez les tranches de bresaola dans les assiettes de service sans essayer de les aplatir de manière trop régulière : quelques « vagues » sont les bienvenues ! Déposez les pêches cuites par-dessus. Assaisonnez la roquette et les feuilles d'estragon avec la vinaigrette, puis déposez cette salade sur les pêches. Arrosez le tout de quelques gouttes d'huile d'olive vierge extra, saupoudrez de fromage de chèvre émietté. Bon appétit !

Comment je fais pousser mes salades d'été

La terre

Vous pouvez faire pousser des salades n'importe où dans le jardin pourvu qu'il y ait un peu de soleil. Vous pouvez les sortir du potager et celles dont les feuilles sont si belles et colorées peuvent même faire office de plantes… décoratives, le long des bordures ou près des massifs floraux. Si la terre est un peu pauvre, enrichissez-la avec un bon compost durant tout l'hiver, elle gardera mieux l'humidité, sera plus riche en nutriments utiles à vos plants et la différence se fera sentir dès le début du printemps.

La plantation

Pour commencer, tout ce dont vous avez besoin pour faire pousser des salades est d'acheter des graines, d'attendre une période où le temps est doux, de bêcher un peu le sol, d'y ajouter du compost, de semer vos graines, de les recouvrir de terre puis d'arrosez un peu. Croyez-moi, c'est vraiment facile à faire. Si vous vous y mettez, vous ne saurez plus vous arrêter !

Je commence à semer en plein champ à partir du mois de mars, en couvrant le sol si le temps devient trop froid. En semant de petites quantités de graines de salade à croissance rapide, comme la roquette ou la laitue, vous aurez une « production » régulière de jeunes pousses tendres et savoureuses tout l'été et l'automne. Les autres variétés à croissance plus lente peuvent être semées à l'intérieur avant d'être repiquées à l'extérieur, au printemps.

En plein champ

Avant les semis, binez le sol pour éliminer les mottes et le rendre granuleux comme une chapelure grossière. Le sol doit être suffisamment humide, mais pas trop. Si c'est le cas, attendez quelques jours avant de semer. Faites des sillons espacés de 30 cm et profonds de 1,5 cm environ en utilisant une cuillère, ou tout simplement vos doigts, et semez vos graines sur toute la longueur. Recouvrez de terre, arrosez un peu en utilisant le pommeau fin de votre arrosoir. Quand les graines vont germer, il faudra sans doute en éliminer un certain nombre pour éclaircir les rangs et permettre aux plants de pouvoir grossir. Plus tard, ne laissez qu'un seul plant tous les 15 à 20 cm. Ne jetez pas ceux que vous déterrez, lavez-les et préparez-les en salades ! Une autre méthode consiste à laisser les plants très serrés, sans les éclaircir, puis à les couper (pour les consommer) au fur et à mesure en les laissant toujours repousser. Récoltez ces petits plants quand ils ont entre 3 à 6 cm de haut, en les coupant juste au-dessus de la première feuille (celle qui est la plus près du sol). En quelques semaines, ils auront repoussé et vous pourrez les recouper à nouveau !

Si vous avez acheté des plants (ou fait germer les vôtres), attendez qu'ils soient suffisamment grands et forts pour être replantés à l'extérieur. Leurs racines doivent être clairement visibles dans les petits pots en plastique dans lesquels ils sont toujours vendus. Faites un trou dans le sol, sortez le plant de son petit pot et placez-le dans le trou. Tapotez légèrement la base du plant pour le stabiliser dans son nouveau milieu. Espacez-les de 15 à 20 cm chacun. Arrosez bien. Protégez-les d'un filet si vous avez des oiseaux dans le jardin.

Dans des pots

Les salades s'épanouissent très bien aussi dans des pots, sur un balcon ou derrière une fenêtre assez ensoleillée. Il suffit de leur donner un beau terreau. Semez les graines, couvrez de terre et… attendez. Il existe aussi des « sacs à pousser » qui donnent de très bons résultats. Je les ai déjà utilisés avec succès. Dans tous les cas, n'oubliez pas d'arroser vos plants !

Mes tuyaux

- Il est très important d'arroser régulièrement. Le sol doit toujours rester humide. Dans le cas contraire, les plants se mettent à fleurir et à germiner beaucoup trop tôt, en compromettant la récolte.

- Il vaut mieux arroser vos plants en fin de journée. Toutefois, n'arrosez pas trop les plantes, comme la roquette ou le basilic, qui pourraient perdre une partie de leur saveur.

- Si vous les laissez trop longtemps en terre à partir du moment où elles sont prêtes à être récoltées, les salades vont se flétrir. Pensez à ne pas faire tous vos semis en même temps, mais étalez-les dans le temps de manière à récolter sur une plus longue période.

Pour vous parler franchement, il y a un certain nombre d'ingrédients et de produits qui, s'ils n'existaient pas, me feraient abandonner la cuisine pour devenir charpentier par exemple !

Les tomates en font partie, car on peut vraiment les cuisiner de toutes les manières. Les saveurs que l'on peut obtenir sont tellement différentes les unes des autres : de la fraîcheur presque citronnée de la tomato salsa à l'incroyable goût de la salade de tomate agrémentée de pain et de mozzarella, c'est tout un univers à découvrir... Des marques très connues, comme Heinz par exemple, ont bâti leur réputation sur des produits élaborés à partir de tomates ! Leur soupe de tomate est d'ailleurs délicieuse ! Je m'en suis littéralement nourri quand j'étais jeune. J'y ai regoûté depuis et elle est toujours aussi bonne... Qu'elles soient servies à peine mûres, un peu plus molles, crues, mijotées en sauce ou, plus surprenant encore, lentement rôties avec un peu de sel et d'origan... la gamme de parfums est tout simplement stupéfiante !

Les tomates sont les « choses » les plus amusantes à faire pousser. Je dis bien les « choses » car si on les consomme effectivement comme des légumes, ce sont en fait des fruits. Allez comprendre... Si vous prenez la peine de les faire pousser vous-mêmes, vous allez être complètement épaté par les formes, tailles et couleurs qu'elles peuvent prendre, sans parler de leur délicat fumet, tous différents ! Vraiment, rien à voir avec les tomates du commerce, loin s'en faut ! En fait, vous avez un grand choix de variétés de tomates à faire pousser et c'est un bonheur de les voir croître et embellir au fil de la saison. Pour ce qui est des tomates à acheter, le choix tend à s'agrandir. Soyez attentif, débranchez le pilote automatique (tomate = couleur rouge) et essayez les nouvelles variétés jaune, orange ou verte que l'on commence à trouver, sur les marchés ou en grandes surfaces.

Pour la petite histoire, sachez que les tomates sont arrivées en Europe d'Amérique du Sud au XVIe siècle. Jaunes à l'origine et aussi petites que des cerises, on les appelait « pomme d'or » en France et en Italie. Le nom s'est ensuite transformé en « Pomodoro ». C'est assez difficile à imaginer de nos jours, mais les tomates étaient alors utilisées seulement pour la décoration car on les croyait toxiques. C'est au cours d'une disette que les paysans, les premiers, tentèrent de les consommer – imaginez ces pauvres gens en train de manger un légume qu'ils croyaient toxique ! Ensuite, ils réalisèrent sans doute à quel point elles étaient savoureuses et c'est l'Europe entière qui se mit à apprécier les tomates. Maintenant, on connaît tous leurs bienfaits. Riches en vitamines A, C et E, en potassium et en calcium, elles aident à avoir des os solides et une bonne dentition. Elles contiennent surtout le précieux lycopène, un puissant anti-oxydant qui contribue à lutter contre le cholestérol et donc les maladies cardiovasculaires. Si nous mangions tous beaucoup de tomates – cuites de préférence, car c'est ainsi que le fameux lycopène est mieux assimilé par notre organisme – ce serait une bonne chose pour notre santé.

Dans ce chapitre, vous trouverez des recettes que m'inspire la vue des tomates mûres à point dans le jardin. Prenez le temps de toutes les faire une fois, sans oublier le consommé qui est, en quelque sorte, une quintessence de tomate !

tomates

Consommé de tomate

Je n'aurais jamais imaginé mettre une recette comme celle-ci dans un de mes livres car elle irait bien, en fait, dans un de ces restaurants huppés et à la mode. Cela dit, elle est vraiment facile à faire et incroyablement fraîche et délicieuse ! Je n'ai pas trop voulu personnaliser cette recette qui, à mon sens, fait un peu partie des grands classiques. Je me suis inspiré du Bloody Mary pour mettre la saveur « tomate » le plus en avant possible. Servez-la en entrée, par une belle et chaude journée d'été !

P.-S. : Pour cette recette, il faut avoir un peu de tissu mousseline et un croc de boucher. Vous trouverez ces articles dans les boutiques d'équipement pour cuisine.

pour 6 personnes

les feuilles et les tiges d'une belle botte de basilic
2 kg de belles tomates, bien mûres
1 morceau de 5 cm de raifort frais, grossièrement râpé ou 2 à 3 cuillerées de raifort en pot (en tout cas, pas de la « crème » de raifort)
½ gousse d'ail, pelée
1 ou 2 cuillères à soupe de bon vinaigre de vin rouge
1 bon trait de vodka
1 tranche de betterave (pour la couleur)
sel de mer

Pour commencer, mettez de côté les toutes petites feuilles de basilic et gardez-les au réfrigérateur dans un bol. Placez ensuite toutes les tomates, les autres feuilles de basilic et les tiges dans un mixer électrique. Réduisez le tout en une pulpe assez fine. Quelle bonne odeur ! Mélangez encore un peu, goûtez, salez légèrement. Comme la force du raifort n'est jamais la même d'une racine à l'autre, peut-être faut-il en rajouter, à vous de voir. Il vaut mieux en mettre un peu trop que pas assez. Mixez une dernière fois.

Placez votre grande pièce de tissu mousseline sur un grand saladier, doublez l'épaisseur, versez la pulpe de tomate par-dessus et regroupez les quatre coins de la mousseline pour bien enfermer la pulpe. Nouez ces coins ensemble de manière à pouvoir faire passer le croc à boucher sous le nœud puis soulevez et suspendez le tout. Placez un saladier sous le sac ainsi formé afin de récupérer tout le jus qui va peu à peu s'écouler. Disposez l'ensemble dans un endroit frais. Le jus que vous allez récupérer sera légèrement rosé, clair comme de l'eau de roche et incroyablement parfumé.

Goûtez le consommé et ajustez l'assaisonnement en sel (attention, pas de poivre sinon vous aurez des points noirs !). Mélangez, goûtez à nouveau pour obtenir la saveur parfaite : pas question ici de faire quelque chose de fade ou d'impersonnel ! Il faut percevoir une petite pointe d'acidité venant du vinaigre. Ajoutez-en encore un peu si vous voulez, mais pas d'excès. Si vous aimez, c'est aussi le moment d'ajouter un peu de vodka.

Il faut compter au moins 5 à 7 heures pour que tout le jus de tomate soit récupéré. Si vous trouvez cela trop long, pressez délicatement sur le « sac » en train de s'égoutter pour accélérer les choses. En fait, plus vous laissez le consommé s'égoutter naturellement, sans intervention, plus il sera clair. Vous saurez que c'est terminé en regardant le sac : quand il paraît bien vidé, vous y êtes. Jetez les résidus de tomate et de basilic puis placez le consommé dans le réfrigérateur, avec les assiettes de service.

Quand vous êtes prêts à passer à table, répartissez le consommé entre les assiettes de service, saupoudrez avec les petites feuilles de basilic et versez quelques gouttes d'huile d'olive. Vous allez voir, c'est indescriptible !

La mère de toutes les salades de tomates

pour 4 personnes

1 kg de tomates, bien mûres et de différentes tailles et couleurs
sel de mer et poivre noir fraîchement moulu
1 belle pincée d'origan sec
vinaigre de vin rouge ou balsamique
huile d'olive vierge extra
1 gousse d'ail, pelée et râpée
1 piment rouge, frais, épépiné et haché

C'est une incroyable salade que vous allez voir maintenant mais avant cela, il y a deux choses dont vous devez vous souvenir si vous voulez épater vos invités en leur cuisinant des produits simples comme les tomates. Pour commencer, choisissez autant de variétés que possible : tailles, couleurs et formes, rien ne doit manquer. Ensuite, sachez que la saveur des tomates se révèle grâce au sel, alors ne l'oubliez pas. Je sais qu'on parle beaucoup de réduire le sel dans l'alimentation de nos jours mais ici, pas de problème : l'excès de sel va disparaître et vos tomates seront superbes et parfumées à souhait.

Essayez aussi d'avoir de l'origan séché de bonne qualité. Vous en trouverez assez facilement dans les grandes surfaces, mais sa saveur risque de manquer un peu de personnalité, comparé à un produit acheté dans une épicerie fine ou, mieux encore, à celui que vous pourriez faire vous-même, car cette plante est très facile à faire pousser. Pensez-y !

Selon la taille de vos tomates, coupez-les en deux, en quatre ou, suivant les cas, en morceaux plus ou moins réguliers. En fait, bien couper les tomates est la base même d'une salade réussie : belle à voir et bonne à manger. Placez les tomates coupées dans une passoire, salez-les, mélangez, salez encore, mélangez à nouveau et procédez de la sorte deux ou trois fois, sans oublier de bien mélanger à chaque fois. Le sel ne va pas rentrer dans les tomates, au contraire : il va entraîner l'eau en excès en concentrant tous les arômes dans les tomates. Laissez-les s'égoutter ainsi dans la passoire pendant 15 minutes. Jetez le jus qui s'est égoutté.

Placez ensuite les tomates dans un grand saladier et saupoudrez d'origan. Préparez une vinaigrette en mélangeant ensemble un volume de vinaigre, trois d'huile d'olive, l'ail et le piment. Arrosez les tomates avec cette sauce et mélangez délicatement.

Voici donc cette formidable salade de tomates qui est tout à fait délicieuse à déguster toute seule. Vous pouvez aussi la proposer accompagnée de mozzarella et de tranches de ciabatta grillées.

Pâtes estivales à la tomate

J'aime bien faire cette recette car elle se prépare en un clin d'œil. La sauce n'a pas besoin de cuisson, il suffit juste de la réchauffer un peu. C'est vraiment enfantin et parfait pour tous les mois d'été. Personnellement, j'utilise des fusilli, mais les spaghetti, les linguine, les bucatini, les farfale ou les penne conviennent aussi, prenez donc celles que vous préférez.

Plongez les pâtes dans une casserole remplie d'eau salée bouillante. Placez-y un saladier en métal. Faites fondre le beurre dedans, ajoutez le vinaigre balsamique, les herbes hachées. Incorporez les tomates, salez, poivrez. Sortez le saladier de l'eau bouillante, remuez un peu les pâtes.

Quand les pâtes sont cuites, égouttez-les dans une passoire, en mettant de côté un peu d'eau de cuisson. Incorporez les pâtes dans le saladier contenant les tomates et mélangez délicatement. Arrosez d'un bon trait d'huile d'olive, et ajoutez un peu d'eau de cuisson chaude si la sauce vous paraît trop épaisse. Saupoudrez le plat avec les herbes non hachées. N'oubliez pas de mettre le parmesan à râper sur la table pour ceux qui aiment. Quelques olives peuvent aussi s'inviter dans cette belle recette...

pour 4 personnes

500 g de fusilli
sel de mer et poivre noir fraîchement moulu
75 g de beurre coupé en cubes
2 cuillères à soupe de vinaigre balsamique
1 bol d'herbes fraîches hachées et mélangées (basilic, marjolaine, persil plat, thym et origan), en gardant quelques petites feuilles entières
600 g de tomates cerises, grossièrement hachées
huile d'olive vierge extra
un morceau de parmesan à râper pour le service

Salsa de tomates au thon grillé et à la coriandre

pour 6 personnes

6 oignons nouveaux préparés
1 ou 2 piments rouges, frais, épépinés et finement hachés
les feuilles d'une botte de coriandre fraîche
les feuilles d'une botte de menthe
1 kg de tomates, mûres à point (mais pas molles)
sel de mer et poivre noir fraîchement moulu
le jus d'½ citron
le jus d'1 citron vert
6 pavés de poisson (plutôt méditerranéens comme le thon, l'espadon, le marlin ou le mérou)
huile d'olive

Si vous avez compris l'esprit de la salade de tomates (p. 232), vous parviendrez sans peine à réussir une belle salsa ! Dans une salade, on cherche un certain équilibre entre les saveurs ; avec une salsa on peut vraiment faire ce qu'on veut : c'est la seule vraie différence ! Vous aurez besoin de bonnes tomates, de sel pour les faire dégorger, d'un peu de vinaigre, d'un peu de citron ou de citron vert, d'herbes fraîches pour donner du goût et de piment pour relever le tout, un peu ou à la folie, comme vous voulez ! Les proportions de tous ces ingrédients doivent s'adapter à votre goût. Cette salsa transforme un poulet rôti, des côtes de porc grillées ou un pavé d'espadon ou de thon en un délice absolu, aussi excitant que simple à faire !

P.-S. : Quand vous achetez votre poisson, choisissez avant tout ce qui vous paraît le plus frais. Le thon et l'espadon sont des espèces trop pêchées, dans toutes les eaux du monde. Il faut laisser les stocks se reconstituer. Privilégiez toujours les espèces de poissons dont les stocks ne sont pas menacés ou issus d'élevages.

Pour commencer, faites chauffer le barbecue ou le gril. La préparation de la salsa est vraiment facile, il y a juste un peu de courses à faire ! Trouvez une belle planche et découpez les oignons en fines tranches ainsi que la moitié du piment. Hachez la coriandre avec la partie supérieure des tiges et les feuilles de menthe. Découpez ensuite les tomates en tranches fines. Moi, je préfère les salsas avec des ingrédients coupés assez petits, à vous de voir ce que vous préférez. En hachant tous les ingrédients presque ensemble et sur la même planche, on favorise la diffusion et le mélange des saveurs.

Placez tous ces ingrédients dans un joli bol de service. Assaisonnez, ajoutez les jus de citron et de citron vert en vous souvenant que, sur terre, pas un seul citron ne se ressemble : adaptez donc les quantités selon vos goûts, sans vous fier totalement à la recette que je donne ici. À mon avis, une salsa doit toujours avoir du caractère et être très parfumée, alors, mélangez, ajoutez ceci, ajoutez cela, mélangez encore et goûtez jusqu'à ce que vous soyez content. Si vous trouvez la salsa un peu timide, réveillez-la en rajoutant du piment fraîchement haché.

Laissez la salsa de côté le temps de vous occuper du poisson. Enrobez les pavés avec l'huile d'olive, salez, poivrez. Faites cuire, à votre goût, rosé ou bien cuit. Servez le poisson chaud avec une belle cuillerée de salsa. Proposez le reste dans le bol de service. Bon appétit !

ESSEX

Saucisses au four aux tomates cerises

Il y a tant de choses que j'aime dans cette recette : d'abord, tout cuit dans un même plat ; ensuite, on utilise des herbes fortes comme le thym, le romarin et le laurier qui font merveille avec les tomates. Celles-ci cuisent, rôtissent et mijotent tout à la fois pour donner une merveilleuse sauce pleine de morceaux, bien meilleure que tout ce que vous pouvez acheter dans le commerce. C'est rôties que les saucisses sont les meilleures, en plus elles cuisent bien plus vite que frites ou grillées. Choisissez toujours les saucisses les plus fraîches possible et préparées avec de la viande grossièrement hachée.

P.-S. : Hachez les restes de cette recette et mélangez-les à des pâtes : le résultat est sensationnel, surtout avec des penne ou des rigatoni.

pour 6 personnes

2 kg de tomates cerises, de différentes couleurs si vous pouvez en trouver
2 tiges fraîches de thym, de romarin et de laurier
1 cuillère à soupe d'origan
3 gousses d'ail, pelées et hachées
6 saucisses de Toulouse
huile d'olive vierge extra
vinaigre balsamique
sel de mer et poivre noir fraîchement moulu

Préchauffez le four à 190 °C (th. 6/7). Prenez un plat allant au four, assez grand pour contenir les tomates en une couche pas trop épaisse. Répartissez les tomates, les herbes, l'origan, l'ail et les saucisses dans le plat. Arrosez d'un trait d'huile d'olive, de vinaigre balsamique, salez, poivrez. Mélangez bien, placez les saucisses sur les tomates et enfournez pour une demi-heure de cuisson. Retournez alors les saucisses, remuez un peu les tomates et laissez cuire encore de 15 à 30 minutes, selon la couleur que vous voulez que prennent les saucisses.

Après cuisson, les tomates se seront transformées en une sauce particulièrement savoureuse et intense en parfum. Si elle vous paraît encore un peu trop liquide, retirez les saucisses et portez-la à ébullition en la laissant se concentrer à votre goût. Vérifiez l'assaisonnement, ajoutez les saucisses cuites et servez avec un bon pain préalablement réchauffé au four pendant 10 minutes (parfait pour saucer directement dans le plat !) ou une purée de pommes de terre, du riz ou de la polenta, une salade verte et un bon verre de vin.

Comment je cultive les tomates

La terre
Les tomates poussent très bien dans les « sacs » de culture : elles y trouvent un très beau terreau avec tout ce qu'il faut comme engrais et nutriments. Ces sacs sont vraiment faciles à utiliser : vous pouvez y semer directement les graines. Deux ou trois plants peuvent facilement y trouver place et deux sacs vous donneront bien assez de tomates pour toute la famille.

La plantation
En février ou tout début mars, je commence à semer mes graines de tomate dans des petits pots (de 5 à 7 cm de diamètre) remplis de beau terreau. Je garde ces pots à l'intérieur dans un endroit assez chaud (entre 15 et 20 °C) pour la germination. Une véranda est un bon endroit mais vous pouvez aussi les placer juste derrière une fenêtre. Je mets une à deux graines par pots que je recouvre d'1 cm de terre. Ensuite, j'arrose assez généreusement. Après quelques semaines, quand les plants ont atteint 6 à 9 cm de hauteur, je les replante individuellement dans des pots plus gros où je les laisse forcir pendant un bon mois, jusqu'à obtenir des plants bien formés et solides. C'est à ce moment qu'il faut les mettre soit dans une serre, soit à l'extérieur (dès la fin du printemps mais pas avant). Les plants de tomate ne supportent pas le froid. Si vous n'avez pas la patience de faire les semis, vous pouvez aussi acheter directement les plants. C'est une très bonne manière de faire pousser plusieurs variétés.

Quand vous mettez vos plants à l'extérieur, en mai (à peu près quand tout risque de gelée est écarté) choisissez un endroit bien ensoleillé. Placez simplement les plants où vous voulez, soit en pleine terre soit dans des pots assez gros. Ils commenceront à produire au bout de dix à douze semaines environ. En fait, ils seront productifs pendant quelques mois et le niveau de la récolte dépendra de la température, de l'ensoleillement et de la vigueur des plants.

La récolte et le stockage
Pour que vos tomates soient aussi parfumées que vous l'espérez, laissez-les mûrir sur pied même si la tentation est toujours forte de les cueillir dès qu'elles sont colorées. Les tomates du commerce sont récoltées immatures et finissent leur mûrissement dans des chambres spéciales, au contact d'un gaz nommé acétylène. Savez-vous que les bananes dégagent naturellement ce gaz ? Alors voici un petit truc : si des tomates encore vertes tombent par terre, ramassez-les puis placez-les dans un saladier avec quelques bananes, elles finiront de mûrir ainsi !

Les tomates prêtes à être consommées ne doivent jamais être mises au réfrigérateur. Savez-vous qu'elles se gâtent bien plus vite conservées ainsi ? En fait, leur mûrissement se poursuit tant qu'elles sont entreposées à une température supérieure à 12,5 °C. Si vous placez les tomates vertes au frais, elles ressortiront aussi vertes. Il faut donc les laisser à température ambiante, loin du soleil toutefois. La réfrigération n'est une bonne solution que pour conserver encore un peu des tomates presque trop mûres et qui se gâteraient très vite autrement.

Mes tuyaux
- Parfois, je remplis à moitié un pot avec du fumier que je recouvre ensuite de compost. Puis, je plante mes tomates et quand leurs racines atteignent le fumier, elles deviennent complètement folles !

- Ne plantez pas les tomates tout le temps au même endroit, vous éviterez les maladies.

- Cette année, pour éloigner les insectes, j'ai fait l'expérience de planter du basilic, de l'ail et du souci entre mes plants de tomates. En fait ces plantes agissent comme des repousseurs de nuisibles, en raison de leur très forte odeur. De plus, l'ail et le basilic sont censés parfumer les tomates s'ils poussent à côté. La ciboulette, les carottes, les roses, les asperges et d'autres plantes encore ont le même rôle. On les appelle aussi « plantes d'accompagnement ».

- Tant qu'ils ont un bon sol, assez de soleil, un arrosage régulier et un tuteur quand ils commencent à grandir, les plants de tomates vous donneront de superbes récoltes pour relativement peu de travail.

SEMENTI
POMODORO
FIORENTINO

automne

piments et poivrons / gibier à plume
gibier à poil / champignons
fruits du verger / pickles

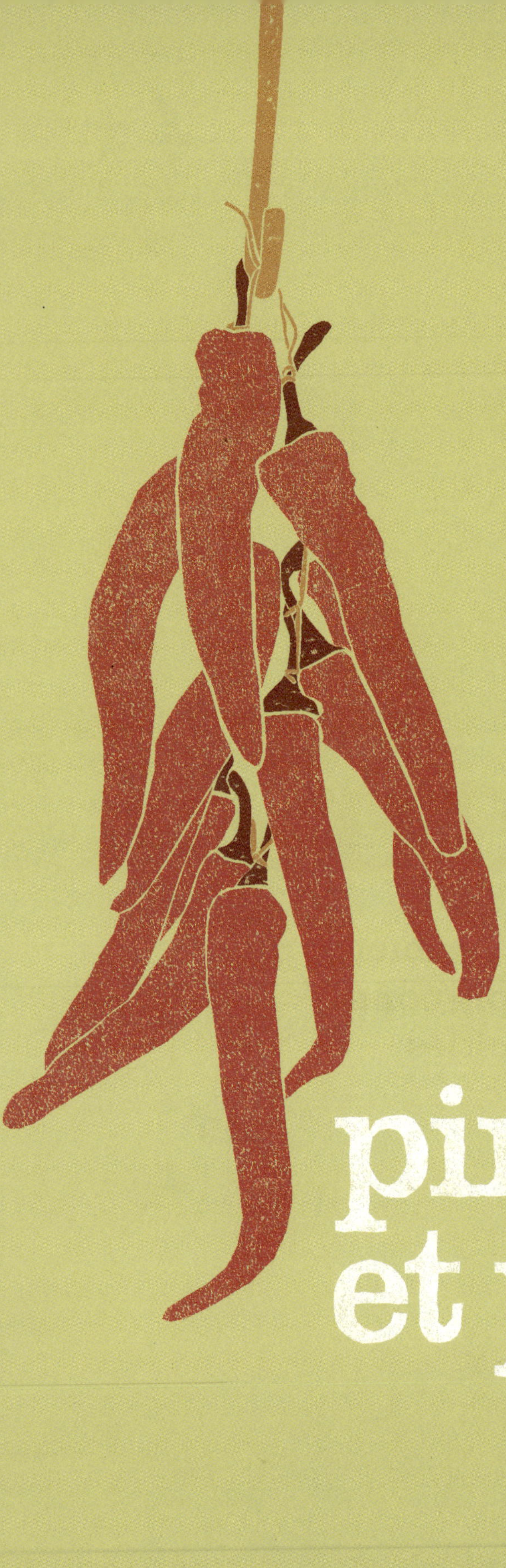

piments et poivrons

C'est bien simple : je suis accro aux piments. J'ai comme la sensation d'un manque et d'être léthargique si j'en manque pendant quelques jours.

Quand je pense aux piments, même au plus fort de l'hiver, j'ai comme des petits picotements sur la langue ! En fait, j'en ai l'eau à la bouche en écrivant ces mots... Vous allez me trouver bien étrange mais je vais vous expliquer. Les piments provoquent la libération d'endorphines dans le corps qui donnent une sorte de coup de fouet et font transpirer. Les endorphines engendrent aussi une sorte de sentiment de bien-être et d'euphorie. Le fait de consommer des piments augmente le métabolisme du corps de 25 %, et aide donc à brûler les calories et à éviter leur stockage sous forme de graisse. Mais, plus encore, c'est la saveur des piments qui est complètement géniale.

Pendant longtemps j'ai pensé qu'il y avait « le piment » comme il y a « le vin » alors que je sais maintenant qu'il en existe des centaines de variétés au sein desquelles on peut choisir en fonction de leur arôme, de leur force. De la douceur à l'extrême brutalité... c'est tout un monde de saveurs à découvrir. Ils peuvent être parfumés, floraux, fruités... Leur caractère piquant peut être bref et « propre », très robuste ou encore concentré, presque matériel et persistant. En théorie, vous pouvez améliorer n'importe quel plat avec les piments. Quand vous hachez un piment et que vous le mélangez avec du citron vert ou du gingembre frais, vous pouvez créer les saveurs les plus incroyables qui soient. Cet art de l'assaisonnement, un peu asiatique, est tout simplement génial, que ce soit pour assaisonner un poisson par exemple ou pour renforcer une recette au curry.

Peut-être faites-vous partie des gens qui n'aiment pas la nourriture épicée. Mais je dois vous dire que le piment peut être employé avec beaucoup de subtilité. En fait, pour éviter les surprises si un plat est supposé « épicé », goûtez d'abord une goutte de sauce, puis une mini bouchée : vous vous ferez une idée claire de sa force réelle en quelques instants. Si jamais vous croquez dans un piment rouge en dégustant un plat thaï par exemple, surtout ne buvez ni bière ni alcool qui soulignent encore plus les saveurs brûlantes. Non, le mieux, c'est encore le verre de lait... ou le yaourt nature bien frais.

Vous allez sans doute trouver ça bizarre mais le piment fait merveille avec le chocolat. Les fruits de mer et les légumes sont aussi à se damner quand on les cuisine avec une pointe de piment, de menthe et d'huile de citron. Tout ce qui craque et qui croustille également. Des poppadums ou des chips de maïs servis avec une salsa pimentée, mmm, c'est juste un délice !

Trucs pour préparer les piments

- Ce ne sont ni les graines ni la chair des piments qui contiennent la substance brûlante mais la fine membrane qui maintient les graines. Dès que vous la tranchez, la saveur brûlante est libérée. Alors, lorsque vous épépinez un piment, il faut bien sûr éliminer les pépins mais aussi ces fameuses membranes. Vous verrez, c'est facile : on les voit très bien.

- Si vous travaillez des piments vraiment très forts, c'est toujours une bonne idée de porter des gants de cuisine. Surtout, et pour rien au monde, ne vous touchez pas les yeux... Pensez à bien vous laver les mains dès que vous avez fini.

P.-S. : Au fait, les poivrons aussi valent le détour ! Ils font partie de la même famille et se présentent sous des formes et des couleurs très variées, sans toutefois posséder leur caractère brûlant.

Saumon fumé à chaud et son incroyable salsa aux piments

pour 2 personnes

une tige de romarin frais
quelques tiges de sauge fraîche
2 pavés de saumon bio de 200 g chacun, avec la peau
sel de mer
huile d'olive
1 citron vert, coupé en deux
quelques feuilles de coriandre entières

pour la salsa au chili
1 ou 2 piments rouges frais, épépinés et finement hachés
2 ou 3 tomates moyennes, bien mûres, épépinées et coupées en dés
½ concombre, pelé et coupé en petits dés
le jus d'1 citron vert
2 oignons nouveaux, pelés et finement émincés
les feuilles hachées d'une petite poignée de coriandre
1 avocat, dénoyauté, pelé et haché
huile d'olive vierge extra

Alors voici une recette qui me met dans tous mes états... Pour fumer viandes ou poissons, il existe deux méthodes. Dans le fumage « à froid », on place les produits dans un environnement saturé en fumée. Dans le fumage « à chaud », c'est la même chose mais on élève la température en même temps. Les deux techniques donnent des résultats spectaculaires. Tout ce dont vous avez besoin, c'est d'une vieille boîte à gâteaux en métal avec son couvercle, d'une sorte de grille à mettre à l'intérieur ou du fil de fer pour la fabriquer et enfin, d'un peu de sciure (celle qu'on met pour les animaux en cage, par exemple). Quand vous faites chauffer ce dispositif, il agit comme une sorte de four, certes un peu primitif mais très efficace quand même. Vous allez peut être trouver cette méthode un peu tirée par les cheveux, mais rassurez-vous, c'est très facile et songez, surtout, à l'effet que vous allez produire sur vos invités en leur proposant une recette de saumon « fumé maison » !

P.-S. : Un petit mot quand même : vous risquez d'enfumer un peu votre appartement, alors ouvrez grand les fenêtres, mettez la hotte en route ou, mieux encore, faites la recette sur votre barbecue.

Placez une poignée de copeaux de bois dans la boîte à gâteaux en métal puis le romarin et la sauge. Placez la grille à l'intérieur. Percez le couvercle de 5 ou 6 trous avec un tournevis.

La plupart des pavés de saumon ont à peu près les mêmes taille et épaisseur. Ils cuisent donc tous de la même manière. Huilez, salez et poivrez les pavés de saumon puis posez-les sur la grille, côté peau. Couvrez avec le couvercle troué. Placez au-dessus d'un feu moyen et laissez cuire 8 à 10 minutes. La fumée commence à apparaître au bout de quelques minutes seulement.

Pendant que le poisson est en train de cuire, mélangez ensemble tous les ingrédients de la salsa, en ajoutant (ou en retirant) autant de piment que vous voulez. Quand le poisson est cuit, sortez la boîte du feu puis laissez reposer pendant 3 minutes avant d'ôter le couvercle. De cette manière, la fumée résiduelle pourra bien pénétrer et parfumer le poisson. Sortez les pavés de saumon puis déposez-les dans les assiettes de service. Nappez de salsa puis saupoudrez de feuilles de coriandre entières. Arrosez chaque assiette de quelques gouttes d'huile d'olive vierge extra puis servez avec les moitiés de citrons verts et le reste de salsa. Avec quelques pommes de terre et une salade verte, voilà de quoi faire un beau déjeuner.

Victoria

Poivrons rôtis aux tomates et piments

Les poivrons, les tomates et les piments font vraiment un mélange très réussi. Si possible, prenez tous ces légumes dans des couleurs différentes et la recette sera vraiment superbe. Vous allez apprendre ici comment rôtir les légumes, c'est vraiment facile ! Adaptez les quantités de piments que je vous donne, plus ou moins selon vos goûts.

Préchauffez le four à 210 °C (th. 7). Assaisonnez les poivrons des deux côtés avec du sel. Placez-les côte à côte sur la plaque à rôtir, côté peau vers le bas.

Dans un bol, mélangez ensemble l'ail, les tomates cerises, les piments émincés, les câpres, les olives et les feuilles de basilic. Ajoutez une pincée de sel et de poivre. Versez le vinaigre et 4 cuillerées à soupe d'huile d'olive vierge extra. Mélangez le tout avec vos mains.

Farcissez chaque demi-poivron avec une ou deux cuillerées de mélange aux tomates cerises. Tassez un peu et assurez-vous que chaque poivron contient bien un petit peu de tout (piment, câpres, olives, etc.). Remplissez aussi les poivrons avec le jus qui est peut être resté au fond du bol. À ce stade, vous pouvez soit faire rôtir les demi-poivrons tels quels (pour faire une recette 100 % végétarienne), soit les recouvrir de 2 tranches de pancetta.

Recouvrez les poivrons d'une couche de papier d'aluminium et enfournez pour 20 minutes de cuisson. Retirez ensuite le papier et poursuivez la cuisson pendant encore 20 à 30 minutes, le temps que les poivrons commencent à colorer sur les bords ou que la pancetta devienne bien croustillante.

Faites griller les tranches de pain puis placez-les dans les assiettes de service. Posez les poivrons farcis dessus. Percez alors les poivrons cuits avec la pointe d'un couteau pour que le magnifique jus de cuisson puisse s'échapper et imbiber le pain. Servez avec les demi-boules de mozzarella, la roquette et, si vous aimez, un peu de piment haché pour donner du caractère. Terminez avec un soupçon de sel de mer et quelques gouttes d'huile d'olive vierge extra.

P.-S. : Ces poivrons sont délicieux servis avec un poisson rôti ou mixés et préparés en soupe avec du bouillon de volaille. Les restes seront magnifiques avec des pâtes fraîches.

pour 4 personnes

2 poivrons rouges, épépinés, avec leur tige et coupés en deux dans le sens de la longueur
2 poivrons jaunes, épépinés, avec leur tige et coupés en deux dans le sens de la longueur
sel de mer et poivre noir fraîchement moulu
1 gousse d'ail, pelée et finement hachée
24 tomates cerises, coupées en deux
3 piments rouges frais, dont deux émincés et un épépiné et finement haché
2 cuillerées à soupe de câpres, rincées et égouttées
1 poignée d'olives noires, dénoyautées
les feuilles d'une botte de basilic
2 cuillerées à soupe de vinaigre de vin rouge ou blanc
huile d'olive vierge extra
en option : 8 tranches de pancetta ou de bacon
4 tranches de pain au levain
4 boules de mozzarella, déchirées en deux
2 poignées de roquette, lavées et essorées

Goulasch de porc aux piments

Voilà tout ce que j'aime : faire lentement mijoter un beau morceau de porc dans une superbe sauce aux piments pour le rendre tendre, onctueux et fondant dans la bouche ! C'est vraiment une de mes recettes préférées et, à moins que vous soyez définitivement fâchés avec les piments, vous allez l'adorer puis la faire et la refaire encore et encore... C'est un vrai classique au fond, presque meilleur réchauffé le lendemain, comme le bœuf bourguignon par exemple. Vous allez découvrir ici toute une gamme de saveurs : celle du paprika fumé, des piments forts, des poivrons frais et cuits... Un délice !

pour 4 à 6 personnes

2 kg d'épaule de porc en un seul morceau, sans couenne, et avec la graisse
sel de mer et poivre noir fraîchement moulu
huile d'olive
2 oignons rouges, pelés et finement émincés
2 piments rouges frais, épépinés et finement hachés
2 cuillerées à soupe bombées de paprika fumé et un peu plus pour le service
2 cuillerées à café de graines de carvi réduites en poudre
les feuilles d'une tige de marjolaine fraîche
5 poivrons, de différentes couleurs
280 g de poivrons grillés et pelés en pot, égouttés et hachés
400 g de tomates en boîte de bonne qualité
4 cuillères à soupe de vinaigre de vin rouge
400 g de riz basmati ou long, rincé
15 cl de crème fraîche
le zeste d'1 citron
une petite botte de persil plat haché

Préchauffez le four à 180 °C (th. 6). Choisissez une cocotte équipée d'un couvercle et faites-la chauffer à feu moyen. Incisez le porc sur toute sa surface, à travers la graisse, pour former un motif croisé puis assaisonnez généreusement de sel et de poivre. Versez une bonne lampée d'huile d'olive dans la cocotte et placez-y le porc. Faites cuire ainsi pendant 15 minutes, à feu moyen, pour faire fondre la graisse puis sortez-le et mettez-le de côté.

Ajoutez les oignons dans la cocotte, les piments rouges, le paprika, le carvi, la marjolaine, une belle pincée de sel et de poivre. Baissez l'intensité du feu, laissez cuire 10 minutes puis ajoutez les poivrons émincés, les poivrons hachés et les tomates. Replacez le porc dans la marmite. Mélangez bien puis versez juste assez d'eau pour recouvrir la viande. Ajoutez le vinaigre, portez à ébullition, couvrez puis enfournez la cocotte pour 3 heures de cuisson.

Vous saurez que le porc est cuit quand la viande sera devenue parfaitement tendre. Elle doit pouvoir se déchirer sans effort avec des fourchettes et s'effilocher très facilement. Si la viande reste encore un peu ferme, recouvrez la cocotte et enfournez-la pour la cuire un peu plus.

Quand la viande est pratiquement à point, lancez la cuisson du riz dans de l'eau bouillante et salée. Au bout de 10 minutes, alors qu'il est encore ferme, égouttez-le dans une passoire. Gardez un peu d'eau de cuisson, placez-la dans la casserole. Posez la passoire de riz dessus, couvrez et laissez cuire ainsi 10 minutes de plus pour obtenir un riz parfaitement gonflé et moelleux.

Dans un bol, mélangez la crème, le zeste de citron et presque tout le persil. Quand la viande est fin prête, sortez la cocotte du four et goûtez la sauce. Il faut rechercher un équilibre entre le côté sucré des poivrons et celui assez épicé du carvi. Effilochez grossièrement la viande et versez le goulasch (la viande et la sauce) dans un plat. Servez accompagné de riz et de sauce au persil. Saupoudrez la viande de persil haché. Bon appétit !

Comment je fais pousser piments et poivrons

La terre

En Grande-Bretagne, les piments et les poivrons ne poussent pas toujours très facilement. La chaleur manque, voilà tout ! Même si, pour le coup, le réchauffement climatique arrange un peu les choses ! Cela dit, j'ai de bons résultats en les gardant à l'intérieur et en les plantant dans des pots avec un bon terreau. Ils peuvent aussi pousser dehors mais il faut un endroit très ensoleillé, sous une véranda par exemple ou contre un mur exposé plein sud. Dans tous les cas, ne sortez jamais vos plants de poivrons ou de piments avant la fin des dernières gelées. De la même manière, il faut les rentrer à l'intérieur en automne, dès le retour du froid.

La plantation

Les poivrons et les piments se plantent exactement de la même manière. Vous pouvez utiliser des graines du commerce ou celles récupérées sur votre précédente récolte. L'avantage avec les graines provenant de vos récoltes, c'est que vous pouvez sélectionner les variétés que vous préférez (et, pour les piments, ceux dont la force vous plaît le plus). En revanche, sachez que le rendement de tels plants (issus de graines « maison ») sera moins bon qu'avec des graines du commerce.

Il existe des centaines de variétés de piments et de poivrons, toutes plus originales les unes que les autres. Vous les trouverez chez les revendeurs spécialisés. Sachez que plus ils poussent longtemps, plus ils sont parfumés et que, pour bien faire, il faut les planter de janvier à mars. Si vous utilisez des graines de poivrons ou de piments séchés par vos soins, secouez-les : s'ils sonnent comme des maracas, vous pouvez les planter ! Il suffit de casser le poivron (ou le piment) pour récupérer les graines. Prenez un pot de 5 à 10 cm de diamètre, remplissez-le de terreau. Avec vos doigts, faites trois petits trous d'une épaisseur de 0,5 cm environ et logez quelques graines dans chacun d'entre eux. Recouvrez de terreau et arrosez délicatement.

Si chaque graine germe, il faudra ensuite éliminer les plants qui paraissent être les moins vigoureux pour n'en garder que trois dans chaque pot. Quand ils atteignent 8 à 12 cm de hauteur, replantez-les dans un pot plus grand – de 20 cm de diamètre environ –, qui conviendra jusqu'à la récolte. Si vos plants on un peu de mal à grandir, donnez-leur de temps en temps un peu de fertilisant bio.

Récolter et conserver

Les poivrons et les piments se forment rapidement après la floraison. Le plus souvent, ils sont verts au début puis changent de couleur au fur et à mesure du mûrissement. Vous pouvez les récolter à n'importe quel moment dès qu'ils ont atteint une taille suffisante. Rappelez-vous quand même que poivrons et piments ne développent entièrement leur force et leur arôme qu'en ayant complètement mûri.

Les manières de conserver et d'utiliser les piments sont très variées. En général, je les fais sécher. C'est tout simple : il suffit d'une aiguille et d'un fil de coton assez solide à faire passer à travers les tiges vertes. Suspendez ensuite cette belle guirlande dans votre cuisine et laissez faire. On peut aussi les transformer en salsa, en chutneys (voir page 321) ou les utiliser pour faire de l'huile parfumée. Ils peuvent également servir à aromatiser du sel.

Mes tuyaux

- N'arrosez pas trop les plants et ne leur donnez pas trop d'engrais ou de fertilisant : croyez-moi ou pas, cela donne des poivrons et des piments moins parfumés !
- Si vous cueillez quelques piments (ou poivrons) encore verts, immatures, le plant donne une nouvelle floraison et une récolte encore plus abondante par la suite.
- Si jamais votre jardin est la victime des insectes, plantez quelques pieds de gros piments des tropiques qui les maintiendront à distance.

PEPPERS
Thai Hot

gibier à plume

Autrefois, on consommait toutes sortes d'oiseaux. En fait, on appréciait plus ou moins tout ce qui volait ! Mais, le temps passant, les habitudes ont bien changé. Nous n'avons finalement gardé dans l'alimentation moderne que le poulet, la dinde et, dans une moindre mesure, le canard. Pas de doute, ces volailles sont délicieuses, mais il en existe tellement d'autres à découvrir comme l'oie, le canard col vert, la perdrix, le faisan, la grouse très prisée en Angleterre et en Écosse, la bécasse, le pigeon ou la bécassine. Tous sont des gibiers, vivant à l'état sauvage et consommant une alimentation naturelle. Alors, si vous voulez consommer quelque chose de vraiment original et qui soit éthiquement défendable, faites-moi plaisir et essayez le gibier à plumes.

La saveur naturelle des gibiers à plumes peut être soit discrète, soit assez marquée, selon le temps de faisandage de la viande, le fait que les gibiers soient vidés ou non, l'âge de l'animal lui-même, la manière dont vous allez le cuisiner et le type d'assaisonnement ou d'épices utilisés.

Les gibiers délicats, comme les perdrix ou la pintade, peuvent être tout simplement rôtis, comme un poulet. À titre personnel, j'aime beaucoup faire glisser sous la peau de ces volatiles une farce composée de gousses d'ail cuites à l'eau, réduites en purée, puis agrémentées de persil et de zestes de citron haché. Je les fais ensuite rôtir avec du beurre, tout simplement.

La grouse et la bécasse peuvent être commandées à l'avance chez votre boucher, quand c'est la saison. Vous allez pouvoir en faire une foule de choses. La grouse doit être vidée, ce qui n'est pas le cas pour la bécasse. On la présente toujours avec son long cou et son bec, non moins long, planté dans la carcasse. C'est rosé que j'apprécie le plus ces deux gibiers d'exception, servis avec des pommes de terre et des légumes ou une bonne purée de pommes de terre, ou encore de la polenta.

J'aime aussi beaucoup un bon pâté fait avec… les intestins de la bécasse. Je sais, je sais, ça fait peur mais si vous goûtiez sur des petits toasts, je suis sûr que vous aimeriez beaucoup ! Une autre de mes recettes favorites est le pie de gibier, préparé avec plein de légumes racines (carotte, betterave…) qui fondent littéralement dans la bouche.

Si vous pouvez vous procurer quelques beaux pigeons sauvages (je ne parle pas de ceux que vous voyez sur Trafalgar square, à Londres !), profitez-en : marinés et parfumés avec du thym frais, du vinaigre balsamique, de l'ail et grillés au barbecue, ils sont délicieux. J'en ai l'eau à la bouche rien que d'y penser !

Dans ce chapitre, je vous donne une recette de pigeon, une de perdrix et une autre, très rustique et tout à fait incroyable à faire, avec faisan, perdrix, pigeons…

Pigeon croustillant à l'asiatique, sauce aigre-douce

Je suis fou de cette recette. Il y a quelque chose d'à la fois délicat, « bizarre », simple et rapide dans la manière (tout à fait originale) de cuire le pigeon, en le faisant frire. Si vous aimez, vous pourrez d'ailleurs préparer de la sorte des cailles et des coquelets. Moi, c'est rosé que je préfère le pigeon, pour que sa chair reste tendre et juteuse. Par le passé, j'ai déjà eu l'occasion de goûter des pigeons frits mais ils étaient bien trop cuits : si les os sont comestibles la viande, elle, devient très sèche. Alors si vous n'avez jamais osé goûter du pigeon jusqu'à maintenant, c'est le jour : allez chez votre boucher, faites vos achats et mettez-vous aux fourneaux !

Commencez par préparer l'assaisonnement des pigeons. Dans un mortier ou avec le Flavour Shaker, pilez une belle pincée de sel et une cuillerée à café de poivre du Sichuan avec le mélange 5 épices. Rincez les oiseaux dedans, dehors, puis épongez-les avec du papier absorbant pour les sécher presque entièrement. Conservez-leur quand même un tout petit peu d'humidité : l'assaisonnement tiendra mieux. Placez les volatiles sur le plan de travail et saupoudrez-les d'assaisonnement (n'oubliez pas l'intérieur). Faites au mieux : le but est qu'il y ait le plus possible de mélange d'épices sur la peau des pigeons.

Faites chauffer l'huile dans une friteuse ou une grande casserole pour atteindre la température de 180 °C (th. 6). Vérifiez si l'huile est à la bonne température en jetant le morceau de pomme de terre dedans : il doit frire et se mettre à flotter très rapidement.

Pendant que l'huile est en train de chauffer, préparez la sauce. Placez le zeste râpé et le jus d'orange dans une petite casserole. Incorporez la sauce d'huître, l'huile de sésame, le miel, le gingembre et le jus de citron vert. Laissez mijoter pendant 5 minutes. Goûtez : il faut trouver un équilibre entre l'acidité, la douceur et le sel. Ajustez la saveur de votre sauce en ajoutant du jus de citron, d'orange, du miel ou du sel. Vous devez obtenir une sauce aigre-douce qui vous plaise. Versez-la dans un bol ou dans des coupelles pour le service. (Pas besoin de la faire réchauffer ni de la tenir au chaud).

Quand l'huile est bien chaude, ôtez le morceau de pomme de terre et plongez les pigeons dedans. Laissez cuire pendant 4 ou 5 minutes. Les pigeons devraient être agréablement dorés et juste rosés à l'intérieur. Sortez-les du bain de friture, laissez l'huile s'égoutter puis épongez-les avec du papier absorbant. Sur la planche à découper, découpez-les en deux puis en quartiers avec un bon couteau. Disposez les morceaux de pigeon sur un plat, placez la sauce à côté. Saupoudrez de piments, d'oignons nouveaux et de coriandre pour décorer. Prévoyez un rince-doigts et jetez-vous sur ces pigeons avant qu'ils ne refroidissent !

pour 4 personnes

sel de mer et poivre du Sichuan fraîchement moulu (ou poivre noir)
2 cuillères à café bombées de mélange 5 épices
4 pigeons
huile végétale
en option : un morceau de pomme de terre, pelée
2 piments, l'un vert, l'autre rouge si possible, épépinés et émincés
4 oignons nouveaux, propres et émincés
les feuilles d'une petite botte de coriandre

pour la sauce
2 oranges : les jus des deux, le zeste d'une seule
8 cuillères à soupe de sauce aux huîtres
2 cuillères à café d'huile de sésame
1 cuillère à soupe de miel
un morceau de gingembre frais de la taille du pouce, pelé et râpé
le jus d'1 citron vert

Perdrix (ou perdreaux) à la poêle, au ragoût d'orge, de petits pois et de laitue

La perdrix est un gibier au goût peu prononcé, parfait pour s'initier à la saveur des oiseaux de chasse. L'orge est un ingrédient traditionnel de la cuisine anglaise, un peu tombé en désuétude, mais tellement savoureux en ragoût. La laitue et les petits pois, eux, font partie des associations classiques de la cuisine française. Enfin, plutôt inhabituelle pour les gibiers à plume, la cuisson à la poêle si facile et si rapide !

pour 2 personnes

- **100 g d'orge**
- **huile d'olive**
- **1 oignon rouge, pelé et finement haché**
- **sel de mer et poivre noir fraîchement moulu**
- **200 g de petits pois surgelés**
- **50 cl de fond de volaille ou de bouillon de légumes**
- **1 cuillère à soupe bombée de farine**
- **25 g de beurre**
- **2 perdrix (perdreaux) rincées, épongées, découpées en cuisses et filets**
- **100 g de poitrine fumée ou de pancetta, coupée en lardons**
- **les feuilles hachées de quelques tiges de thym frais**
- **1 poignée de feuilles de laitue ou de romaine, lavées et essorées**
- **1 poignée de roquette, lavée et essorée**

Faites cuire l'orge dans une casserole d'eau salée bouillante pendant 50 minutes environ. Tenez-le très légèrement ferme, égouttez-le et laissez-le un moment dans la passoire. Faites chauffer ensuite une belle lampée d'huile d'olive dans une poêle et ajoutez l'oignon avec une pincée de sel. Laissez cuire doucement, à petit feu, pendant 10 minutes et sans laisser trop colorer. Ajoutez l'orge et les petits pois. Versez le fond ou le bouillon, portez à ébullition. Couvrez et laissez cuire pendant 10 minutes en remuant de temps en temps.

Mélangez le beurre (préalablement ramolli) et la farine avec une cuillère pour obtenir une pâte homogène. C'est ce qu'on appelle un « beurre manié ». On l'utilise pour lier (épaissir) les sauces sans avoir à y ajouter de la farine, ce qui provoque toujours des grumeaux. En fouettant, ajoutez la moitié du beurre manié au ragoût d'orge et laissez mijoter encore un moment, le temps que la sauce épaississe. Si le jus reste encore trop liquide, rajoutez du beurre manié. Laissez cuire une dizaine de minutes à feu doux, ajoutez un peu de fond si nécessaire. Pendant ce temps, démarrez la cuisson des perdrix.

Versez un peu d'huile d'olive dans une autre poêle. Salez et poivrez les perdrix découpées. Commencez par faire cuire les cuisses (qui sont plus fermes et donc plus longues à cuire que les filets). Laissez-les colorer quelques minutes en remuant la poêle de temps en temps puis ajoutez la poitrine fumée (ou la pancetta) découpée. Faites attention que la viande n'attache pas au fond. Pendant ce temps, saupoudrez vos filets de perdrix avec le thym haché, salez, poivrez. Quand la poitrine fumée est dorée, repoussez-la (avec les cuisses) sur le côté de la poêle et ajoutez les filets, la peau vers le bas. Laissez cuire pendant 4 minutes. Retournez les filets et laissez cuire 1 minute pour que les chairs restent bien moelleuses et juteuses. Si vous préférez les viandes plutôt bien cuites, poursuivez la cuisson encore un moment.

Quand les filets sont à point, goûtez le ragoût d'orge, ajustez l'assaisonnement, incorporez la laitue et la roquette dedans au dernier moment : ces salades ne nécessitent pas plus d'1 minute de cuisson. Servez le ragoût dans les assiettes, posez par-dessus les perdrix découpées et saupoudrez avec la poitrine fumée. Nappez avec du jus de ragoût. Quelle belle recette familiale !

L'incroyable rôti de gibier et sa polenta

Cette extraordinaire recette de style italien est une sorte de version de luxe du rôti dominical. Utilisez les gibiers que vous avez sous la main, vous pouvez même associer un simple poulet avec du faisan, par exemple. Pour bien faire, parlez de cette recette hors du commun à votre boucher : il vous trouvera alors autant de perdrix, faisans, pigeons et autres grouses que vous voudrez bien lui acheter !

pour 8 à 10 personnes

1 faisan, lavé et épongé
1 pintade de 1,2 kg, lavée et épongée
1 perdrix, lavée et épongée
2 pigeons, lavés et épongés
4 cailles, lavées et épongées
1 petit bouquet de romarin frais
1 petit bouquet de thym frais
le zeste d'1 citron ou d'1 orange
1 oignon rouge, pelé et grossièrement haché
4 branches de céleri, propres et grossièrement hachées
4 carottes, propres et grossièrement hachées
4 saucisses de Toulouse
les feuilles d'une ou deux tiges de laurier frais
huile d'olive
sel de mer et poivre noir fraîchement moulu
500 g de polenta
1 verre de vin rouge (du Chianti, si possible)
100 g de beurre
2 poignées de parmesan fraîchement râpé
huile d'olive vierge extra

Préchauffez votre four à la chaleur maximale. Faites découper par votre boucher (ou découpez vous-mêmes) le faisan et la pintade « à la crapaudine » de la manière suivante. Placez la volaille à l'envers, face à vous. Avec une solide paire de ciseaux, coupez la carcasse le long des cuisses et éliminez cette partie (le dos, en fait) qui ne contient finalement que très peu de viande. Faites attention à ne pas « mordre » sur les cuisses pour garder toute leur succulente chair. Ouvrez les volailles comme un livre. Ensuite, farcissez la perdrix, les pigeons et les cailles avec le romarin, le thym et les zestes.

Déposez les oignons, le céleri et les carottes dans une grande plaque à rôtir (ou dans deux plus petites), puis couchez par-dessus les gibiers et les saucisses. Ajoutez les feuilles de laurier et, s'il vous en reste, du thym et du romarin. Arrosez le tout d'un peu d'huile d'olive et « masser » les gibiers pour bien répartir et faire pénétrer les aromates. Salez, poivrez, enfournez et baissez aussitôt la température du four à 180 °C (th. 6). Laissez cuire pendant 1h30, en retournant les oiseaux de temps en temps, le temps que leurs chairs soient parfaitement à point.

Après une demi-heure de cuisson, portez 2 litres d'eau salée à ébullition dans une casserole à fond antiadhésif et jetez la polenta dedans en fouettant. Baissez aussitôt l'intensité du feu (sinon, attention aux projections brûlantes) et laissez mijoter pendant 50 minutes, en remuant le plus fréquemment possible. Si, en cours de cuisson, la préparation devient trop épaisse, ajoutez un peu d'eau chaude.

Sortez les oiseaux du four et gardez-les au chaud. Placez la plaque de cuisson sur un feu moyen, versez le vin et laissez réduire pour faire une petite sauce. Pendant ce temps, passez à la polenta qu'il va falloir requinquer un peu maintenant ! Ajoutez-y les trois quarts du beurre et tout le parmesan. Mélangez et assaisonnez si nécessaire. Goûtez : ça devrait commencer à ressembler à quelque chose ! Versez la polenta sur une planche ou dans un grand plat, égalisez-la et laissez-la se raffermir quelques instants.

Ajoutez le reste du beurre à la sauce en remuant un peu. Filtrez-la au-dessus d'une casserole en pressant bien sur la passoire pour récupérer chaque goutte. Coupez le faisan et la pintade en gros morceaux et déposez-les sur la polenta avec les autres oiseaux et les saucisses coupées en deux ou trois morceaux. Nappez le tout avec la sauce au vin rouge et terminez la recette avec quelques gouttes d'huile d'olive vierge extra. Placez aussitôt ce plat merveilleux au milieu de la table et laissez tout le monde se servir. Une vraie fête !

Ce que j'ai appris à la chasse

Quand il avait son restaurant et que c'était la saison, mon père achetait toutes sortes de gibiers à plumes pour mettre à sa carte. J'ai donc grandi avec une certaine habitude de la chasse et des gibiers, qui revenaient périodiquement dans la cuisine. Maintenant, je vis à Londres, loin de la campagne et je crois qu'il existe pas mal de malentendus à propos de la chasse en général. Laissez-moi vous en dire quelques mots…

En Grande-Bretagne, il y a toujours eu une sorte de conflit entre les végétariens, les ligues de défense des animaux et le reste de la population… Bien sûr, des millions de personnes consomment de la viande… Nous sommes bien au bout de la chaîne alimentaire et c'est donc naturel que les choses soient ainsi. Cela dit, j'ai vraiment beaucoup de respect pour les végétariens ou tous ceux qui refusent de porter des vêtements ou des chaussures en cuir, par exemple… Je trouve que c'est un acte militant extrêmement fort et je sais que je n'en serais pas capable.

Maintenant, considérons le point suivant. Dans une journée de grande chasse, les participants tirent des centaines d'oiseaux sauvages passant au-dessus de leurs têtes et se considèrent souvent comme des « chasseurs sportifs », ce qui a le don d'exaspérer les tenants des ligues protectrices des animaux. Comment, se disent-ils, peut-on passer un bon moment dehors en tirant à toute volée sur tout ce qui bouge ? Je comprends d'ailleurs assez bien ce point de vue mais on peut aussi voir les choses autrement.

Si la chasse est conduite de manière responsable, si les gibiers sont vendus à des grossistes officiels, s'ils sont ensuite bien cuisinés dans les restaurants (ou à la maison), si la gestion des cheptels est bien pensée, basée sur une exploitation durable des ressources, si les quotas fixés sont respectés, alors on peut dire, je pense, que cette « manière » de produire une viande de grande qualité, n'est pas la plus mauvaise et sans doute même bien meilleure que d'autres, plus industrielles… La mort d'un animal n'a rien de joli mais ce qui se passe durant une chasse me paraît bien plus éthique et respectueux que ce qu'on inflige, par exemple, aux poulets de batterie. Le mieux est de voir les choses par soi-même pour s'en faire une idée claire.

On dit aussi assez souvent que la chasse n'est réservée qu'aux snobs, ce qui n'arrange pas le tableau général… Au Moyen Âge, le gibier était la possession du seigneur et le droit de chasser était un privilège accordé aux nobles. C'est sans doute cette histoire ancienne qui explique l'image « collet monté » que la chasse traîne avec elle. Ce fait est peut être encore plus marqué en Grande-Bretagne qu'en France. Pourtant, en y regardant de plus près, et pour parler de ma propre expérience, les choses sont quand même bien plus nuancées. J'ai participé à de nombreuses chasses depuis

plusieurs années et je peux vous assurer que j'y ai croisé toutes les catégories sociales du pays : plombiers, charpentiers, maçons, petits génies de la finance, jeunes hommes et même des femmes. Certains ne sont « que » des rabatteurs, ils n'ont pas de fusils, mais tous participent d'un même élan à toute l'opération. À la fin, on leur donne deux palombes, 16 euros et on leur offre même un verre au pub du coin !

Mes trucs pour préparer les oiseaux

Achats

- La saveur d'un faisan ou de n'importe quel gibier à plume dépend de son âge… Pour simplifier, tous les volatiles de moins d'un an seront délicieux, mais en vieillissant, leur chair devient plus ferme et plus sèche, et c'est encore plus vrai pour la grouse.

- Si vous l'achetez sur un étal, le gibier doit toujours avoir l'air frais, sec et jamais humide. S'il est vendu avec ses plumes, vérifiez que les yeux ne soient ni creux ni ternes. Le plumage lui-même doit être brillant et paraître vivant. Si le gibier sent assez fort, vous allez sans doute vous dire qu'il est passé alors qu'il n'est peut être que faisandé. Des gens préfèrent le gibier assez fort, d'autres pas…

Le faisandage

Les faisans et les bécasses doivent être faisandés cinq à sept jours, les grouses et les perdrix, trois ou quatre. Une journée suffit pour le canard. Les cailles ne se font pas faisander.

Plumer et flamber le gibier

Si vous voulez plumer votre gibier, voici comment vous y prendre. Prenez l'oiseau dans une main en tenant la poitrine vers vous. Avec votre main libre, commencez à plumer l'oiseau en débutant par le cou. Prenez quelques plumes à la fois et arrachez-les en tirant d'un coup sec dans la direction de la tête. N'essayez pas d'aller trop vite, en prenant trop de plumes à la fois. Faites en sorte de toujours tenir la peau de l'oiseau un peu tendue, de cette manière elle ne se déchirera pas ou moins facilement. Continuez ainsi : plumez la poitrine puis les cuisses. Les plumes du croupion et des ailes sont bien plus difficiles à enlever et il faut les prendre une par une. Une fois entièrement plumé, il faut faire flamber le gibier pour éliminer les petits poils qui restent. Il suffit d'approcher rapidement l'oiseau d'une flamme nue.

Conservation

Le gibier peut être congelé. Il faut d'abord vider les oiseaux comme vous le feriez pour les cuisiner dans la foulée et alors seulement les mettre au congélateur, bien enveloppés dans des sacs spéciaux. Attention : on ne vide pas les bécasses.

La cuisine du gibier à poil est très intéressante. Pour simplifier, le terme de gibier « à poil » définit les animaux sauvages de la chasse. En Grande-Bretagne, on entend par gibiers « à poil », le daim, la biche, le lapin de garenne et le lièvre. Autrefois, le blaireau et l'écureuil étaient eux aussi des gibiers que l'on consommait volontiers. J'ai toujours pensé que le sanglier appartenait également à cette famille, même si, chez nous, il n'en a pas le statut « légal ». Voilà, c'est à peu près tout, exceptions faites de quelques espèces rares échappées d'un zoo !

Dans d'autres pays, la famille des gibiers à poil nous paraît, à nous Anglais, un peu bizarre… Je précise d'ailleurs tout de suite que je ne parlerai que d'espèces qui ne sont pas en danger d'extinction et issues de filières « durables ». Observons quelques pays. Au Pérou, on consomme le cochon d'Inde ; en Australie, le kangourou, l'opossum ; en Afrique du Sud, une sorte de gazelle nommée « kudu », le buffle ; au Canada, on mange de l'élan et de l'ours, en Asie on aime même le singe et le chien mais, rassurez-vous, nous n'irons pas si loin dans ce chapitre… Sans doute, il y a fort longtemps, la pauvreté, la faim et une sorte d'instinct naturel ont poussé les hommes à consommer du gibier. Ensuite, nous avons certainement remarqué à quel point ces viandes sont délicieuses et, plus tard encore, réalisé tout leur intérêt nutritionnel. C'est pourquoi, il est vraiment étonnant de voir que ces viandes sont si peu consommées, au regard des animaux issus d'élevages… Alors, pour vous inciter à découvrir ces merveilleux produits, je vais vous donner des recettes pour cuisiner le daim, le lièvre et le lapin de garenne, puisque ce sont les gibiers que je connais moi. Vous voudrez bien m'excuser pour les kangourous, opossums, ours et autres kudus !

Pour dire les choses simplement, la viande est destinée à être mangée… La preuve vient de notre histoire même. Nos arrières, arrières, arrières, arrières, arrières-grands-parents consommaient écureuils et blaireaux de bon appétit, même si cela peut paraître vraiment étrange maintenant. Pour le coup, je ne consommerai jamais de rat, à cause de la nourriture qu'ils mangent et des lieux où ils vivent. Mais un écureuil, pourquoi pas ? Il ne s'alimente que de noisettes, d'herbes et niche dans les forêts… Pour tout vous dire, il y a quelques mois, j'ai goûté un écureuil grillé en crapaudine au fameux restaurant *St John*, à Londres. C'était incroyable ! On aurait dit quelque chose entre le poulet de ferme et le confit de cuisse de lapin… Vraiment excellent !

Le lapin de garenne est une pièce de choix et j'adore le cuisiner à la maison, de temps en temps, quand ça me prend. Sa viande maigre fait un merveilleux support de saveur, que vous la cuisiniez de manière très traditionnelle ou de façon plus originale, avec des épices asiatiques. Mais ma passion pour le lapin n'est pas vraiment partagée en Grande-Bretagne. Il faut dire que, comparé au passé, le choix offert en viandes n'a fait que se restreindre – diminuant aussi notre propre ouverture aux saveurs que nous ne connaissons pas – et que la plupart des recettes que nous avons pour le lapin, précisément, sont plus que datées… En fait, il y a plus de soixante ans, on consommait plus de lapin que de poulet ! Je pense que nous avons tout simplement perdu l'habitude de le cuisiner et que nous ne savons plus le faire, ni plus ni moins.

Le lièvre est un autre gibier de choix : sa viande est plus forte, plus rouge et plus corsée que celle du lapin.

Je crois que le gibier et sa cuisine sont en train de se démocratiser et c'est une bonne chose ! Vous pouvez, par exemple, faire mijoter une épaule de sanglier avec du vin rouge, des légumes, puis l'effilocher pour faire une des plus belles sauces bolognaises qui soit. Parfois, je prépare des lasagnes avec différentes sortes de gibiers ou je fais rôtir une belle selle de biche, à four très chaud, avec des légumes et de la poitrine fumée. Voici une autre recette assez simple : faites confire des cuisses de lapin à l'huile d'olive avec du laurier et du romarin. Quand la viande se détache de l'os, je la mélange à de la salade, des gousses d'ail rôties et un peu de vinaigre balsamique. Et laissez-moi vous dire que quand je mets ces plats à la carte de mon restaurant, ils partent en premier ! Moi ça me parle et je me dis que le gibier ne fait pas aussi peur qu'on le dit… Surtout que mes clients sont de toutes classes sociales et de toutes origines. Donc, dites-vous que le gibier, ce n'est pas ce qu'on croit et ne vous stressez pas quand vous le cuisinerez. J'espère que ce chapitre vous incitera à vous lancer. Essayez ces recettes, elles comptent parmi mes préférées.

gibier à poil

Ragoût de gibier aux pappardelle

Ce que j'aime dans cette recette, c'est qu'on peut l'adapter très facilement. Vous pouvez utiliser le gibier de votre choix et même demander au boucher de faire une partie du travail pour vous (détailler la viande). Si vous la faites couper en gros morceaux, vous obtenez une daube ; en petits dés, vous aurez une sauce délicieuse pour accompagner les pâtes. Ici, je prends des pappardelle, mais d'autres pâtes assez grosses comme les rigatoni ou les tagliatelle conviennent aussi.

En Italie, cette sorte de ragoût est souvent servie au petit déjeuner pour les agriculteurs qui sont déjà au travail depuis l'aube. Cela dit, ce serait peut être mieux au déjeuner… À voir !

P.-S. : Le vin rouge et le gibier forment une association très classique mais, ici, je prends du vin blanc pour éclaircir et alléger un peu les saveurs.

pour 6 personnes

huile d'olive
1 oignon rouge, pelé et finement haché
2 carottes, pelées et hachées
½ rutabaga, pelé et coupé en dés
les feuilles hachées d'une tige de romarin frais
les feuilles d'une petite botte de thym
2 feuilles de laurier
1 lapin ou 1 lièvre, désossé et coupé en cubes d'1 cm
300 g de cuisse de venaison, coupée en cubes d'1 cm
1 cuillère à soupe de farine
1 grand verre de vin blanc
sel de mer et poivre noir fraîchement moulu
50 cl de bon bouillon de volaille ou de légumes
500 g de pappardelle
1 noix de beurre
75 g de parmesan fraîchement râpé
le zeste haché d'1 orange
une botte de persil plat
huile d'olive vierge extra

Préchauffez le four à 180 °C (th. 6). Versez une lampée d'huile d'olive dans une cocotte et faites chauffer. Ajoutez l'oignon, les carottes, le rutabaga, le romarin, le thym, les feuilles de laurier et laissez cuire doucement pendant 10 minutes. Incorporez la viande, la farine, versez le vin, ajoutez une belle pincée de sel et de poivre. Versez enfin le bouillon (il devrait y en avoir juste assez pour recouvrir le tout). Portez à ébullition, couvrez, enfournez et laissez cuire pendant 1h30, jusqu'à ce que la viande soit totalement cuite et se délite presque toute seule.

Quand le ragoût vous paraît à point, portez une grande casserole d'eau bouillante à ébullition et plongez-y les pappardelle. Laissez cuire comme indiqué sur l'emballage. Pendant ce temps, vous allez vous occuper de la viande ! Éliminez le laurier et ajoutez le beurre, la moitié du parmesan et la moitié du zeste d'orange – en fait une petite pointe va suffire à faire la différence. Couvrez le ragoût à nouveau. Hachez les feuilles de persil au tout dernier moment pour qu'elles gardent toute leur saveur et leur couleur.

Égouttez les pâtes dans une passoire et gardez un peu de leur eau de cuisson. Faites asseoir tout le monde autour de la table, pas question de faire attendre votre recette ! Mélangez les pâtes avec la sauce et le persil (si vous n'avez pas un récipient assez grand, vous aurez peut être à faire cette opération en deux ou trois fois). Ajoutez un peu d'eau de cuisson si la sauce ne paraît pas assez onctueuse. Ce petit geste est très important pour réussir des pâtes parfaitement… Goûtez, corrigez l'assaisonnement si nécessaire. Servez en saupoudrant le plat avec le reste de parmesan, de zeste et versez quelques gouttes d'huile d'olive. Quelle incroyable recette de pâtes !

E. F. R.

E.F.R… alias Essex Fried Rabbit ou Lapin Frit de l'Essex ! Si vous n'avez jamais goûté cette viande, voici la recette qu'il vous faut. Elle est délicieuse… mais assez légère finalement, alors proposez-la plutôt en entrée. Le lapin de garenne possède une saveur riche et complexe, proche de celle du gibier, bien plus marquée en tout cas que celle du lapin d'élevage, souvent le préféré des néophytes pour cette raison ! Pensez à demander au boucher de découper et préparer le lapin pour vous. Il ne vous restera plus qu'à le paner. Laissez-le dans le réfrigérateur jusqu'au moment de le faire cuire.

Faites chauffer une cocotte juste assez grande pour contenir les morceaux de lapin disposés sur une seule couche. Versez une lampée d'huile, ajoutez le lapin, salez, poivrez. Mettez aussi l'ail, deux tiges de romarin, le vin et le bouillon. Couvrez, portez à ébullition, puis faites mijoter de 45 minutes à 1 heure, sans trop laisser colorer la viande. Après 30 minutes de cuisson, ajoutez un peu d'eau si nécessaire. La viande doit se détacher de l'os sans efforts. Laissez refroidir.

Pendant que le lapin est en train de cuire, réduisez en une fine chapelure avec un mixer le pain rassis et la moitié du parmesan. Préparez trois assiettes creuses devant vous. Remplissez la première avec de la farine tamisée et assaisonnée, la deuxième avec les oeufs battus et la dernière avec la chapelure.

Quand le lapin est assez froid pour être manipulé, panez-le, avec l'ail, dans la farine. Secouez délicatement pour faire tomber l'excédent puis trempez les morceaux dans l'œuf. Égouttez-les un peu puis plongez-les dans la chapelure. Saupoudrez le tout avec les feuilles de thym et le reste de parmesan. Enrobez complètement les morceaux en les mélangeant très délicatement avec les doigts. Placez-les sur un plateau ou une assiette, dans le réfrigérateur, en attendant de les cuire.

Faites chauffer l'huile dans une friteuse ou une grande casserole (elle doit être à 180 °C). Pour vérifier si l'huile est à la bonne température, jetez le morceau de pomme de terre dedans : il doit frire et se mettre à flotter très rapidement. Recouvrez une assiette de deux ou trois couches de papier absorbant. Sortez et jetez la pomme de terre puis faites frire les morceaux de lapin (sans oublier l'ail) en une, deux ou trois fois, selon la taille de votre friteuse. Comptez 2 à 3 minutes de cuisson pour avoir de beaux morceaux de lapin bien dorés et croustillants. À la fin de la cuisson, faites frire le romarin (20 secondes environ) qui va devenir bien vert et croustillant lui aussi.

Égouttez le tout avec une écumoire et posez sur l'assiette recouverte de papier absorbant. Salez, pressez l'ail et récupérez la merveilleuse pulpe qui en sort dans un bol. Servez cet accompagnement délicat avec le lapin, le romarin frit et des quartiers de citron.

pour 2 personnes

huile d'olive
1 lapin de garenne découpé en morceaux, rincé et bien épongé
sel de mer et poivre noir fraîchement moulu
1 tête d'ail, coupée en deux dans le sens de la largeur
4 tiges de romarin
20 cl de vin blanc
20 cl de bon bouillon de volaille ou de légumes
quelques tranches de pain rassis, sans la croûte
2 poignées de parmesan, fraîchement râpé
farine, pour paner
3 œufs bio ou de plein air, battus
les feuilles de quelques tiges de thym
en option : un petit morceau de pomme de terre
huile végétale pour la friture
1 citron coupé en quartiers

Venaison rôtie aux pommes de terre au four crémeuses et céleri

La venaison est une superbe viande rouge, maigre et parfumée. Vous pouvez remplacer le céleri par des panais, des pâtissons et même du fenouil mais conservez la proportion de pommes de terre que je vous donne. Délice assuré…

Préchauffez le four à 180 °C (th. 6). Beurrez un grand plat à rôtir. Émincez les pommes de terre et la boule de céleri en disques d'environ 0,5 cm d'épaisseur. Déposez-les dans une casserole, recouvrez d'eau froide, salez, poivrez et portez à ébullition. Laissez mijoter pendant 5 minutes, égouttez et laissez les légumes dans la passoire pendant 5 minutes environ. Replacez les légumes dans la casserole, ajoutez la crème, l'ail haché, la sauge, la moitié du parmesan et une bonne pincée de sel et de poivre. Mélangez bien, versez le tout dans le plat beurré et égalisez la surface. Saupoudrez avec le reste de parmesan, recouvrez de papier d'aluminium, enfournez puis laissez cuire et dorer pendant 35 à 40 minutes.

Hachez les baies de genièvre, le romarin, mélangez une pincée de sel et de poivre puis étalez cette préparation sur le plan de travail. Huilez le filet de venaison puis roulez-le généreusement dans le mélange d'épices. Pressez bien pour faire pénétrer les arômes. Faites chauffer une plaque à rôtir directement à feu vif, avec une bonne lampée d'huile d'olive. Faites revenir la viande pendant quelques minutes des deux côtés, puis sortez la plaque du feu. Ajoutez la tête d'ail, la fin du mélange d'épices resté sur le plan de travail. Remuez, versez un tout petit peu d'eau et enfournez. Laissez cuire à votre goût. Comptez 8 minutes pour que la viande soit « à point ».

Quand les pommes de terre sont cuites, sortez-les du four, enlevez le papier d'aluminium et saupoudrez-les avec le reste de parmesan. Enfournez à nouveau pour 10 à 15 minutes de cuisson, sans recouvrir.

Sortez la venaison du four et posez-la sur une assiette et laissez-la reposer recouverte de papier d'aluminium. Jetez la graisse de cuisson en excès. Écrasez la gousse d'ail avec une fourchette et jetez les peaux. Mélangez cette purée d'ail cuit avec quelques feuilles de romarin, dans le plat de cuisson de la viande. Faites chauffer, ajoutez le vin rouge, portez à ébullition et laissez réduire de moitié puis ajoutez le beurre. Mélangez avec une cuillère en bois et frottez bien le fond du plat pour enlever tous les sucs de cuisson. Dès que la sauce paraît être à point, sortez le plat du feu, salez, poivrez et ajoutez une noisette ou deux de beurre. Coupez la viande en tranches d'1 cm d'épaisseur. S'il y a du jus, versez-le dans la sauce. Filtrez la sauce, nappez-la sur la venaison tranchée et servez avec les pommes de terre et le céleri cuits au four.

pour 4 personnes

50 g de beurre fondu et une ou deux noisettes de plus
1 kg de pommes de terre, pelées
1 petite boule de céleri, pelée et coupée en deux
sel de mer et poivre noir fraîchement moulu
50 cl de crème fraîche
1 gousse d'ail, pelée et finement hachée
les feuilles grossièrement hachées d'une petite demi-botte de sauge
100 g de parmesan fraîchement râpé
10 baies de genièvre, écrasées avec la lame d'un couteau
les feuilles de 3 tiges de romarin
1 kg de filet de venaison en une pièce, prête à cuire
huile d'olive
1 tête d'ail, grossièrement épluchée et écrasée
1 verre de bon vin rouge, du Pinot noir par exemple

Gibier à poil

D'où vient le gibier à poil ?

En Angleterre, les gibiers proviennent de grossistes et de chasses privées qui gèrent des domaines considérables. J'ai rencontré quelques responsables de telles chasses privées et tous font une bonne gestion de leurs gibiers et de leurs domaines. Ils doivent surveiller de près les effectifs, opérer des chasses sélectives et bien organisées. En fait, si ces chasses n'étaient pas bien tenues, c'est toute une partie de l'équilibre de la faune et de la flore avoisinante qui serait compromise.

Vous l'aurez bien compris, être patron de chasse n'est pas une mince affaire. On peut toujours trouver que la chasse est sans pitié et que tuer des animaux est critiquable mais c'est une manière de maintenir des équilibres naturels dans la campagne et de pourvoir à une partie de notre alimentation. Pour le lapin, la situation est claire : dès qu'ils prolifèrent, ils sortent de leur habitat naturel et dévorent les plantations avoisinantes. J'ai déjà vu des arbres complètement abîmés à leur base à cause des lapins.

Il faut aussi savoir que personne ne peut aller chasser à la légère. Un chasseur n'improvise pas et doit être responsable de ce qu'il fait. J'ai moi-même des ports d'armes pour plusieurs types de fusils. Ayant habité la campagne depuis mon tout jeune âge, je connais bien les chasseurs et je n'ai jamais vu quelqu'un mal se conduire ou paraître irresponsable. La chasse est une affaire sérieuse, menée par des gens sérieux qui aiment la nature et qui contribuent, *in fine*, à la qualité de l'environnement. En plus, tout se termine par de superbes produits à cuisiner, c'est top !

Résumons-nous. Si vous aimez les viandes savoureuses, je pense que celle du gibier à poil, chassé en saison et acheté chez votre boucher est sans doute la meilleure qui soit, la plus éthique et la plus saine, de surcroît. Ce qui compte, en définitive c'est de savoir que les gibiers de chasse sont complètement sauvages, qu'ils ne se nourrissent que de ce qu'ils trouvent dans les bois et qu'ils vivent dans la plus totale des libertés. Question qualité, on ne peut pas faire mieux !

Où l'acheter ?

Dans les supermarchés, vous trouverez des rôtis de gibiers prêts à cuire en barquette mais si vous voulez en savoir un peu plus sur ce que vous mangez, allez donc chez un bon boucher et n'hésitez pas à le questionner. Il pourra vous dire l'âge de la bête, quand il a été chassé et, le cas échéant, depuis combien de temps il faisande. Les bons bouchers peuvent proposer, en saison, différents types de gibiers, plus au moins faisandés, il suffit de leur demander ce que vous voulez. Il fera également toutes les préparations difficiles (peler, nettoyer le gibier par exemple) et pourra aussi le couper en morceaux.

Faire faisander le gibier à poil

On fait faisander le gibier pour que sa viande soit plus savoureuse et plus tendre. Le temps nécessaire est variable selon l'âge de l'animal et l'espèce considérée. Le lapin de garenne, par exemple, est vidé rapidement et faisande pendant deux à trois jours. Le lièvre conserve ses entrailles et doit attendre quatre à cinq jours avant d'être consommé. Le gros gibier (daim, sanglier…) est vidé rapidement et faisande pendant sept à vingt jours. Le faisandage se fait dans un endroit froid, bien ventilé, loin de tout autre aliment. Ne vous lancez pas dans le faisandage car c'est une opération délicate. Laissez faire le boucher à votre place, sauf si vous savez bien vous y prendre.

champignons

J'ai vraiment un faible pour les champignons. Malheureusement, je ne peux pas en cuisiner à la maison car ma femme ne supporte pas leur parfum ! J'en prépare donc quand je suis seul, en soupe, sautés à la poêle ou mélangés à des pâtes et des risottos.

Ils sont parfaits avec les gibiers et merveilleux pour farcir des rôtis. On peut les servir crus en salade, coupés très fins ou juste grillés avec une pointe de sel et quelques gouttes de jus de citron. Ils vont très bien avec le poisson : un beau morceau de bar de ligne rôti au four avec des pommes de terre nouvelle, des champignons, des herbes et un peu de citron, c'est un vrai délice. Comme je vous l'ai dit ma « patronne » les déteste... Alors ils me sont encore plus précieux...

On trouve des champignons de toutes tailles et formes. Savez-vous qu'on en compte 38 000 variétés différentes dans le monde et 3 000 rien qu'en Angleterre. Cela dit, il n'y en a qu'une centaine qui soit comestible. Environ vingt espèces sont, elles, vraiment toxiques, voire mortelles. Il faut donc être prudent et je ne veux pas vous voir aller dans les bois et faire votre cueillette au petit bonheur la chance. Il faut être accompagné par quelqu'un qui s'y connaisse pour ne prendre aucun risque : et là, je vous assure qu'une belle balade en forêt avec une cueillette réussie, c'est le top !

Je me souviens encore de ma première cueillette de champignons. C'était avec mon maître Gennaro Contaldo, un des meilleurs experts ès champignons de tout le Royaume-Uni. Dès que nous sommes rentrés dans les bois, Gennaro était complètement excité :

« Regarde, regarde, regarde ! » Moi, bien sûr, je regardais mes pieds sans rien voir.

« Baisse-toi, il y en a partout ! »

En me baissant, c'est là que j'ai vu un véritable lit de chanterelles, camouflées dans l'humus. J'étais tout jeune et je me suis aussitôt dit que j'avais sans doute dans les 300 £, là devant moi... J'ai donc tout de suite ramassé les champignons pour les mettre bien délicatement dans mon panier. C'était une vraie frénésie ! En général, les champignons poussent toujours aux mêmes endroits, années après années. Gennaro et moi retournons donc régulièrement dans les coins que nous connaissons.

Si vous voulez vous y mettre, renseignez-vous auprès d'un connaisseur ou essayez de trouver une association mycologique sur Internet. Apprenez-en le plus possible, mais pas besoin de connaître par cœur le pedigree de chaque champignon ! Il faut juste savoir identifier les principales variétés comestibles pour ne pas les confondre

avec les espèces toxiques. Ensuite, lancez-vous et tout ira bien. Désolé de vous fatiguer avec tous ces discours mais, souvent, les meilleures choses de la vie ne vont pas d'elles-mêmes, alors un peu de pédagogie n'est pas superflu.

La plupart des supermarchés vendent des champignons cultivés, comme les pleurotes ou les shiitakes par exemple. On trouve aussi des barquettes de champignons sauvages mélangés avec des girolles, des chanterelles, des pieds de mouton, des morilles et des trompettes de la mort.

Il y a, enfin, les champignons déshydratés, comme les morilles ou les cèpes, qui donnent un incroyable fumet aux plats dans lesquels on les incorpore. Essayez de toujours en avoir dans votre placard.

Sachez aussi que si les champignons sont délicieux, ils sont aussi bons pour la santé : ils contiennent des vitamines, des fibres, des minéraux comme le sélénium qui aide à réduire les risques de cancer et même des protéines. Consommez-les le plus souvent possible !

Risotto aux champignons grillés

On peut vraiment cuisiner le risotto aux champignons de bien des manières. Tout dépend du moment où l'on incorpore les champignons justement : dès le début de la cuisson ou à la toute fin, comme ici. C'est au Japon que j'ai eu l'idée de faire cette recette, dans un restaurant, précisément, où j'avais vu les chefs faire griller les champignons sans autre forme de cérémonie. Cette manière de les cuire leur donne une saveur fraîche, avec une note « noisette » tout à fait unique. Il suffit ensuite de les mélanger avec un peu d'huile d'olive, du sel et une pointe de jus de citron avant de les incorporer dans le risotto, juste avant de le servir.

pour 4 à 6 personnes

1,5 litre de bouillon de volaille frémissant
1 poignée de cèpes secs
huile d'olive
1 petit oignon, pelé et finement haché
2 branches de céleri, épluchées et finement hachées
400 g de riz à risotto
15 cl de vermouth ou de vin blanc
sel de mer et poivre noir fraîchement moulu
4 belles poignées de champignons (si possible : shiitakes, girolles, champignons de Paris gris, par exemple) lavés et émincés
les feuilles hachées de quelques tiges de cerfeuil, d'estragon ou de persil
le jus d'1 citron
25 g de beurre
2 belles poignées de parmesan fraîchement râpé, un peu plus pour le service
huile d'olive vierge extra

Faites frémir le bouillon dans une casserole. Placez les cèpes dans un bol et recouvrez-les de bouillon brûlant. Laissez-les ramollir quelques instants, égouttez-les, hachez-les et réservez le bouillon de trempage.

Dans une grande casserole, faites chauffer une belle lampée d'huile d'olive, puis ajoutez l'oignon et le céleri. Faites cuire pendant 10 minutes, à feu doux, sans laisser colorer. Ajoutez le riz, mélangez, versez le vermouth (quel parfum !). Laissez s'évaporer le liquide en remuant, ajoutez le bouillon de trempage filtré, les cèpes, du sel et une première louche de bouillon bien chaud. Faites cuire à feu doux, en remuant sans arrêt. Ajoutez une autre louche de fond quand la première a disparu, et ainsi de suite. Ne cessez pas de mélanger le risotto en cours de cuisson. Continuez ainsi jusqu'à épuisement du bouillon.

Cette cuisson dure environ 30 minutes. Pendant ce temps, faites chauffer un gril à feu vif puis posez les champignons dessus. Laissez-les cuire un moment pour qu'ils se ramollissent. Selon la taille de votre gril, faites cette cuisson en deux ou trois fois. Mélangez ensuite les champignons cuits dans un saladier avec les herbes hachées, une pincée de sel et le jus de citron. Mélangez bien avec vos doigts… et essayez de ne pas tout manger tellement ça sent bon !

Sortez le risotto du feu et vérifiez soigneusement l'assaisonnement. Incorporez le beurre et le parmesan. Le risotto doit être bien moelleux et crémeux, jamais sec. N'hésitez pas à ajouter un peu de bouillon, si nécessaire. Couvrez la casserole et laissez reposer pendant 3 minutes environ.

Goûtez le risotto, ajoutez encore un peu d'assaisonnement et de parmesan si vous voulez. Servez le riz à la cuillère dans les assiettes et recouvrez-le de champignons grillés. Saupoudrez avec un peu de parmesan râpé, arrosez de quelques gouttes d'huile d'olive vierge extra, et servez sans attendre.

La super bruschetta aux champignons

Cette bruschetta est parfaite en entrée ou pour le déjeuner. En fait, pendant la saison de la chasse (de août à février), quand on trouve facilement de beaux gibiers comme de la grouse, de la bécasse, du pigeon, de la perdrix ou de la caille, par exemple, faites cette bruschetta et posez par-dessus n'importe lequel de ces volatiles, juste rôti. C'est le nec plus ultra de la cuisine d'automne !

Que vous utilisiez des champignons sauvages, cultivés ou un mélange des deux, faites-en sorte d'avoir l'assortiment le plus appétissant possible. Pour les faire cuire, prenez une très grande poêle afin qu'ils puissent facilement rendre leur eau, sinon ils bouilliront dans leur propre jus. Bien préparés et cuits, les champignons se marient avec tout : une viande rouge, un risotto, une pizza...

Mettez à chauffer une grande poêle (qui puisse contenir tous les champignons en une seule couche), avec une belle lampée d'huile d'olive. Selon la taille des champignons, laissez-les entiers ou détaillez-les en tranches. Vous pouvez aussi simplement les briser en deux ou trois morceaux. Placez-les dans la poêle chaude et commencez à les faire sauter. Ajoutez ensuite l'ail, les herbes, mélangez bien. Salez, poivrez, ajoutez le piment et laissez cuire gentiment pendant quelques minutes. Si nécessaire, ajoutez un peu plus d'huile en cours de cuisson.

Après 3 ou 4 minutes de cuisson, quand les champignons commencent à être un peu colorés, ajoutez le beurre et un peu de jus de citron pour donner un peu de relief. Attention, n'en mettez pas trop tout de même. Pour finir et obtenir comme une sorte de petite sauce bien crémeuse, ajoutez 2 ou 3 cuillerées à soupe d'eau dans la poêle. Laissez cuire encore une petite minute, pour que le jus enrobe bien tous les champignons. Faites toaster les tranches de pain.

Frottez les tranches de pain avec la gousse d'ail coupée en deux, déposez-les dans les assiettes. Nappez-les avec la préparation aux champignons, et attaquez tout de suite. Quel bonheur !

pour 2 personnes

huile d'olive vierge extra
300 g de mélange de champignons, prêts à cuire
2 gousses d'ail, l'une pelée et finement hachée, l'autre coupée en deux
les feuilles de quelques tiges de thym frais
les feuilles de quelques tiges de persil frais
en option : les feuilles d'une tige de sarriette
sel de mer et poivre noir fraîchement moulu
un piment rouge sec, émietté
une petite noix de beurre
1 citron
2 tranches de pain au levain

Stroganov de champignons et venaison pour deux chanceux

pour 2 personnes

200 g de riz blanc
huile d'olive vierge extra
1 oignon moyen, pelé et finement haché
1 gousse d'ail, pelée et finement hachée
300 g de filet de daim ou de biche, paré, prêt à cuire, coupé en lanières grosses comme le doigt
sel de mer et poivre noir fraîchement moulu
1 cuillère à soupe de paprika
250 g de champignons bien parfumés, propres et coupés en morceaux
les feuilles grossièrement hachées d'une petite botte de persil, les tiges hachées finement
1 noix de beurre
1 beau trait de Cognac
le zeste d'½ citron
15 cl de crème fraîche
quelques petits cornichons, émincés

La venaison en sauce Stroganov est vraiment fantastique. Bien sûr, pour faire un peu plus simple, vous pourrez remplacer le gibier par un bon filet de bœuf et prendre les champignons que vous voulez. Faites au moins une fois cette recette telle que je vous la donne, vous m'en direz des nouvelles !

Vous allez voir, tout va très vite ici : dès que vous commencez à cuire la viande, la recette est pratiquement finie. Personnellement, je la garde assez rosée mais vous pouvez la cuire un peu plus, elle sera juste un peu plus ferme.

Faites cuire le riz en suivant les indications données sur l'emballage en le gardant encore un peu ferme, puis égouttez-le. Placez le riz cuit dans une casserole, couvrez et laissez de côté. De cette manière, vous allez avoir un riz incroyablement léger et gonflé.

Faites chauffer une grande poêle à feu moyen avec une bonne lampée d'huile d'olive. Ajoutez les oignons, l'ail et laissez cuire et dorer pendant 10 minutes. Sortez du feu, placez les légumes cuits dans une assiette et mettez de côté.

Assaisonnez généreusement la viande de sel, de poivre et de paprika. « Massez-la » avec cet assaisonnement, pour bien le faire pénétrer. Faites chauffer à nouveau la poêle à feu vif avec un peu d'huile d'olive. Ajoutez les champignons et faites-les cuire jusqu'à ce qu'ils commencent à dorer. Ajoutez la viande, laissez cuire 1 ou 2 minutes puis incorporez les tiges de persil avec l'ail et l'oignon déjà cuits (si votre poêle est trop petite, faites la recette en deux fois). Mélangez, incorporez le beurre et le cognac.

Vous n'y êtes pas obligé, mais si vous aimez, faites flamber l'alcool : vous donnerez une saveur très agréable à la recette. Moi, je le fais toujours. Dès que les flammes disparaissent (ou après quelques secondes d'ébullition), ajoutez le zeste et la crème sauf une cuillerée à soupe. Assaisonnez à votre goût. Laissez mijoter quelques minutes, mais pas plus sinon la viande sera trop dure.

Servez le riz dans les assiettes et le Stroganov dans une autre. Ajoutez le reste de crème directement sur les deux assiettes de Stroganov et saupoudrez avec les feuilles de persil et les cornichons. Dégustez aussitôt !

Comment je fais pousser les champignons

Vous pouvez facilement faire pousser certains champignons chez vous. Cependant, à la différence des légumes, les champignons n'ont pas besoin d'être plantés. Je vais vous donner ici le pourquoi du comment et, aussi, quelques trucs bien pratiques.

Faire pousser les champignons

Même s'ils aiment l'humidité et l'obscurité, les champignons n'ont pas forcément besoin d'un sol pour pousser. Certaines variétés ne se sentent d'ailleurs vraiment bien que sur le bois fraîchement coupé ou même sur la sciure de bois… Ce que vous pouvez faire, c'est en mettre dans quelques endroits de votre jardin et attendre. En temps et en heure, certains champignons seront attirés et pousseront, comme par magie, à ces endroits. Avec un peu de chance, vous aurez de bonnes variétés que vous pourrez cuisiner, mais prudence, encore et toujours : vérifiez bien avant. Si vraiment vous voulez faire les choses dans les règles de l'art, achetez alors un « kit » qui contiendra tout ce qu'il faut. On les trouve sur Internet et dans certaines boutiques aussi.

Vous pourrez peut-être aussi vous trouver une « bûche à champignons ». Ce sont des bûches fraîchement coupées dans lesquelles sont introduits des morceaux de bois qui ont été imprégnés de spores de champignon. Il vous suffit de les garder bien humides et à l'abri, quelque part dans le jardin puis de récolter les champignons quand ils sont assez gros. Ces bûches peuvent vous donner plusieurs « récoltes » de shiitake ou de pleurotes par an.

Vous pouvez même essayer de faire pousser des truffes dans votre jardin ! Il suffit d'acheter un jeune arbre imprégné de spores de truffes, de le planter… et d'attendre 5 ou 6 ans avant la première récolte. Ce sont des chênes truffiers qui peuvent pousser dans de petits espaces et vivre plus de cinquante années.

Nettoyage et stockage

Le meilleur moyen de nettoyer les champignons, c'est de les frotter délicatement avec une petite brosse sèche. Évitez l'eau car ils l'absorbent et perdent ensuite toute leur saveur. Il faut quand même laver les morilles juste avant de les cuire : elles sont creuses et peuvent contenir du sable ou des insectes !

Les champignons ne doivent jamais être nettoyés avant le stockage. Laissez-les tels qu'ils sont, dans leur barquette ou leur sac en papier, enfermez-les dans un sac en plastique pour qu'ils gardent leur humidité puis placez-les dans le bac du réfrigérateur ou dans un endroit frais.

Mes tuyaux

• Les champignons poussent sans lumière. Donnez-leur de l'humidité, un environnement tempéré et tout se passera bien.

• Les champignons poussent un peu partout et un peu n'importe comment, parfois même dans les endroits les moins attendus… Alors prenez toujours bien soin de les identifier très sérieusement avant de les cuisiner.

fruits

Peut-être que le mot « verger » évoque pour vous un magnifique jardin avec d'innombrables pêchers et pommiers… mais en fait, quatre à cinq arbres fruitiers peuvent suffire.

Moi, je trouve que planter quelques arbres est un bel investissement pour une maison : s'ils paraissent petits au début, ils grossissent vite et deviennent superbes en quelques années. En plus, et c'est l'essentiel, ils vous donneront de bons fruits. Peut-être que les premières récoltes seront un peu maigres, mais avec le temps, les choses s'arrangeront. De plus, la plupart des arbres fruitiers ne demandent qu'un entretien limité.

Mais le meilleur de tout, c'est de voir le nombre et la variété de fruits que vous pouvez faire pousser dans un verger. C'est comme pour les légumes : il y a ceux que tout le monde connaît… et les autres qu'il faut découvrir. Certaines variétés de pommes ou de prunes sont pratiquement inconnues du grand public ! Elles sont pourtant absolument délicieuses et, permettez-moi de le dire, bien meilleures que toutes celles que vous trouverez dans les supermarchés. Savez-vous, par exemple, qu'il existe 7 500 variétés de pommes dans le monde alors que nous ne consommons principalement que la Golden, la Granny Smith, la Cox ou la Braeburn ! Elles ne sont pas mauvaises d'ailleurs. Si vous ne trouvez (pratiquement) que celles-ci sur les étals, c'est parce que ce sont des variétés très productives et donc économiquement très rentables… Mais quand vous les comparez à des espèces « sauvages », elles sont aussi tristes que fades ! Tout ceci pour vous dire que, quand je me suis mis à planter des arbres fruitiers dans mon jardin, à la campagne, j'ai essayé de mettre un peu de tout. Si vous plantez des pommiers, faites comme moi : ainsi, vous aurez des pommes à croquer et d'autres à cuisiner.

du verger

Certaines seront mûres précocement, d'autres pas et comme ça vous en aurez presque tout au long de l'année. Pensez aussi à mettre des poiriers, des pruniers, des cerisiers mais également des cognassiers, des sureaux et des noisetiers.

Il y a de nombreux avantages à planter des arbres fruitiers dans votre jardin. Ils organisent et structurent l'espace, ils font de l'ombre en été et surtout ils vous donnent plein de fruits de haute qualité, prêts à être manger ! Si la récolte est très abondante et que vous n'en arrivez pas à bout, il faut alors se lancer dans les conserves, sous toutes leurs formes. Moi, j'adore faire des confitures et des chutneys, par exemple.

Quand j'ai acheté ma maison, elle était à l'abandon et personne n'y vivait depuis des années. Derrière la cuisine, il y avait deux râteliers pour stocker les pommes, tapissés de journaux qui annonçaient… l'élection de Margaret Thatcher ! Avant que les travaux ne commencent, j'ai retiré puis mis à l'abri ces râteliers ainsi que plusieurs jarres dont je me sers maintenant très souvent.

C'est tellement agréable de se promener et de cueillir des fruits, directement sur les arbres. L'été dernier, j'avais eu envie de faire une petite salade rapide pour le déjeuner. J'avais quelques belles feuilles de roquette, de la menthe, un peu de feta et je voulais ajouter une pomme. Je suis donc sorti pour en cueillir une, puis je l'ai coupée en bâtonnets et ajoutée aux autres ingrédients. Avec un peu de vinaigrette, c'était génial ! Sur Internet, j'ai trouvé et acheté un vieux pressoir pour faire mon propre jus de pomme. Je pense aussi me lancer dans le cidre… Je n'ai jamais essayé avant mais je vais me renseigner. Je sens qu'on n'a pas fini de rire !

Salade douce de poire, pomme, trévise et sauce crémeuse au bleu

Dans cette salade, je fais contraster l'amertume de la trévise et l'acidité du vinaigre avec la texture soyeuse et crémeuse de la sauce au bleu. Ici, pas de secret : prenez les meilleures pommes et le meilleur bleu.

Effeuillez les têtes de trévise, lavez et essorez les feuilles obtenues. Épluchez et éliminez les pépins des pommes, coupez-les en bâtonnets. Épluchez et éliminez les pépins des poires. Si elles sont encore dures, coupez-les en quartiers assez fins et faites-les griller quelques instants sur un gril brûlant. Si les poires sont au contraire bien mûres, assemblez-les dans un saladier avec les pommes, la trévise et presque toutes les herbes.

Pour faire la sauce, mettez tous les ingrédients dans un appareil électrique et mixez-les pendant 15 secondes environ. Goûtez et vérifiez bien que la sauce soit assez acide pour équilibrer l'amertume de la trévise. Salez et poivrez à votre convenance. Versez les trois quarts de cette sauce sur la salade et mélangez. En général, je le fais avec la pointe de mes doigts. Répartissez la salade assaisonnée dans les assiettes de service, nappez avec le reste de sauce, décorez et finissez en saupoudrant par-dessus le reste des herbes, arrosez de quelques gouttes d'huile d'olive. Délicieux avec quelques cerneaux de noix.

pour 4 personnes

4 têtes de trévise (vous pouvez aussi faire un mélange d'endive et de carmine)
2 pommes à croquer
2 poires
1 poignée d'herbes fraîches (cerfeuil, estragon, persil, l'une ou l'autre, à votre choix), leurs feuilles grossièrement hachées

pour la sauce au bleu
50 g de fromage bleu très fort
50 g de crème fraîche
5 cuillères à soupe d'huile d'olive vierge extra, un peu plus pour le service
4 cuillères à soupe de vinaigre de cidre
6 cuillères à soupe d'eau

Pudding du jardin d'Eden à la crème de whisky

Voici une recette traditionnelle, bien anglaise, préparée avec un délicieux ragoût de fruits et un superbe biscuit, tout autour. Il faut absolument essayer ! Si vous ne pouvez pas trouver tous les fruits que je vous demande ici, n'utilisez que des pêches, des fraises ou des framboises. La banane est également délicieuse mais, avec ce seul fruit, le résultat sera peut-être un peu moins original. Du temps de nos grands-mères, on faisait cette recette avec de l'ananas en boîte. Vous pouvez essayer ou mieux encore, prendre un ananas frais. N'essayez pas avec les kiwis, ça ne marchera pas ! La crème de whisky est un petit luxe un peu canaille… Mais c'est si bon… Vous la trouverez chez les bons cavistes.

Faites préchauffer le four à 180 °C (th. 6). Pelez, épépinez les pommes, les coings et les poires. Coupez-les en gros quartiers. Coupez en deux et dénoyautez les prunes – vous pouvez les laisser avec leur peau. Dans une grosse casserole, assemblez le beurre, le sucre, les épices, les feuilles de laurier, tous les fruits et laissez mijoter à couvert pendant 20 à 30 minutes. Quand les fruits sont bien cuits, sortez du feu, éliminez les feuilles de laurier et mettez de côté.

Pour la pâte, mélangez le beurre et le sucre en battant bien afin d'obtenir une masse assez mousseuse. Ajoutez les œufs, un par un, puis incorporez la farine. Vous pouvez aussi préparer cette pâte dans un mélangeur électrique, à vous de voir. Avec une écumoire, placez la moitié des fruits cuits au fond d'un moule beurré rond de 20 cm de diamètre. Recouvrez de pâte, posez par-dessus le reste de fruits (gardez bien leur jus de côté pour le service). Enfournez pour 40 à 45 minutes de cuisson. Quand le pudding est bien doré et gonflé, vérifiez la cuisson en piquant la pâte avec une aiguille : elle doit ressortir bien propre.

Ouvrez la gousse de vanille dans le sens de la longueur et grattez les petites graines noires avec le dos d'un couteau. Placez-les dans un bol avec la crème fraîche. Ne jetez pas la gousse elle-même, vous pouvez vous en servir pour faire du sucre vanillé. Battez la crème vanillé avec le sucre glace pour former une belle chantilly. Ajoutez enfin le whisky. Servez le pudding dans des assiettes, nappez-le avec le jus des fruits cuits et la crème au whisky.

pour 5 ou 6 personnes

1,5 kg de bonnes pommes à croquer, de coings, de prunes et de poires
1 belle noix de beurre, et un peu plus pour le moule
100 g de sucre brun
1 pincée de cannelle en poudre
1 pincée de noix de muscade en poudre
1 pincée de gingembre en poudre
3 feuilles de laurier
1 gousse de vanille
30 cl de crème fraîche
1 cuillère à soupe de sucre glace
1 petit trait de whisky

pour la pâte
200 g de beurre mou
200 g de sucre roux
4 gros œufs bio ou de plein air
200 g de farine levante

Sorbet de prunes « vite fait » au vin de prunelle

pour 4 ou 6 personnes

1 kg de bonnes prunes de différentes variétés (ou d'autres fruits de votre choix)
120 g de sucre en poudre ou de sucre vanillé
1 zeste d'orange
5 cl de gin de prunelle, et un peu plus pour le service

Quand les prunes sont bien mûres et juteuses à souhait, elles sont parfaites pour réussir un magnifique sorbet. Cette recette est si rapide à faire que je la prépare moi-même, alors que mes convives sont encore à table ! Franchement, ça ne prend que deux ou trois minutes pour mixer un peu de bons fruits surgelés et du sucre en poudre. Vous pouvez d'ailleurs appliquer la méthode à d'autres fruits comme les fraises, les framboises, les baies comme les cassis et d'autres, et utiliser les alcools de votre choix. J'en profite d'ailleurs pour vous dire qu'il n'en faut vraiment pas beaucoup : juste ce qu'il faut pour donner du goût (même si j'adore un bon verre de vin avec les fraises et du champagne avec les framboises !). Depuis un an environ, je me sers souvent de vin de prunelle : je trouve qu'il accompagne parfaitement les prunes de Damas et toutes celles du verger. Son petit goût fait merveille dans le sorbet !

P.-S. : Le vin (ou gin) de prunelle est assez facile à acheter dans les supermarchés britanniques mais vous pouvez aussi le faire vous-même : c'est enfantin ! Prenez 600 g de prunelles ramassées après les premières gelées d'hiver (ou surgelez-en vous-même, si le temps est clément !). Quand elles sont à température ambiante, piquez-les avec une fourchette puis placez-les dans un bocal ou une bouteille. Ajoutez 300 g de sucre en poudre et mélangez un peu. Versez du gin par-dessus, fermez et secouez un bon coup. Secouez encore, de temps en temps, pendant un mois puis une fois par semaine pour les deux mois qui suivent. N'ouvrez pas avant ce trimestre de macération.

Coupez les prunes en deux et ôtez le noyau. Placez les fruits dans un sac et congelez-les pendant au moins 2 heures pour qu'ils durcissent bien. Une heure avant de préparer le sorbet, placez un plat de service dans le congélateur pour le givrer. 5 à 10 minutes avant de démarrer, sortez les prunes du froid. Placez-les ensuite dans le bol de l'appareil électrique avec le zeste, le sucre et l'alcool. Mixez pour obtenir un sorbet bien lisse (faites-le en une ou plusieurs fois, selon la taille de votre mixer). Versez le sorbet dans son plat bien froid, lissez la surface avec une spatule. Placez le sorbet dans le congélateur et sortez-le 5 à 10 minutes avant de le servir, pour qu'il se ramollisse un peu. Servez en grosses cuillerées et accompagnez ou arrosez-le de gin de prunelle.

Ma belle tarte aux prunes

Ce que j'aime avec cette tarte, c'est qu'elle se garde bien. Une fois cuite, vous pourrez la déguster où et quand vous voudrez et même après plusieurs jours ! Si jamais vous n'êtes pas bien sûr d'aimer cette recette... Croyez-moi, faites-la au moins une fois, et vous allez voir ce que vous allez voir ! En plus, vous pourrez prendre presque n'importe quelles prunes : bien mûres ou encore très acides, le résultat est toujours au rendez-vous.

pour une tarte de 28 cm

1 noix de beurre
½ recette de pâte sucrée (voir page 352)
1 kg de prunes, de différentes variétés
100 g de sucre vanillé
½ cuillère à café d'épices (de votre choix)
1 cuillère à café de fécule de maïs mélangée à une cuillerée à soupe d'eau
50 g d'amandes effilées
sucre glace

pour la frangipane
285 g d'amandes blanches
50 g de farine
1 gousse de vanille
250 g de beurre non salé, coupé en cubes
250 g de sucre en poudre
3 gros œufs bio ou de plein air, légèrement battus

Beurrez un moule à tarte de 28 cm équipé d'un fond amovible puis préparez la pâte. Enveloppez-la dans du papier film et laissez-la reposer dans le réfrigérateur pendant 30 minutes, au moins. Étalez-la ensuite sur un plan de travail bien fariné et placez-la sur le moule beurré, sans oublier les bords qui doivent être bien recouverts. Mettez ce moule au congélateur pendant 1 heure.

Pendant ce temps, préparez la frangipane. Mixez les amandes pour obtenir une poudre bien fine. Placez-la dans un saladier avec la farine, mélangez. Fendez la gousse de vanille dans le sens de la longueur et grattez les petites graines noires avec le dos d'un couteau. Mixez ensuite le beurre, le sucre et les graines de vanille pour obtenir une préparation assez mousseuse. Incorporez alors les amandes et vos œufs légèrement battus, puis mixez pour avoir une frangipane homogène. Placez dans le réfrigérateur et laissez la crème se raffermir pendant 30 minutes.

Préchauffez le four à 180 °C (th. 6), puis faites cuire le moule avec la pâte pendant 10 minutes pour le dorer légèrement. Sortez le moule du four et laissez-le allumé.

Coupez les prunes en deux et supprimez leur noyau. Hachez finement la moitié des prunes. Placez-les dans une casserole avec le sucre vanillé et les épices (de votre choix). Faites-les cuire pour les ramollir. Elles doivent prendre la consistance d'une confiture. Incorporez ensuite le mélange eau/fécule de maïs, et faites bouillir un instant pour épaissir le tout.

Pendant que les prunes sont en train de cuire, coupez le reste des demi-prunes en quartiers. Mélangez-les avec le sucre glace et laissez-les ainsi pendant 5 minutes, le temps qu'elles rendent leur jus. Versez délicatement la confiture de prunes dans le moule et étalez-la si besoin. Recouvrez-la avec la frangipane. Posez les morceaux de prunes au sucre sur la frangipane en les enfonçant légèrement. Saupoudrez la surface du gâteau avec les amandes effilées. Enfournez pour 1 heure de cuisson, en plaçant une plaque sous la tarte au cas où la frangipane déborderait un peu. Sortez ensuite la tarte cuite et bien dorée. Laissez-la refroidir.

Si vous voulez faire une belle présentation, plus finie et raffinée, mélangez quelques cuillerées à soupe de sucre glace avec un tout petit peu d'eau chaude, puis utilisez ce glaçage pour faire des décors, comme vous voyez sur la photo. Je ne le fais pas tout le temps, mais ça m'arrive !

Comment je fais pousser les fruits

La terre

Idéalement, il faut une terre bien profonde et bien drainée, surtout pas trop humide. Je pense qu'un bon fumier ou un bon compost bio améliore bien la terre et le rendement des plantes et arbres qui y poussent. Quand vous déciderez de l'endroit où vous voulez mettre vos arbres fruitiers, rappelez-vous qu'ils aiment les zones bien ensoleillées et un peu à l'abri.

Au milieu de l'hiver, j'avais creusé des trous dans le sol pour y mettre pas mal de bon compost. Les arbres arrivèrent ensuite, avec leurs racines. J'en avais commandé de différentes variétés et tous avaient des noms comme « jeune fille au fouet » ou « jeune fille en plumes » !

En fait ces noms, en anglais, désignent des arbres qui n'ont qu'un ou deux ans, au plus. Ils sont très jeunes mais poussent vite. Contrairement à une idée reçue, il n'est pas nécessaire de les acheter plus gros pour gagner du temps. Vous pouvez aussi trouver des arbres fruitiers en gros pots que vous pourrez planter à n'importe quel moment de l'année, même si, pour moi, la meilleure période est la fin de l'hiver et le début du printemps. Les arbres vendus « racines nues » doivent être replantés rapidement. Mais si le sol est gelé ou que vous n'avez pas le temps de vous en occuper, il suffit de recouvrir leurs racines avec de la terre. Ceci vous donne quelques semaines de délais. Il suffit de creuser une tranchée peu profonde, d'y mettre les racines, et de les recouvrir de terre. Pensez à pencher les arbres sur le côté pour que le vent ne les arrache pas. Et plantez-les correctement dès que le moment s'y prête !

La plantation

Creusez des trous de 30 à 50 cm de diamètre et de profondeur. Au centre de ces trous, plantez bien solidement un bâton de 1,50 m environ. Mettez un peu d'engrais puis placez l'arbre assez près du bâton, sans qu'il le touche. Recouvrez les racines avec de la terre, du compost et du bon fumier. Aplatissez et tassez bien le sol. Formez une petite barrière de terre autour de l'arbre de 15 cm de haut et d'un diamètre de 50 cm. Arrosez généreusement. Cette petite barrière retiendra l'eau autour de l'arbre, ce qui est très important pendant les deux premières années, quand les racines ne doivent jamais sécher. Attachez l'arbre au bâton, à 80 cm de la terre, environ, sans trop serrer. Personnellement, je laisse environ 4,5 mètres entre chaque arbre.

Cueillette et stockage

J'adore cueillir les fruits. Pour savoir quand vient le bon moment, il suffit de regarder la nature à l'œuvre. Ce sont les arbres eux-mêmes qui vous le diront en laissant tomber quelques fruits sur le sol... Ce que je trouve génial dans la récolte, c'est que tous les fruits ne mûrissent pas en même temps sur un arbre : ceux qui sont au sommet et les plus exposés à la lumière sont toujours les premiers. De plus, toutes les variétés d'un même fruit ne mûrissent pas non plus au même rythme. On peut donc se régaler plus longtemps !

Les fruits « mous » comme les prunes ne se conservent pas : il faut les utiliser sans attendre ou les conserver d'une manière ou d'une autre (alcool, congélation, confitures). À l'inverse, les pommes ou les poires peuvent être conservées pendant des mois entiers. Sélectionnez les fruits les moins abîmés, enveloppez-les individuellement dans du papier journal ou du tissu, puis conservez-les sur les claies dans un endroit frais et sombre et à l'abri du gel (comme un garage ou une cave, par exemple). Vérifiez vos fruits de temps en temps et éliminez sans attendre tous ceux qui paraissent s'abîmer.

Mes tuyaux

- La plupart des arbres fruitiers poussent très bien dans des pots. Si vous n'avez pas de jardin mais un patio ou une véranda, vous pouvez quand même faire un mini verger !

- Mon ami Jekka Mc Vicar qui m'a aidé à sélectionner mes arbres me conseille toujours de mettre des plantes « de compagnie » tout autour : citronnelle, fenouil, romarin, lavande, oseille, ail, menthe, thym, camomille. Elles aident à créer un environnement propice à la santé des arbres fruitiers.

- La plupart des gens élaguent les arbres dès qu'ils les ont plantés, puis une fois par an. C'est toujours un peu étonnant de faire ça si vite, sur des petits arbres, surtout quand on n'a pas l'habitude... Alors, si vous avez peur de vous tromper, soyez doux et laissez-les tranquilles. Il sera toujours temps de les tailler plus tard.

pickles

HAMPIGNONS
oignons
TOMATO
KETCHUP
FLAMING HOT
CHILLI
CHUTNEY
NEY

Les conserves de légumes « maison » comme les pickles, par exemple, tombent vraiment en désuétude de nos jours. Quel dommage que plus personne (ou presque) ne prenne le temps de les faire ! Le problème c'est qu'on les trouve très facilement en grandes surfaces… Dans cette partie, je vais donc vous parler des produits suivants : confitures, pickles, chutneys, salsas, champignons secs, tomates séchées, anchois au sel, produits fumés et confits de viande à la graisse.

La plupart des gens ne se fient qu'aux dates de péremption notées sur les emballages des produits qu'ils achètent : dès qu'elles sont dépassées, ils les jettent, en achètent d'autres et ainsi de suite… Nos ancêtres, eux, en savaient bien plus long sur leur nourriture : comment garder les aliments, combien de temps, et surtout comment préserver leurs bienfaits le plus longtemps possible. Ils avaient intérêt à bien le savoir car, à l'époque, les réfrigérateurs n'existaient pas et n'apparaîtront d'ailleurs qu'à la seconde moitié du XIXe siècle.

Les hommes développent une énergie incroyable pour résoudre leurs difficultés. Au fil des siècles, les gens découvrirent et apprirent différentes techniques leur permettant de s'alimenter tout au long des mois sans récolte et de conserver leurs aliments durant l'hiver. Ce n'était ni plus ni moins qu'une question de survie d'ailleurs… Imaginez si votre vie ne dépendait que de votre savoir-faire pour conserver les aliments… Tout cela peut vous paraître incroyable maintenant, et même un peu ridicule, pourtant, quand les gens vivaient dans des endroits reculés, leur survie même dépendait de tous ces savoir-faire que nous avons maintenant perdus.

De nos jours, la plupart des problèmes de nutrition des sociétés modernes, comme l'obésité par exemple, ne viennent pas des aliments eux-mêmes mais plutôt… de la gloutonnerie et d'une surconsommation d'aliments pas vraiment recommandables… Si nous savions à quel point notre santé dépend de notre alimentation, il est certain que nous changerions bon nombre de nos habitudes !

Sans doute, nous aimons les produits « conservés » pour leur saveur : celle des poissons fumés, l'intensité de ceux qui sont séchés, la texture des confitures, l'acidité des pickles. D'ailleurs, de nos jours, plus personne ne les achète pour véritablement « faire des provisions », mais plutôt pour le plaisir. Alors, un grand merci à nos ancêtres d'avoir eu la brillante idée de les inventer !

Il existe des conserves qui permettent de donner une saveur incroyable à certains plats. De plus, si vous prenez le temps de faire vos propres pickles avec des légumes poussés dans votre jardin, vous aurez la grande satisfaction de les consommer en plein hiver, quand vous voudrez, alors que le temps est triste et tout gris ! Dans ce chapitre, je ne vais pas parler de toutes les techniques de conservation, non. Je vais plutôt me concentrer sur les pickles. Vous allez aussi trouver des recettes de chutney et de ketchup. Alors prenez le temps, cet été, de faire une belle journée de conserves : que ce soit avec vos légumes ou ceux que vous trouverez en abondance sur les marchés. Allez, lancez-vous !

Et si l'expérience vous plaît, continuez avec un livre spécialisé, on en trouve souvent chez les bouquinistes. Et surtout rappelez-vous : quelques heures passées à faire des conserves cet été vous donneront toute l'année de grands moments de plaisir… Sérieux ! Essayez, je vous garantis que vous ne perdrez pas votre temps !

Ketchup maison avec son steak et ses pommes de terre top du top

pour 4 personnes

sel de mer et poivre noir fraîchement moulu
16 pommes de terre (Charlotte ou désirée, par exemple), brossées, rincées et coupées en tranches de 1 cm d'épaisseur
huile d'olive vierge extra
les feuilles de 4 tiges de romarin, et 2 tiges en plus
les feuilles déchirées de 3 tiges de sauge fraîche
le zeste et le jus d'1 citron
4 belles entrecôtes
ketchup maison **(voir page 314)**

S'il fait beau, mettez à chauffer votre barbecue pour avoir de belles braises bien rouges et préchauffez le four à 180 °C (th.6). Si vous n'avez pas de jardin, mettez un gril à chauffer sur un feu vif.

Portez à ébullition une casserole d'eau bouillante et précuisez les pommes de terre pendant 5 à 6 minutes. Elles doivent être bien attendries sans être trop ramollies non plus et garder leur forme. Égouttez-les dans une passoire. Mélangez-les dans un saladier avec une bonne lampée d'huile d'olive, du sel, du poivre, la moitié des feuilles de romarin, les feuilles de sauge et le zeste de citron.

Prenez vos entrecôtes et regardez : vous devez voir une sorte de morceau de gras assez gros, presque au milieu. Avec vos doigts, arrachez-le, détaillez-le en petits morceaux et faites-les rentrer de force, en appuyant bien, dans la viande elle-même. Vous allez trouver ça sans doute un peu fou… mais, de cette manière, vous nourrissez la viande avec sa propre graisse. Elle sera bien plus savoureuse et fondante ainsi ! Huilez légèrement les entrecôtes. Hachez le reste de romarin, saupoudrez-le sur les deux côtés des entrecôtes, salez, poivrez.

Pour donner encore plus de goût à votre viande et à vos pommes de terre, attachez les deux tiges de romarin restantes avec un peu de ficelle, trempez-les dans un mélange composé de sel, du jus de citron et d'une lampée d'huile d'olive. Pendant la cuisson, brossez la viande et les pommes de terre avec ce pinceau improvisé et parfumé en répartissant le délicat jus citronné que vous avez obtenu.

Si vous faites la cuisson à l'intérieur (sur le gril chauffé à feu vif), il faut maintenant « marquer » (colorer) les tranches de pommes de terre, (pas toutes en même temps), pendant juste 1 ou 2 minutes, pour les dorer en surface. Placez-les ensuite dans une plaque, sur une seule couche puis enfournez-les. Si vous êtes à l'extérieur, utilisez le barbecue. Faites ensuite cuire les steaks sur le gril en les retournant de temps à autre. Mais ce sera encore meilleur si vous faites la cuisson au barbecue, car la viande prendra une saveur inimitable. Quand les pommes de terre commencent à être bien appétissantes, sortez-les du four et gardez-les au chaud près du barbecue. N'oubliez pas de laisser reposer les entrecôtes 1 ou 2 minutes avant de les servir.

Superbe plat, à servir avec un peu de roquette ou de cresson et votre ketchup maison, bien sûr !

Le ketchup maison

Vous allez sans doute être étonné, mais je tire mon chapeau à la marque Heinz, qui est devenue une sorte de référence dans le monde des sauces ketchup. Il faut dire que ce fameux ketchup fait tellement partie des produits de base qu'on ne le remarque même plus et qu'on n'imagine surtout pas pouvoir le faire. Mais si vous faites pousser vos tomates dans le jardin ou si vous en trouvez de superbes cet été en allant au marché, imaginez un peu la surprise de vos invités si vous leur serviez un superbe ketchup « maison » préparé par vos soins... En plus, il est très amusant à cuisiner et vous pouvez en faire varier la couleur en choisissant des tomates rouges, jaunes, vertes, orange... Il suffit de remplacer les tomates fraîches et les tomates en boîte de la recette que je vous donne par la même quantité de tomates de la couleur de votre choix.

Placez les légumes dans une grande casserole à fond épais avec un bon trait d'huile d'olive, le gingembre, l'ail, le piment, les tiges de basilic, les graines de coriandre et les clous de girofle. Assaisonnez avec le poivre et un peu de sel.

Faites cuire le tout assez lentement, à feu doux, pendant 10 à 15 minutes, en mélangeant de temps en temps. Ajoutez toutes les tomates et 35 cl d'eau froide. Portez à ébullition puis laissez mijoter et réduire de moitié.

Ajoutez les feuilles de basilic, mélangez puis mixez finement la sauce obtenue avec un appareil électrique. Filtrez-la ensuite deux fois, pour la rendre bien brillante et lisse. Versez-la ensuite dans une casserole propre, ajoutez le vinaigre et le sucre. Mélangez, portez à ébullition et laissez cuire un moment pour qu'elle s'épaississe et prenne la belle consistance d'un ketchup. Goûtez, salez et poivrez si nécessaire.

Versez le ketchup avec un entonnoir stérilisé dans des bouteilles stérilisées (voir comment faire page 324). Refermez hermétiquement les bouteilles puis placez-les dans un endroit frais et sombre ou dans le réfrigérateur. Vous pourrez conserver votre ketchup maison pendant 6 mois. À servir avec le steak et les pommes de terre de la page 313.

pour 50 cl

1 gros oignons rouge, pelé et grossièrement haché
½ bulbe de fenouil, épluché et grossièrement haché
1 branche de céleri, épluchée et grossièrement hachée
huile d'olive
1 morceau de gingembre frais, gros comme le pouce, épluché et grossièrement haché
2 gousses d'ail, pelées et coupées en tranches
½ piment rouge, épépiné et finement haché
1 botte de basilic : les feuilles d'un côté et les tiges hachées
1 cuillère à soupe de graines de coriandre
2 clous de girofle
1 cuillère à café de poivre noir fraîchement moulu
sel de mer
500 g de belles tomates, coupées en deux et 500 g de tomates en boîte hachées
ou
1 kg de tomates orange ou vertes, hachées
20 cl de vinaigre de vin rouge
70 g de sucre brun ou de cassonade

Mes incroyables légumes marinés

pour environ 2 litres

pour la marinade liquide

1 litre de vinaigre de cidre ou de vin blanc

1 litre d'eau

2 cuillerées à soupe de sel de mer

pour la marinade parfumée

50 cl d'huile d'olive vierge extra

5 gousses d'ail, pelées et coupées en tranches

1 piment rouge frais, épépiné et haché

choisissez entre ces différents mélanges :

- **1 kg de champignons mélangés, quelques tiges de thym, de romarin ou de sauge fraîche ;**
- **1 kg d'aubergines fermes et 2 cuillères à soupe d'origan ;**
- **1 kg de courgettes bien fermes et 6 tiges de menthe fraîche ;**
- **1 kg de fenouil, avec leurs petits plumeaux verts ;**
- **1 kg de petits oignons et 4 feuilles de laurier ;**
- **1 kg de poivrons rouges et jaunes et quelques tiges de thym frais**

Les légumes marinés sont vraiment un régal. Je vais vous donner ici ma recette favorite, si simple et si bonne que vous pourrez même en faire des cadeaux pour vos amis ! C'est tellement plus original que d'apporter la sempiternelle bouteille de vin ! Une fois que vous aurez bien réussi ma recette, faites vos propres variations, selon la saison par exemple. Vous pouvez faire soit un gros bocal soit plusieurs petits, à votre choix. Moi, je préfère les petits car une fois ouverts, il faut les avoir consommés dans la semaine et les conserver dans le réfrigérateur.

D'abord, assurez-vous de bien avoir quelques bocaux stérilisés prêts à être utilisés (voir méthode page 324). Portez les ingrédients de la marinade liquide à ébullition dans une grande casserole. Placez les ingrédients de la marinade parfumée dans un grand saladier, avec les herbes que vous avez choisies. Coupez les légumes que vous avez aussi choisis comme vous voulez, (mais les morceaux ne doivent pas dépasser 1 cm d'épaisseur). De cette manière, les saveurs des marinades pourront bien pénétrer les légumes. Les petits champignons et les petits oignons peuvent rester entiers.

Mettez les légumes coupés dans la marinade liquide en ébullition et laissez-les cuire pendant 3 minutes. S'ils remontent à la surface, immergez-les de force en appuyant, avec une écumoire par exemple. Égouttez les légumes, assemblez-les avec les ingrédients de la marinade parfumée et mélangez bien : quelle odeur merveilleuse !

Presque aussitôt, remplissez les bocaux avec les légumes, la marinade parfumée et couvrez le tout de marinade liquide brûlante. Fermez-les hermétiquement avec les couvercles et laissez refroidir. Lavez ensuite les bocaux, puis étiquetez-les en marquant bien la date de fabrication et les légumes utilisés. Entreposez-les ensuite dans un endroit sombre et frais et oubliez-les pendant au moins 2 semaines, le temps que les légumes soient bien marinés. Si vous n'avez pas cette patience, vous pouvez, bien sûr, les goûter plus tôt ! Le temps de conservation est de 3 mois en tout... Mais moi, je suis incapable de passer devant sans y toucher plus de 2 ou 3 semaines... Et vous ? C'est tellement bon !

Cheeky

Chutney effronté de piments et poivrons rouges

Voici un grand chutney. Ici, la douceur des poivrons cuits équilibre la force et l'agressivité des piments rouges. L'ensemble compose une saveur merveilleusement équilibrée. Servez ce chutney avec du fromage frais, étalé sur du pain ou du Welsh rarebit (voir page 322). Vous pouvez aussi en ajouter dans un jus, pour accompagner des saucisses par exemple, ou le servir tel quel avec des restes de viandes froides. Allez, laissez-vous tenter !

P.-S. : Pensez à mettre des gants avant de peler ou de hacher les piments, sinon faites très attention à ne pas vous toucher les yeux !

pour 500 g

8 à 10 piments rouges
8 poivrons rouges, parfaitement mûrs
huile d'olive
2 oignons rouges moyens, pelés et hachés
les feuilles hachées d'une tige de romarin frais
2 feuilles de laurier frais
5 cm de bâton de cannelle
sel de mer et poivre noir fraîchement moulu
100 g de sucre brun
15 cl de vinaigre balsamique

Pour que votre chutney puisse se conserver, assurez-vous d'avoir préparé quelques bocaux stérilisés (voir la méthode page 324). Placez les piments et les poivrons sur un barbecue ou un gril brûlant. Tournez-les de temps en temps pour que leur peau soit bien noire et cloquée, sur toute sa surface. Placez ensuite les légumes cuits dans un saladier et couvrez-les de papier film. Laissez-les poursuivre leur cuisson puis refroidir ainsi. Quand ils sont assez froids pour être tenus à la main vous devriez pouvoir facilement les peler.

Après avoir pelé, épépiné puis débarrassé les piments et les poivrons de leur queue, hachez finement toute leur chair, à la main ou avec un appareil électrique. Mettez de côté.

Faites chauffer une casserole avec un peu d'huile d'olive. Ajoutez les oignons, le romarin, les feuilles de laurier et la cannelle. Salez, poivrez. Laissez cuire pendant 20 minutes à feu très doux en remuant de temps à autre. Stoppez la cuisson quand les oignons sont bien dorés et confits.

Ajoutez alors les piments et poivrons mixés, le sucre et le vinaigre. Laissez cuire et réduire en mélangeant de temps en temps. Quand votre chutney paraît assez épais et collant, sortez du feu et assaisonnez à votre goût. Éliminez la cannelle et les feuilles de laurier. Remplissez alors les bocaux stérilisés à placer dans un endroit frais et sombre ou laissez le chutney refroidir puis placez-le dans le réfrigérateur avant de le consommer très rapidement. Dans des bocaux stérilisés et hermétiquement fermés, ce chutney peut se garder 2 ou 3 mois, environ.

Un « welsh rarebit » qui change…

Voici pour moi le meilleur des déjeuners, à servir avec une bonne bière. Rien qu'en y pensant, je salive ! Vous ne connaissez sûrement pas cette recette… Essayez donc, et vous verrez !

P.-S. : Mon éditeur préféré, Lindsey, a fait cette recette pour son déjeuner il y a quelques jours. Figurez-vous qu'elle n'avait pas mis de jaune d'œuf, en pensant qu'ils n'allaient jamais cuire … J'ai fini par la convaincre qu'elle ne risquait rien et que les jaunes seraient bel et bien cuits ! Comme j'ai dit à Linds : « Fais-moi confiance, mes recettes c'est du solide ! »

pour 4 tranches

2 gros œufs bio ou de plein air
15 cl de crème fraîche
1 cuillère à café rase de moutarde anglaise en poudre
100 g de cheddar râpé
sel de mer et poivre noir fraîchement moulu
4 cuillères à soupe de chutney de poivrons (voir page 321), ou acheté dans le commerce
4 tranches de pain au levain de 2 cm d'épaisseur
Sauce Worcestershire

Préchauffez le four en position « grill » pour l'avoir bien brûlant. Battez les jaunes d'œufs avec la crème fraîche et la moutarde. Incorporez le cheddar, salez et poivrez. À ce stade, c'est vrai que si vous avez fait ma recette de chutney, vos welsh rarebit seront bien meilleurs. Mais bon, si vous n'avez pas eu le temps, vous pouvez tricher avec un produit du commerce ! Vous pouvez aussi utiliser un peu de piment frais et haché.

Faites toaster légèrement vos tranches de pain des deux côtés, avec un grille-pain par exemple. Étalez ensuite une bonne cuillerée de chutney par-dessus et un quart de la préparation au cheddar par-dessus, sans laisser dépasser de la croûte. De cette manière, les bords ne brûleront pas. Répétez ces opérations pour les 3 tranches restantes. Enfournez et laissez cuire et colorer en surveillant bien. Sortez du four, quadrillez les welsh rarebit avec un couteau, nappez avec un peu de sauce Worcestershire et servez aussitôt.

Légumes marinés en conserve

Comment stériliser les bocaux

Avant de préparer vos légumes marinés, il faut commencer par stériliser les bocaux dans lesquels vous allez les mettre. Placez-les dans un évier (couvercles dévissés) puis recouvrez-les d'eau bouillante, en vous assurant que tous sont bien remplis. Vous pouvez aussi les immerger dans de l'eau bouillante, pendant 10 minutes. Vous pouvez encore passer les bocaux et leurs couvercles dans le four préchauffé à 100 °C (th. 2/3). Dernière solution : mettez le matériel dans le lave-vaisselle et lavez-les avec un cycle chauffant (voir notice de l'appareil).

Quelques livres sur le sujet

- *Jams, Preserves and chutneys*
  De Marguerite Patten

- *Preverving*
  de Oded Schwartz

- *Preserved*
  de Nick Sandler et
  Johnny Acton

Vous trouverez ces livres assez facilement. Si vous avez le temps, faites aussi les bouquinistes où vous trouverez d'autres titres, plus anciens mais tout aussi « savoureux ».

Maman
Compote

hiver

poireaux / pâtisserie et tartes salées / courges et citrouilles / légumes d´hiver / salades d´hiver

En dépit de leur réputation de légumes fades et ennuyeux, j'adore les poireaux… C'est vrai qu'on les retrouve presque toujours perdus dans les soupes ou les ragoûts, coupés, hachés, mixés ! Et encore, quand on les retrouve !… J'ai donc décidé de leur rendre la place qu'ils méritent ! Ils font vraiment partie de ce qu'on appelle les aliments « de base », mais cela n'a rien de négatif pour moi, bien au contraire. Voyons le bon côté : on peut vraiment en faire plein de choses ! Des soupes, pour commencer, soit en les laissant en gros morceaux, soit en les mixant très finement avec les autres légumes. Ils peuvent cuire dans les ragoûts bien sûr, mais aussi avec les rôtis. Servis avec des viandes et des poissons, ils font de magnifiques accompagnements. Ils se suffisent aussi à eux-mêmes et font de superbes plats végétariens. Quelques poireaux peuvent donner tout son attrait à un risotto.

Les poireaux ont une saveur exceptionnelle, surtout quand on les cuit lentement, doucement. Ils apportent beaucoup de douceur aux plats dans lesquels on les incorpore, un peu comme leurs cousins, les oignons. Pour moi, de jeunes poireaux peuvent être aussi savoureux que des pointes d'asperges. Voici une petite recette vraiment succulente : cuisez à l'eau bouillante pendant quelques minutes de jeunes poireaux puis agrémentez-les avec des herbes hachées, de l'huile d'olive et du jus de citron. Salez, poivrez et faites-les griller ou rôtir dans un four très chaud pour bien les colorer. Absolument génial !

Saviez-vous aussi que les poireaux sont très bons pour la santé ? Par-dessus tout, et comme tous les végétaux de la famille des alliacées et des oignons, ils font baisser le « mauvais » cholestérol

et augmenter le bon. Les médecins reconnaissent que consommer des poireaux deux ou trois fois par semaine diminue sensiblement les risques de cancer. Quand j'étais petit, j'associais les poireaux et les Gallois, sans trop savoir pourquoi ...

Mais maintenant, j'ai la réponse ! La Saint-David, le 1er mars, célèbre une victoire galloise remportée en l'an 640 sous le règne du roi Cadwallader contre l'envahisseur Saxon. Figurez-vous que, pendant la bataille, les soldats gallois avaient fiché des poireaux dans leur casque pour se différencier de leurs ennemis ! C'est vrai que la guerre est une terrible chose... Mais imaginez la scène, avec ces soldats et leurs bottes de poireaux sur la tête... Il fallait le faire, quand même ! Merci encore à Cadwallader et à sa troupe d'avoir porté haut les couleurs de ce grand légume !

Que ce soit dans une verrière, dans une petite serre ou dans un coin du jardin, rien n'est plus beau qu'un poireau en train de pousser. Pour moi, un potager sans poireau n'en est pas un ! Vous pouvez les récolter tout jeunes, quand ils ont juste la taille d'un crayon ou plus tard, quand ils deviennent énormes : à votre choix. Il suffit juste de savoir que plus ils sont jeunes, moins il faut les cuire et inversement.

Dans ce chapitre, je veux vous montrer comment tirer le meilleur parti de ce merveilleux légume ! Allez : faites les recettes qui suivent et vous serez vite un expert ès poireaux !

Poireaux

Calamars rôtis en accordéon et poireaux grillés avec leur sauce chaude au chorizo

Voici maintenant un plat robuste, épicé, excitant… en un mot : génial ! Les saveurs du chorizo mariées à celles du poireau grillé et du fenouil sont tout simplement incroyables…

Pour donner au calamar son bel effet d'accordéon, prenez un grand couteau de cuisine et placez-le à l'intérieur même du céphalopode. Avec un deuxième couteau, découpez-le perpendiculairement, tous les centimètres environ, comme si vous vouliez faire des anneaux.

Allumez votre barbecue ou faites chauffer le gril sur un feu bien vif. Préchauffez le four au maximum de sa température. Ébouillantez les poireaux pendant 3 minutes dans de l'eau salée, puis égouttez-les dans une passoire. Laissez-les fumer et refroidir quelques minutes ainsi. Mélangez-les ensuite avec un peu d'huile d'olive et du sel. Faites-les colorer de tous côtés sur le barbecue ou le gril. Ajoutez les feuilles de trévise et faites-les aussi griller. Comptez 1 minute de cuisson, environ, en les retournant une fois. Dans un saladier, assemblez les poireaux, la trévise et le fenouil. À ce stade, vous n'allez peut-être pas trouver ça très appétissant, mais attendez deux minutes : on va arranger ça !

Préparez la sauce au chorizo. Faites chauffer une poêle avec un peu d'huile d'olive et ajoutez le chorizo. Laissez frire en remuant un peu puis ajoutez le romarin et l'ail. Mélangez à nouveau, laissez cuire pendant 30 secondes environ. Incorporez enfin le vinaigre balsamique et la moitié du jus de citron. Remuez encore, sortez du feu et mettez de côté.

Huilez légèrement les calamars puis assaisonnez-les de sel et de poivre. Préchauffez à feu vif un plat pouvant aller au four. Versez un peu d'huile puis commencez à faire cuire les tentacules pendant 1 minute. Ajoutez ensuite les 4 calamars assaisonnés et enfournez aussitôt.

Versez la sauce au chorizo sur les poireaux, la trévise et les fenouils. Incorporez aussi le reste de jus de citron et mélangez bien. Quand les calamars sont cuits et bien dorés, sortez-les du four. Servez à chaque convive une bonne part de légumes, un calamar « en accordéon », un peu de tentacules et un demi-citron. Nappez avec la sauce et finissez les assiettes avec les petites tiges vertes du fenouil. Bon appétit.

pour 4 personnes

4 calamars moyens, prêts à cuire, les tentacules réservés
8 jeunes poireaux, bien lavés, la première peau éliminée
huile d'olive
sel de mer et poivre noir fraîchement moulu
1 bulbe de fenouil coupé en morceaux, pas trop gros, ses petites tiges vertes bien mises de côté
1 tête de trévise, les feuilles détachées, lavées et essorées
2 citrons, coupés en deux
sel de mer et poivre noir fraîchement moulu

pour la sauce au chorizo
huile d'olive
100 g de chorizo, coupé en petits morceaux
les feuilles hachées d'une tige de romarin frais
2 gousses d'ail, pelées et finement râpées
huile d'olive vierge extra
3 cuillères à soupe de vinaigre balsamique
le jus d'1 citron

Pappardelle « maison » aux poireaux braisés, cèpes croustillants et pangrattato

Ici, je dis bien pappardelle « maison » car je vous propose de les faire vous-même en les coupant dans de grandes plaques de lasagne fraîche ! Le pangrattato est un mélange très savoureux de la cuisine traditionnelle italienne. En fait, les ménages pauvres l'utilisaient pour remplacer le parmesan, quand les fins de mois étaient difficiles...

Coupez les poireaux en deux dans le sens de la longueur puis en tranches, en leur donnant une forme biseautée avec le couteau. Faites chauffer une cocotte ou une casserole avec un peu d'huile d'olive et une noix de beurre. Quand la matière grasse grésille agréablement à l'oreille ajoutez l'ail, le thym et les poireaux. Mélangez bien, versez le vin, salez, poivrez puis versez le bouillon. Recouvrez les poireaux avec les tranches de jambon, couvrez et laissez mijoter pendant 25 à 30 minutes. Quand ils sont bien tendres, sortez la cocotte du feu.

Pour le pangrattato, mixez très finement à l'aide d'un appareil électrique, les cèpes et le pain avec du sel et du poivre pour obtenir comme une sorte de chapelure. Ensuite, faites chauffer une belle lampée d'huile d'olive dans une poêle. Ajoutez les gousses d'ail écrasées, le romarin et laissez cuire pendant 1 minute. Versez ensuite la chapelure puis laissez-la cuire et dorer à nouveau, en remuant souvent. Elle doit devenir bien croustillante. Grattez fréquemment avec une cuillère en bois pour que la chapelure n'attache pas. Versez ensuite le pangrattato sur du papier absorbant, laissez-le refroidir, éliminez l'ail et le romarin.

Portez une grande casserole d'eau salée à ébullition. Étalez les plaques de lasagne sur le plan de travail et farinez-les un peu. Posez-les ensuite les unes sur les autres puis découpez-les avec un couteau, en papardelle d'1 cm de large. Séparez-les les unes des autres avec vos doigts puis faites-les cuire pendant 2 minutes, en les gardant bien al dente.

Sortez les tranches de jambon qui recouvrent les poireaux, émincez-les puis incorporez-les à nouveau en mélangeant un peu. Goûtez, salez, poivrez si nécessaire puis incorporez le parmesan et le reste du beurre. Égouttez les pâtes, gardez un peu d'eau de leur cuisson, puis mélangez-les avec les poireaux et leur jus. Ajoutez un peu d'eau de cuisson des pâtes s'il n'y a pas assez de sauce ou si elle paraît trop épaisse. Saupoudrez avec un peu de pangrattato, de parmesan et un peu de thym, s'il en reste. Portez à table sans attendre, avec un bol bien rempli de pangrattato.

pour 4 ou 6 personnes

5 gros poireaux, épluchés et lavés
huile d'olive
3 belles noix de beurre
3 gousses d'ail, épluchées et finement émincées
les feuilles de quelques tiges de thym frais
1 petit verre de vin blanc
sel de mer et poivre noir fraîchement moulu
50 cl de bouillon de légumes ou de poulet
12 tranches de jambon de Parme
2 X 250 g de plaques de lasagne fraîche
un peu de farine pour le plan de travail
2 poignées de parmesan, fraîchement râpé, et un peu plus pour le service

pour le pangrattato
1 petite poignée de cèpes secs
½ ciabatta, de préférence rassise et coupée en morceaux
huile d'olive
2 gousses d'ail, écrasées
1 tige de romarin frais

Poisson rôti aux poireaux

Voici de quoi faire un très beau dîner. Prenez des poissons issus, de préférence, des filières de pêche durable comme le turbot, le cabillaud de l'Atlantique Nord, l'églefin, la barbue ou le lieu. Demandez à votre poissonnier des renseignements à propos de la pêche « durable », il devrait pouvoir vous aider à bien choisir les espèces les moins menacées par la surpêche. La marinade que vous allez faire ici pour parfumer le poisson est tout simplement magnifique ! Essayez, vous allez voir !

pour 4 personnes

16 jeunes poireaux, bien propres
4 pavés de poisson, sans arêtes mais avec la peau
1 beau citron, coupé en 8 fins quartiers
4 tiges de romarin frais
8 tranches de poitrine fumée

pour la marinade
les feuilles de quelques tiges fraîches de thym, romarin et de laurier
sel de mer et poivre noir fraîchement moulu
huile d'olive
le jus d'½ citron

Préchauffez le four à 200 °C (th. 6) avec sa plaque de cuisson.

Pour la marinade, pilez le thym, le romarin et les feuilles de laurier avec une pincée de sel afin d'obtenir un mélange d'un beau vert clair. Ajoutez 2 lampées d'huile d'olive, une pincée de poivre et le jus du demi-citron.

Portez une casserole d'eau à ébullition et faites cuire les poireaux pendant 3 minutes, environ. Égouttez-les ensuite dans une passoire pendant 4 ou 5 minutes.

Dans un saladier, assemblez le citron coupé, les tiges de romarin, le poisson et les poireaux. Ajoutez la marinade puis mélangez délicatement tous ces ingrédients. Déposez ensuite les pavés de poisson sur la plaque de cuisson du four, bien chaude maintenant, la peau vers le bas. Entourez et recouvrez les pavés avec la marinade, le citron et les poireaux. Déposez 2 tranches de poitrine fumée sur les pavés de poisson et enfournez pour 15 minutes de cuisson. Quand la poitrine est bien croustillante et le poisson parfaitement cuit, sortez-les du four. Si jamais les poireaux méritent de cuire encore un peu, placez le poisson au chaud et faites-les cuire et colorer quelques minutes supplémentaires.

Sortez enfin la plaque du four et déposez les poireaux sur une assiette ou un plat. Posez les pavés de poisson par-dessus et nappez le tout avec les succulents jus de cuisson qui se sont formés dans le four. Quelle magnifique recette ! Servez-la avec une belle purée de pommes de terre.

Comment je fais pousser les poireaux

La terre

Les poireaux aiment le soleil, une terre bien drainée et plutôt riche. Mais ils ne sont pas tellement difficiles et pousseront sans problèmes dans n'importe quel jardin. Il faut bien les arroser mais pas trop quand même : ils n'aiment pas les sols détrempés.

La plantation

Je commence toujours par faire des semis en pots dès la fin février, voire début mars. Pour bien faire, remplissez les pots avec un bon terreau de culture, semez 4 ou 5 graines à 0,5 cm de profondeur et arrosez délicatement. Après 10 ou 12 semaines, à peu près vers la fin mai, les plants devraient être assez gros pour être replantés à l'extérieur.

Ensuite, pour obtenir des poireaux de deux tailles différentes, je mets les plants en terre de deux diverses manières. Pour la première, je mets en terre plusieurs pots à 15 cm de distance, pas plus, ce qui donne une grande quantité de petits poireaux qui ne peuvent pas beaucoup grossir, vu leur nombre et le manque d'espace. Pour la deuxième, je mets en terre les plants un par un, toujours en les espaçant de 15 cm, environ. Avec toute cette place, ils peuvent croître et embellir sans entrave.

La récolte et le stockage

En novembre, après les premières gelées, les fibres qui constituent vos poireaux se relâchent, ce qui les attendrit notablement. Un poireau juste ramassé paraît toujours un peu rustique mais pelez-le de deux ou trois couches de sa « peau », et vous découvrirez alors de superbes couleurs, tellement appétissantes. Le blanc, ainsi découvert, n'a jamais vu le soleil. Il est tendre, parfumé et super délicat avec une petite saveur beurrée incroyable. Le vert possède un goût plus marqué et vous pourrez l'utiliser dans de nombreuses préparations. Comme il peut être assez ferme, laissez-le cuire le temps nécessaire.

La plupart des variétés de poireaux peuvent rester tout l'hiver dans le sol, avec un peu de chance, vous pourrez en récolter pendant presque 9 mois. Ce qui est très amusant avec ce légume, c'est que vous pouvez l'arracher soit tout petit, pas plus grand qu'un crayon, soit plus vieux, lorsqu'il devient vraiment énorme ! Ne les tirez jamais du sol de force car ils pourraient se briser en deux et vous n'auriez plus que du vert dans les mains ! Non, il faut les déterrer d'abord un peu avec une fourchette ou une binette puis les arracher, toujours délicatement. Conservez-les dans le bac du réfrigérateur, pendant une dizaine de jours, environ.

Mes tuyaux

- Ne plantez pas les poireaux chaque année au même endroit sinon vous risquez d'attirer les maladies et les insectes nuisibles.

- Arrosez les jeunes plants généreusement, surtout quand il fait chaud et sec. Faites toujours en sorte que le sol soit bien humide et enrichi en terreau ou en compost.

- Si vous voulez que vos poireaux aient de beaux blancs, bien longs et fermes, remontez la terre en même temps qu'ils poussent. En jardinage, on dit alors faire « blanchir » les poireaux, comme en cuisine !

- Une fois que vous avez ramassé vos poireaux, creusez des trous ou une rigole avec une bêche et placez-les dedans, avec leurs racines. Faites-les tenir bien droit et mettez-en beaucoup, les uns contre les autres. Comme ils ont déjà la bonne taille, ce n'est pas gênant. Tassez ensuite la terre autour des poireaux et le tour est joué. En jardinage, cette façon de faire se dit « butter » les poireaux. Vous avez vraiment intérêt à le faire car, d'une part, vous dégagez de l'espace dans le jardin pour d'autres semis ou plantations et de l'autre, vous gardez vos poireaux vivants et frais aussi longtemps que vous voulez : il vous suffit de les prélever au fur et à mesure de vos besoins.

Pas de doute, tout le monde aime la pâtisserie : sur toute la terre, du nord au sud, elle fait l'unanimité ! Que ce soit en dessert ou au moment du petit déjeuner, on ne peut pas y échapper. On met même de la pâte sur les ragoûts pour qu'ils gardent mieux toutes leurs saveurs !... Chaque pays possède ses spécialités. Il y a des siècles, les Égyptiens sont sans doute les premiers a en avoir fait : ils pilaient des mélanges de grains puis y ajoutaient un peu d'eau, du miel et des épices pour donner du goût !

Au cours des derniers millénaires, avec les migrations, les guerres, l'influence des religions, et surtout, le commerce et les routes qui s'ouvrirent entre la Grèce, l'Italie, l'Extrême-Orient, l'Afrique, l'Espagne, le Portugal et le Moyen-Orient, la pâtisserie a été influencée par à peu près toutes les cultures auxquelles je peux penser. Nous, les Britanniques, aimons préparer de savoureuses pies. En Chine et au Japon, on fait des desserts à base de pâte de riz et de sésame, fourrés de fruits ou de haricots rouges. Dans les pays de l'Est de la Méditerranée on connaît le fameux baklava, une délicieuse spécialité préparée avec de fines couches de pâte filo et un fourrage sucré. Comme vous pouvez l'imaginer, je ne vais pas vous donner toutes les recettes de la pâtisserie mondiale dans ce chapitre, mais plutôt me concentrer sur les tartes, les pies et les pâtes de base.

Les recettes de pâtes « de base » que vous allez trouver dans ce chapitre sont à apprendre une bonne fois pour toutes. Quels que soient la tarte ou le dessert que vous voudrez faire, vous saurez que votre pâte « marchera » et serez toujours sûr du résultat. Vous verrez aussi que je vous donne deux méthodes pour les préparer : une à faire à la main, et l'autre avec un appareil électrique.

Le pie de viande (voir page 342) de ce chapitre doit être fait avec de la bonne vieille pâte feuilletée. J'aimerais bien vous apprendre cette recette et vous la donner mais franchement quel ennui ! Elle est aussi longue que difficile à faire, c'est pourquoi je pense qu'elle n'a pas sa place ici. En plus, vous pourrez en trouver de très bonne qualité et toute faite dans le commerce, fraîche ou surgelée, étalée ou non, alors facilitons-nous un peu la vie ! Pensez aussi à avoir de la pâte filo en stock dans le congélateur, vous pourrez toujours improviser de délicieux dessert avec.

pâtisserie et tartes salées

Viande, Guinness et fromage au four dans leur coque de pâte feuilletée

Ce pie est un vrai gagnant : beau et bon à la fois, c'est un régal ! Un sacré plat pour une soirée bien réussie ! Il est très facile à faire et vous pouvez même préparer le ragoût la veille, pour gagner du temps.

Préchauffez le four à 190 °C (th. 6/7). Dans une cocotte pouvant aller au four, faites chauffer une belle lampée d'huile d'olive à feu doux. Ajoutez les oignons et faites frire doucement pendant 10 minutes. Essayez de ne pas les faire trop colorer. Mettez à feu vif, ajoutez l'ail, le beurre, les carottes, le céleri et les champignons. Mélangez le tout puis incorporez le bœuf, le romarin, une pincée de sel et une cuillerée rase de poivre.

Faites cuire à feu vif pendant 3 à 4 minutes puis versez la Guinness, ajoutez la farine et juste assez d'eau pour couvrir la viande. Portez à très faible ébullition, couvrez et enfournez pour 1h30 de cuisson. Sortez ensuite la cocotte du four, mélangez bien, puis enfournez à nouveau pendant 1 heure, afin que la viande devienne très tendre et que vous obteniez un ragoût bien riche, sombre et épais. Un ragoût destiné à un pie doit toujours être épais et robuste : si la sauce est encore trop liquide, portez-la à ébullition sur un feu vif et concentrez-la. Ajoutez ensuite la moitié du fromage, assaisonnez soigneusement puis laissez refroidir un moment.

Prélevez un tiers de la pâte feuilletée, farinez le plan de travail puis étalez les deux morceaux de pâte (un grand, un petit) pour obtenir une épaisseur de 3 à 4 mm environ. Beurrez un plat allant au four puis placez dedans la première couche de pâte feuilletée, en la laissant bien déborder de part et d'autre du plat. Versez le ragoût par-dessus, saupoudrez avec le reste de fromage puis dorez la pâte encore visible avec l'œuf battu.

Découpez (si besoin) l'autre morceau de pâte pour qu'il fasse la dimension du plat, posez-le dessus et faites des stries (pas trop profondément) avec la pointe d'un couteau pour former un joli motif croisé. Rabattez les bords de l'autre couche de pâte (la première, qui est au fond et qui déborde) sur le dessus pour donner un joli look rustique et campagnard. Dorez toute la pâte visible avec l'œuf battu puis enfournez pour 45 minutes de cuisson. Quand la surface du pie est bien dorée et gonflée, servez sans attendre, avec des petits pois, par exemple, qui accompagnent très bien ce plat.

pour 4 ou 6 personnes

huile d'olive
3 oignons rouges, moyens, pelés et hachés
3 gousses d'ail, pelées et hachées
30 g de beurre, et un peu plus pour le plat
2 carottes, pelées et hachées
2 branches de céleri, épluchées et hachées
4 gros champignons de Paris, épluchés et coupés en tranches
1 kg de bœuf à braiser, coupé en cubes de 2 cm
les feuilles de quelques tiges de romarin frais, hachées
sel de mer et poivre noir fraîchement moulu
44 cl de Guinness
2 cuillerées bombées de farine
200 g de cheddar, fraîchement râpé
500 g de pâte feuilletée pur beurre
1 gros œuf bio ou de plein air, battu

OOK'S MATCHES

Tarte au jambon italien et aux épinards

En fait, cette quiche de style très italien me rappelle les plats que faisait ma mère quand j'étais enfant. Vraiment, j'adorais ça ! Sentez-vous libre d'ajouter au fourrage d'épinards quelques olives dénoyautées, des tomates séchées grossièrement coupées, les fromages de votre choix et pourquoi pas quelques filets d'anchois à l'huile.

Pour commencer, préparez la pâte puis emballez-la dans du papier film. Laissez-la reposer pendant 30 minutes dans le réfrigérateur. Farinez ensuite un plan de travail bien propre et dégagé puis étalez votre pâte en un rectangle de 30 X 40 cm d'une épaisseur de 0,5 cm.

Beurrez la plaque de cuisson et posez la pâte par-dessus. Éliminez les bords s'ils dépassent trop en en laissant quand même un bon centimètre. Pincez avec les doigts le rebord de pâte pour lui donner un peu de relief. Non seulement cela donne un bel aspect rustique à votre quiche mais en plus la pâte ne se rétractera pas en cours de cuisson. On évite ainsi d'avoir à précuire le moule de pâte avec les haricots secs et le papier d'alu. Bref, on se simplifie la vie ! Piquez la pâte avec une fourchette et placez la plaque dans le congélateur pendant 30 minutes.

Préchauffez le four à 190°C (th.6/7). Sortez la plaque du congélateur, enfournez et laissez cuire 6 à 8 minutes. En langage technique, on appelle ça « cuire à blanc ». On empêche ainsi la pâte de se ramollir quand elle est au contact de la garniture d'épinards. Ensuite, occupez-vous du légume. Faites chauffer une belle lampée d'huile d'olive dans une grande poêle et ajoutez les oignons en les laissant cuire pendant 10 minutes pour qu'ils soient bien doux et confits. Attention : ils ne doivent pas trop colorer. Mettez à feu plus vif, incorporez l'ail, les épinards (peu à peu, si la poêle est trop petite) et presque toute la marjolaine. Salez, poivrez et mélangez bien. Sortez la poêle du feu quand les épinards paraissent bien cuits, ça ne prend que quelques minutes.

Pour le fourrage, placez la crème dans un saladier, incorporez le parmesan, les œufs, une pincée de sel et de poivre puis mélangez bien. Réservez. Étalez les épinards cuits sur la plaque de pâte cuite. Répartissez par-dessus le jambon puis le fourrage en égalisant la surface avec une cuillère. Râpez par-dessus une bonne dose de parmesan et saupoudrez le reste de marjolaine. Finissez par quelques gouttes d'huile d'olive.

Enfournez pour 15 à 20 minutes de cuisson ou jusqu'à temps que la surface de votre tarte soit belle et dorée à souhait. Servie avec une salade de cresson juste assaisonnée d'huile d'olive, de citron, de sel et de poivre, cette recette est vraiment savoureuse.

pour 6 à 8 personnes

- **½ recette de pâte brisée savoureuse (voir recette page 353)**
- **1 noix de beurre**
- **huile d'olive**
- **3 oignons rouges, pelés et coupés en fines tranches**
- **1 gousse d'ail, pelée et coupée en fines tranches**
- **350 g d'épinards (vous pouvez aussi prendre du vert de blette ou des feuilles de bourrache), lavés et sans les tiges**
- **les feuilles hachées de quelques tiges de romarin ou de sauge**
- **sel de mer et poivre noir fraîchement moulu**
- **50 cl de crème fraîche**
- **150 g de parmesan, fraîchement râpé, et un peu plus pour le service**
- **3 gros œufs bio ou de plein air**
- **200 g de jambon cuit et fumé, haché ou coupé en lanières assez fines**

Tarte aux pommes et aux mûres

pour 6 à 8 personnes

1 recette de pâte sucrée à l'ancienne (voir recette page 352)
50 g de beurre, et un peu plus pour le moule
100 g de sucre roux, et un peu plus pour saupoudrer
2 belles pommes à cuire, pelées, épépinées et coupées en 16 tranches chacune
4 pommes Cox, pelées, épépinées et coupées en 8 tranches chacune
1 cuillère à soupe bombée de gingembre confit
150 g de mûres
1 gros œuf bio ou de plein air, battu
½ cuillère à café de cannelle en poudre

Voici la meilleure tarte aux pommes au monde... Ni plus, ni moins ! Vous allez voir, vous ne pourrez pas vous tromper avec de bonnes pommes à cuire, de délicieuses mûres et un peu de gingembre ! Le temps de cuisson dépend en fait de la maturité des pommes, autant faire la recette avec des fruits parfaitement à point et bien sucrés. Je ne sais pas ce que vous en pensez, mais je trouve que les mûres qu'on trouve dans le commerce sont complètement fades, à moins de les trouver chez les petits producteurs locaux... Pas facile, mais essayez quand même ou cueillez-les directement dans votre jardin, c'est encore le mieux !

Pour commencer, préparez la pâte puis emballez-la dans du papier film. Laissez-la reposer pendant 30 minutes dans le réfrigérateur. Préchauffez le four à 180 °C (th.6). Placez le beurre et le sucre dans une casserole et faites chauffer à feu moyen. Quand le beurre est fondu, ajoutez les pommes, le gingembre. Laissez cuire à feu doux pendant 15 minutes avec un couvercle, puis incorporez les mûres. Mélangez à nouveau et laissez cuire pendant 5 minutes, sans couvercle cette fois.

Pendant ce temps, sortez la pâte du réfrigérateur et divisez-la en deux. Farinez votre plan de travail et étalez l'un des morceaux de pâte jusqu'à obtenir une épaisseur légèrement inférieure à 1 cm. Farinez bien le rouleau si la pâte se met à coller. Beurrez un plat assez profond, posez la pâte étalée dedans puis découpez les bords avec un couteau bien affûté s'ils dépassent de trop.

Versez les fruits cuits dans une passoire et placez un saladier au-dessous pour bien récupérer le jus. Placez les fruits égouttés sur la pâte, nappez-les avec la moitié du jus de cuisson. Dorez la pâte encore visible avec l'œuf battu. Étalez la seconde moitié de pâte, exactement comme la première et utilisez-la pour recouvrir les fruits et leur jus. Découpez les bords comme tout à l'heure puis soudez bien ensemble les deux couches de pâte en vous servant de vos doigts. Dorez toute la surface du pie avec l'œuf battu, saupoudrez généreusement de sucre, de cannelle puis faites quelques incisions pas trop profondes sur la pâte pour lui donner un bel aspect après cuisson.

Placez le pie sur une plaque et enfournez pendant 55 bonnes minutes de cuisson, pour que la pâte soit bien dorée et croustillante. Pour le service, coupez le pie en parts égales et proposez-les avec une belle crème anglaise.

Pâte sucrée à l'ancienne

pour 1 kg environ

500 g de farine bio, et un peu plus pour fariner le plan de travail
100 g de sucre glace, tamisé
250 g de beurre de bonne qualité, coupé en petits cubes
le zeste râpé d'1 citron
2 gros œufs bio ou de plein air, battus
un peu de lait
un peu de farine pour faciliter le travail

Cette pâte est idéale pour préparer les tartes aux pommes et toutes celles que vous voudrez faire avec d'autres fruits. Même si vous n'avez pas trop l'habitude de la pâtisserie, vous n'aurez aucune difficulté à réussir cette pâte à condition, bien sûr, de suivre la recette et de respecter les proportions que je vous donne ici. En revanche, sentez-vous parfaitement libre de la parfumer comme bon vous semble. Si vous n'aimez pas vraiment les zestes de citron, essayez ceux de l'orange. Ou alors, dans un tout autre ordre d'idée, utilisez la cannelle en poudre, la noix de muscade ou le cacao. Les petites graines de vanille sont délicieuses aussi. Il suffit juste de faire preuve de doigté : quel que soit l'ingrédient, l'épice ou l'aromate que vous voulez incorporer, point trop n'en faut !

Allez vite, assemblez rapidement les ingrédients et ne pétrissez pas trop cette pâte sinon la chaleur de vos mains va faire fondre le beurre. Un bon truc est de mettre vos mains sous un robinet d'eau froide pour qu'elles soient les plus glacées possible ! C'est la meilleure façon d'obtenir une pâte délicate et réussie à chaque fois.

P.-S. : Vous pouvez aussi faire la recette avec un robot ménager, voyez la méthode à la page suivante.

Filtrez la farine avec une passoire sur le plan de travail puis tamisez le sucre glace par-dessus. Avec vos mains, travaillez les cubes de beurre dans la farine et le sucre, en les écrasant entre vos pouces et vos index, pour obtenir comme une sorte de fine chapelure plus ou moins régulière. C'est à ce moment qu'il faut ajouter ce qui va parfumer votre pâte. Ici, le zeste de citron.

Incorporez ensuite les œufs, le lait et continuez de mélanger pour obtenir une jolie boule de pâte. Farinez-la un peu et, surtout, ne la pétrissez pas plus, sinon elle risque de devenir très élastique alors qu'elle doit rester relativement non homogène, un peu comme une pâte à crumble. Farinez le plan de travail, et posez la boule dessus. Aplatissez-la un peu, farinez à nouveau, enveloppez la pâte dans du papier film, puis laissez-la reposer dans le réfrigérateur pendant au moins 30 minutes.

Savoureuse pâte brisée

pour 950 g environ

500 g de farine bio
200 g de lard, coupé en cubes
50 g de cheddar fraîchement râpé
sel de mer
les feuilles d'une tige de romarin frais
les feuilles de quelques brins de thym frais
2 gros œufs bio ou de plein air, battus
un peu de lait
un peu de farine pour faciliter le travail

Voici la pâte idéale pour faire les quiches, les tartes salées et les pies. Comme pour la pâte sucrée, deux principes vous donnent la quasi-assurance de la réussir à chaque fois : la quantité de matière grasse par rapport à celle de farine (2 parts de farine, 1 part de matière grasse) et un mélange aussi rapide que possible des ingrédients, surtout sans pétrissage inutile. Comme dans la recette précédente, vous pouvez parfumer cette pâte comme bon vous semble. Essayez le paprika, le poivre noir, la muscade ou le macis, par exemple, en lieu et place du thym et du romarin que je vous propose ici.

À mon avis, une pâte brisée vraiment savoureuse se prépare avec du suif ou du lard, plutôt que du beurre. Ces matières grasses donnent aux pâtes une saveur vraiment unique, avec une texture plus riche. De plus, elles dorent, caramélisent et croustillent beaucoup plus pendant la cuisson. Utilisez plutôt le beurre si vous faites attention aux matières grasses que vous consommez. Mais bon. Une fois de temps en temps, ça ne peut pas vous faire de mal et si ça doit être le cas, alors autant le faire en beauté !

P.-S. : Vous pouvez aussi faire cette pâte à l'ancienne si vous vous sentez un peu nostalgique (voyez la recette de la page 352, juste avant).

Assemblez la farine, le lard, le fromage et une belle pincée de sel dans l'appareil électrique. Mixez pendant 20 à 30 secondes, le temps d'obtenir comme une sorte de chapelure bien fine. Ajoutez le romarin, le thym ou les épices et aromates de votre choix.

Incorporez les œufs et le lait. Mixez encore pendant quelques secondes, juste le temps que la pâte prenne en boule. Faites ensuite tomber la pâte ainsi formée sur le plan de travail bien fariné. Pliez-la quelques fois sur elle-même pour la raffermir un peu, mais sans la pétrir toutefois.

Emballez ensuite la pâte dans du papier film et laissez-la reposer au moins 30 minutes dans le réfrigérateur avant de vous en servir.

courges et

À mon avis, le monde des courges et des citrouilles (car il existe vraiment un monde des courges et des citrouilles !) est aussi passionnant que mystérieux… Elles peuvent prendre à peu près toutes les tailles, formes et même couleurs ! Elles poussent un peu n'importe comment dans le jardin, et recouvrent sans cérémonie les autres plantes qui sont à côtés d'elles. Je les adore… au propre et au figuré ! En plus, elles sont très amusantes à cultiver à la maison.

En fait, les courges et les citrouilles sont assez proches puisque ces légumes font partie de la même famille. Savez-vous d'ailleurs que d'un point de vue botanique, ce sont des « fruits » et non des « légumes » comme on le croit toujours ? Elles sont cultivées et consommées depuis plus de 10 000 ans en Amérique du Sud, au Guatemala et au Mexique aussi. Elles ont toujours constitué une part très importante de la nourriture des indiens indigènes. Ceci dit, cette grande famille n'est pas du tout homogène et il existe de très grandes différences entre les variétés qui la composent. Prenez les courges d'été par exemple, avec les courgettes ou les pâtissons. Elles poussent très vite, s'abîment rapidement après la récolte, se cuisent en peu de temps et peuvent même être consommées crues. À l'inverse, les courges d'hiver comme le potiron, le potimarron ou le spaghetti squash ne sont vraiment mûres qu'à la fin de l'hiver et peuvent être conservées, dans un endroit frais, plusieurs mois avant d'être consommées. De plus, elles doivent toujours être cuites et cuisinées pour avoir du goût.

Côté cuisine, justement, j'évite les variétés fibreuses et filandreuses pour privilégier celles dont les chairs sont bien denses, fermes et qui, naturellement, gardent le mieux leur texture et leur forme. Dans les supermarchés, vous trouverez essentiellement de la citrouille ; cependant j'aimerais beaucoup vous faire découvrir d'autres variétés, moins connues et tellement délicieuses. Mais elles sont difficiles à trouver, alors, je ne vous donnerai ici que des recettes préparées avec de la bonne vieille citrouille qui est toujours disponible, en quantité et en qualité.

Avec les courges et les citrouilles, on peut faire des soupes absolument incroyables, agrémentées d'aromates comme le romarin, la sauge ou avec des ingrédients telle que la poitrine fumée. Elles sont succulentes coupées en morceaux, enrobées d'épices comme les graines de fenouil, le piment ou la cannelle puis rôties et servies avec des salades d'hiver (la trévise ou la roquette). Avec un peu de vinaigre balsamique, c'est top, ni plus, ni moins. On peut les parfumer légèrement mais moi, je préfère y aller

citrouilles

franchement car leur chair est un parfait support pour les arômes. Il faut aussi savoir que les courges et les citrouilles sont également très bonnes pour la santé. Elles contiennent de la vitamine A, B, C et E avec, en plus, du potassium, si précieux pour conserver une bonne pression artérielle. En fait, et c'est un bon repère, plus elles sont colorées, plus elles sont riches en bienfaits pour la santé. Bien grillées et mélangées dans les salades, leurs graines sont également succulentes.

Une des toutes premières recettes préparées avec de la citrouille que j'avais goûtée, il y a déjà fort longtemps, était le « agro dolce » (ce qui veut dire aigre-doux). Le vinaigre apporte l'acidité et les raisins la douceur. On cuit la citrouille un peu comme un ragoût et c'est délicieux… Une autre très belle manière de servir les courges et les citrouilles consiste à leur faire une place parmi les antipasti, si agréables à servir en fin d'été. C'est très simple. Coupez la citrouille en tranches de 3 mm d'épaisseur, faites-les griller pendant 3 ou 4 minutes puis assaisonnez-les avec un peu de piment frais haché. Arrosez avec un trait d'huile d'olive vierge extra et servez avec une belle poignée de roquette. Le tour est joué ! En fait, le nombre de recettes que vous pouvez faire avec les courges et les citrouilles est tout simplement infini…

Potiron « balle de cricket » rôti

J'adore cette recette. Elle est simple à faire, originale et vraiment, je trouve que servir un petit potiron en entier comme ça, fait un super effet dans l'assiette ! C'est comme de petits bols comestibles et incroyablement parfumés ! Vous pouvez le servir en guise d'entrée ou en garniture. C'est mon ancienne patronne du *River Café,* Rose Gray qui avait baptisé ces petits potirons « balle de criquet », à cause de leur petite taille…

Préchauffez le four à 180 °C (th. 6). Découpez le sommet des petits potirons, là où la queue dépasse. Cela vous donne des sortes de couvercles pour chacun des potirons. Faites ce travail lentement et soigneusement. Avec une cuillère, éliminez les graines. Pilez l'origan, le piment et les épices dans un mortier ou avec le Flavour Shaker pour obtenir une poudre. Égouttez les tomates, gardez leur huile. Versez un peu de cette huile dans les potirons, et, avec vos doigts, étalez-la bien à l'intérieur. Salez, poivrez puis assaisonnez avec l'origan et les épices broyées. Recouvrez chaque potiron de son couvercle et enfournez pour 45 minutes de cuisson, afin que leur chair se ramollisse bien.

Sortez les potirons du four. Laissez-les refroidir un moment, le temps d'assaisonner la roquette avec du sel, du poivre, de l'huile d'olive vierge extra et un peu de jus de citron. Placez un potiron dans chacune des assiettes de service. Répartissez le fromage de chèvre et la salade de roquette, en les plaçant à côté de chaque potiron. Dégustez-les à la cuillère. Quels merveilleux parfums !

P.-S. : J'aime beaucoup le côté simple et évident de cette recette. Vous pouvez la faire varier de mille manières différentes en farcissant les potirons, par exemple, avec des champignons sautés, du fromage, de la poitrine fumée…

pour 4 personnes

4 petits potirons « portion »
1 cuillère à café d'origan
1 cuillère à café rase de graines de coriandre
1 ou 2 piments rouges secs, plus ou moins hachés selon votre goût
1 pincée de cannelle en poudre
8 tomates séchées à l'huile
sel de mer et poivre noir fraîchement moulu
1 belle poignée de roquette, lavée et essorée
huile d'olive vierge extra
½ citron
250 g de bonne feta ou de fromage de chèvre

Salade asiatique de potimarron et de canard

Cette salade au canard, riche, tendre et croustillante à la fois met particulièrement bien en valeur la merveilleuse saveur du potimarron rôti. J'aime beaucoup cette recette, originale et très savoureuse, servie sur une grande assiette et assemblée à la toute dernière minute.

pour 4 à 6 personnes

1 canard de 2 kg
sel de mer et poivre fraîchement moulu
les feuilles hachées d'une petite botte de menthe fraîche

pour le potimarron rôti
1-2 piments rouges secs, écrasés
1 cuillère à café de graines de coriandre
½ cuillère à café de cannelle en poudre
sel de mer et poivre noir fraîchement moulu
1 beau potimarron, coupé en quartiers
huile d'olive

pour la vinaigrette
le zeste et le jus de 1 ou 2 citrons verts
huile d'olive vierge extra
1 cuillère à café d'huile de sésame
1 cuillère à soupe de sauce de soja
1 cuillère à café de sucre roux
1 piment rouge frais, épépiné et finement haché
1 gousse d'ail, pelée et finement râpée
5 oignons nouveaux, le blanc et le vert finement hachés
les feuilles d'une belle botte de coriandre, les tiges finement hachées

Préchauffez le four à 180 °C (th. 6). Rincez le canard puis épongez-le, à l'intérieur comme à l'extérieur, avec du papier absorbant puis assaisonnez-le dedans et dehors avec du sel et du poivre. Placez-le sur une plaque et enfournez pour 2 heures de cuisson en le retournant de temps en temps. À mi-cuisson, il faudra sans doute enlever toute la graisse qui s'est accumulée dans la plaque. Faites-le sans perdre le jus (qui est sous la graisse) et gardez-la au réfrigérateur pendant plusieurs mois, vous pourrez préparer de délicieuses pommes de terre avec.

Dans un mortier ou avec le Flavour Shaker, pilez les piments, les graines de coriandre, la cannelle en poudre avec du sel et du poivre. Éliminez les graines du potimarron avec une cuillère et mettez-les de côté. Coupez-le en tranches. Placez ces tranches sur une plaque de cuisson. Arrosez-les avec de l'huile d'olive, saupoudrez avec le mélange d'épices et d'aromates pilés. Mélangez bien et étalez le tout sur la plaque pour faire en sorte que les tranches assaisonnées ne se chevauchent pas et ne forment qu'une seule couche. Quand le canard cuit depuis 1h15, enfournez le potimarron. Comptez alors 45 minutes de cuisson.

Pendant ce temps, rincez les graines du potimarron après les avoir débarrassées des fibres orange qui les entourent. Salez, poivrez et huilez ces graines. Faites-les dorer à la poêle, avec un peu d'huile puis mettez-les de côté. Pour la vinaigrette, assemblez le zeste et le jus des citrons verts dans un saladier. Ajoutez une quantité identique d'huile d'olive, puis l'huile de sésame, la sauce de soja, le sucre, les piments, l'ail, le vert des oignons et les tiges de coriandre. Mélangez, goûtez, corrigez l'assaisonnement et l'équilibre acidité/saveur sucrée. La vinaigrette doit être un peu acide pour contraster avec la richesse du canard.

Après 2 heures de cuisson, le canard doit être bien croustillant et le potimarron parfaitement à point. Sortez les deux plaques du four. Si besoin, laissez-les cuire encore un peu, à vous de juger. Avec une fourchette, récupérez et effilochez la viande du canard cuit et encore chaud. Assemblez-la dans un saladier avec le potimarron. Tant que la viande et le légume sont encore bien chauds, ajoutez les graines du potimarron, la moitié des feuilles de coriandre et la moitié du blanc des oignons nouveaux. Versez la vinaigrette et mélangez délicatement. Servez cette superbe salade sur un plat et finissez en saupoudrant le reste de feuilles de coriandre et de blancs d'oignons.

Superbe soupe de potiron et ses croûtons au parmesan

Cette soupe fantastique doit impérativement être préparée avec du potiron ou du potimarron, qui possèdent tous deux une chair ferme et bien dense. Il est important, également, d'utiliser un très bon fond de volaille et de faire le bon assaisonnement pour que la saveur du potiron soit bien mise en valeur. Quand vous maîtriserez bien cette recette de base, vous pourrez la personnaliser très facilement en y ajoutant de l'orge, des pâtes, un peu de poitrine fumée et hachée et même un peu de cèpes secs.

P.-S. : La dernière fois, j'ai cuit le potiron avec un autocuiseur : la soupe était parfaite et quel gain de temps !

pour 8 personnes

huile d'olive
16 feuilles de sauge fraîche
2 oignons rouges, pelés et hachés
2 tiges de céleri, épluchées et hachées
2 carottes, pelées et hachées
4 gousses d'ail, pelées et hachées
les feuilles de 2 tiges de romarin frais
1/2 ou 1 piment rouge frais, épépiné et finement haché
sel de mer et poivre noir fraîchement moulu
2 kg de potiron ou de potimarron, épluché, épépiné et coupé en morceaux
2 litres de bon bouillon de volaille ou de légumes
huile d'olive vierge extra

pour les croûtons
huile d'olive vierge extra
16 tranches de ciabatta
1 morceau de parmesan à râper

Faites chauffer une grande cocotte avec une ou deux belles lampées d'huile d'olive. Faites-y frire les feuilles de sauge pendant 30 secondes pour les rendre bien croustillantes et leur donner une belle couleur verte. Égouttez-les puis placez-les sur une assiette recouverte de papier absorbant. Elles vous serviront pour apporter la touche finale à votre soupe !

Gardez bien l'huile parfumée à la sauge dans la cocotte et faites-y cuire à feu doux l'oignon, le céleri, la carotte, l'ail, les feuilles de romarin, le piment, un peu de sel et de poivre. Laissez cuire pendant 10 minutes en remuant de temps en temps puis ajoutez le potiron et le bouillon. Portez à ébullition puis laissez cuire pendant 30 minutes.

Pendant que la soupe est en train de cuire, préparez les croûtons. Faites tomber quelques gouttes d'huile d'olive sur les tranches de ciabatta (des deux côtés) puis panez-les dans le parmesan fraîchement râpé. Faites-les ensuite dorer dans une poêle à fond antiadhésif, sans mettre d'huile.

Quand le potiron est bien cuit et ramolli, mixez tous les ingrédients et le jus de cuisson très finement avec un appareil électrique pour obtenir une purée bien fine (si vous voulez, vous pouvez aussi faire une soupe plus grossière en mixant moins longtemps). N'oubliez surtout pas de contrôler et d'ajuster l'assaisonnement pour que l'équilibre des saveurs soit parfait ! Répartissez la soupe dans les bols de service et posez par-dessus 2 croûtons. Décorez les bols avec les feuilles de sauge croustillantes et terminez la recette en dispersant par-dessus quelques gouttes de bonne huile d'olive vierge extra.

Jamie & Jools
Love Boat

Muffins glacés au potimarron

Mes enfants adorent ces muffins très originaux. Ils ont un peu le goût du carott cake et c'est bien normal car les recettes sont proches. En fait, j'ai pris ma propre recette de carott cake et j'ai juste remplacé les carottes par du potimarron. Je trouve que ces deux légumes mettent particulièrement bien en valeur la saveur de la cannelle, des clous de girofle et de la vanille. Savez-vous que la peau du potimarron prend une texture délicieuse avec la cuisson, donc pas de corvée d'épluchage ! Allez prenez un peu de temps et faites la recette, vous verrez, elle vaut le coup ! En plus, si vos enfants n'aiment pas les légumes, elle vous permettra de leur en faire manger sans qu'ils le sachent !

pour 12 muffins

400 g de potimarron, non pelé, épépiné et haché grossièrement
350 g de sucre blond
4 gros œufs bio ou de plein air
sel de mer
300 g de farine, non tamisée
2 cuillerées à café bombées de levure chimique
1 poignée de cerneaux de noix
1 cuillère à café de cannelle en poudre
17 cl d'huile d'olive vierge extra

pour le glaçage
Le zeste d'1 clémentine
Le zeste d'1 citron
Le jus d'1/2 citron
14 cl de crème fraîche
2 cuillères à soupe de sucre glace tamisé
en option : un peu de lavande ou des pétales de rose
1 gousse de vanille, coupée en deux dans le sens de la longueur, pour récupérer les petites graines noires qu'elle contient.

Préchauffez le four à 180 °C (th.6). Chemisez les moules à muffins de papier pour cuisson.

Mixez le potimarron pour le hacher finement. Ajoutez ensuite le sucre, les œufs, une pincée de sel, la farine, la levure, les noix, la cannelle, l'huile d'olive et mixez à nouveau, pour bien mélanger les ingrédients. Si besoin, faites retomber la pâte et les ingrédients qui collent aux bords de l'appareil avec une spatule en plastique. Attention, ne mélangez pas trop la pâte, il s'agit ici juste d'assembler les ingrédients mais pas de faire un pétrissage.

Remplissez les moules chemisés avec la pâte. Enfournez pour 20 à 25 minutes de cuisson. Vérifiez la cuisson en plantant un couteau ou, mieux, une aiguille dans les muffins. Quand elle ressort bien propre, les gâteaux sont prêts ! Si l'aiguille est encore recouverte de pâte, laissez cuire un moment de plus. Sortez ensuite les muffins du four, démoulez-les et laissez-les refroidir sur une grille.

Dès que les muffins sortent du four, commencez à préparer le glaçage. Placez presque tout le zeste de clémentine, celui de citron, le jus et la crème dans un saladier. Ajoutez le sucre glace, les graines de la gousse de vanille et mélangez bien. Goûtez pour voir si vous devez ajouter encore un peu de jus de citron ou du sucre glace, pour obtenir un bon équilibre aigre-doux. Placez le glaçage dans le réfrigérateur le temps que les muffins refroidissent. Glacez enfin les muffins bien froids avec une cuillère à soupe, c'est très facile.

Servez vos superbes gâteaux sur un beau plat (quelque chose de chic si vous êtes d'humeur, ou un simple plateau en plastique si vous ne voulez pas faire de chichis). Décorez-les avec le reste de zeste de clémentine. Si vous ajoutez, pour finir, quelques fleurs de lavande ou des pétales de rose, alors là, c'est vraiment la classe !

Comment je fais pousser les courges et les potirons

La terre

Les courges et les potirons sont des légumes très gourmands qui demandent une terre riche, bien nourrie de terreau ou de fumier et un endroit parfaitement exposé au soleil. Si jamais vous faites du compost dans votre jardin, c'est exactement là qu'il faut les planter et les faire pousser !

La plantation

Moi, je plante mes graines dans des pots, en les espaçant de 6 à 8 cm, aux environs de la fin du mois d'avril. Je garde ces semis à l'intérieur jusqu'au moment où les gelées sont passées. Vous pouvez ensuite placer les plants à l'extérieur, à partir de la seconde moitié du mois de mai.

J'ai découvert que, lorsque je mets en terre mes plants de courges et potirons sur un petit tas de fumier, ils poussent bien mieux. Faites la même chose et pensez à les espacer d'au moins 1 ou 2 mètres et à bien les arroser.

La récolte et le stockage

Les courges et potirons d'été peuvent être ramassés pendant la période de pousse, durant l'été, car c'est encore petits et immatures qu'ils sont les meilleurs. Les courges et potirons d'hiver se récoltent, eux, de septembre à début novembre. Pour voir s'ils sont parfaitement mûrs, regardez la queue qui les rattache au plant : elle soit être sèche et brune. La peau aussi est un bon indicateur : elle doit être assez épaisse et bien colorée. Une fois les légumes récoltés, laissez-les au soleil aussi longtemps que possible, pour qu'ils finissent de mûrir. Ils seront bien plus savoureux et se conserveront plus longuement.

Entreposez vos courges et potirons dans un endroit frais, à l'abri des gelées. Ne les entassez pas trop : l'air doit circuler facilement entre eux sinon ils peuvent très vite tourner, se ramollir et pourrir.

Mes tuyaux

- Les poulets adorent les plants de courges et de potirons : alors protégez-les bien des animaux de la basse-cour (si vous en avez…).

- Si jamais vos plants sont déjà replantés en pleine terre, à l'extérieur, et que des gelées s'annoncent, couvrez-les pendant la nuit. Utilisez soit des toiles synthétiques, spécialement conçues à cet usage, soit des gros pots vides, retournés.

- Quand les courges et les potirons sont formés, sur le plant, creusez un peu la terre au-dessous pour leur éviter de se gâter.

- Si vous voulez obtenir de très grosses citrouilles, par exemple, pincez le bout des tiges pour stopper la croissance du plant et n'en laisser croître que 4, pas plus. De cette manière, toute l'énergie du végétal ne sert qu'à un nombre limité de fruits et n'est pas gaspillée par d'inutiles feuilles et tiges.

- Les fleurs de courge et de potiron sont délicieuses, exactement comme celles des courgettes. Très délicates, elles fanent rapidement après avoir été récoltées. C'est pour cette raison qu'on ne les trouve pratiquement pas dans les grandes surfaces. Pour en obtenir, il faut avoir de la chance… Vous en trouverez peut-être chez les bons primeurs mais la meilleure manière est encore de les faire pousser soi-même !

- Il arrive que certaines années, les potirons soient longs à mûrir et qu'ils doivent rester sur pied jusque tard en hiver. Dans ce cas, protégez-les en les enveloppant de toile protectrice (à trouver dans les magasins de jardinage).

Si vous aviez dans l'idée que « salades » et « hiver » ne font pas bon ménage... détrompez-vous ! Il y a peu de temps, j'étais dans mon jardin par une superbe journée d'hiver : le vent soufflait, il pleuvait sans discontinuer, la route était inondée et les arbres se balançaient furieusement sous les rafales. En jetant un coup d'œil au sol, je me demandais ce que j'allais bien pouvoir trouver pour faire une petite salade sympa... Et bien, finalement, il y avait là, à mes pieds, un petit choix complètement inattendu et bien agréable ! En fait, nous avons toujours eu des hivers froids en Angleterre avec de belles gelées. Mais, avec le réchauffement climatique, les choses changent et la saisonnalité des plantes évolue elle aussi : désormais nombre d'entre elles continuent de pousser, même en hiver...

Si vous voulez que votre jardin continue à être productif, même en plein hiver, il existe de très nombreuses plantes potagères que vous pourrez faire pousser pendant les mois « froids ». Ce qui est vraiment très étonnant, c'est que ce sont des variétés asiatiques ou méditerranéennes qui résistent le mieux aux frimas ! Les végétaux comme la roquette, la trévise, les pissenlits, les endives, la moutarde asiatique ou le cresson sont de bons exemples. Il y a aussi, bien sûr, les plantes bien de chez nous comme le chou, le brocoli, le céleri ou le cerfeuil, qui ne sont pas trop dérangées par le froid.

Certains de ces légumes font partie de la famille des choux. Mais, récoltés et utilisés encore jeunes et tendres, ils font de merveilleuses salades. Si jamais vous avez tout ou partie de ces légumes dans votre jardin, pas besoin de passer chez le primeur cet hiver. Savez-vous que j'ai déjà récolté de la roquette sous la neige ? Et elle était super bonne !

Je trouve qu'en hiver, on doit mélanger pas mal de variétés de légumes pour faire de belles salades. Vous pouvez utiliser des racines (à couper en tranches) que vous avez récoltées l'été précédent et les servir avec la sauce aussi savoureuse que non conventionnelle de la page 373 (à faire au moins une fois). Vous pouvez aussi acheter ce qui vous passe par la tête, les « vraies » salades d'hiver par exemple, qui sont souvent un peu amères d'ailleurs, mais si bonnes.

Pensez aux pissenlits, à la trévise, aux endives, à la carmine aussi, accommodez ces salades avec un peu de vinaigre balsamique, du bacon grillé, un peu d'ail ou une vinaigrette légèrement crémeuse. Vous trouverez dans ce chapitre une recette préparée avec des carottes, des avocats et des feuilles d'hiver. C'est vrai que les avocats ne viennent pas du Royaume-Uni, mais ils ne coûtent rien. Avec les carottes rôties, les petites graines et la superbe vinaigrette, ils font merveille, vous allez voir ! Voilà exactement le genre de recette qui redonne le moral quand il fait froid et que le printemps est encore bien loin...

Je sais bien que la difficulté que nous avons tous, c'est la routine... On fait et on refait vite un peu toujours les mêmes plats, les mêmes recettes et sortir des habitudes demande un vrai effort ! Peut-être vous dites-vous que faire des salades en hiver n'a pas de sens et que, de toute façon, il n'y a rien pour les faire... Pourtant, croyez-moi : semer un petit paquet de graines à 1 euro dans un pot et le mettre près d'une fenêtre n'est vraiment pas compliqué...

salades d'hiver

Et quand vous dégusterez vos propres légumes, vous verrez que vous ne pourrez tout simplement plus vous en passer ! Au début, quand j'ai emménagé à Londres, je vivais dans un studio et je faisais déjà pousser toutes mes herbes aromatiques sous ma fenêtre. J'avais même planté des salades, de la roquette et des fenouils dans le petit parc qui était près de chez moi ! J'allais faire mes petites récoltes le soir, quand il n'y avait plus personne...

En fait les salades poussent un peu comme de l'herbe. Prenez la roquette par exemple. Vous la plantez, vous en consommez mais il en reste toujours un peu qui fleurit, produit des graines ; puis les graines retombent et le cycle se poursuit presque sans fin. Je suis sûr qu'il y en a encore dans le petit parc où j'en avais fait pousser ! Allez, lancez-vous. Il n'y a que le premier pas qui coûte : semez quelques graines et vous aurez toutes les salades et les légumes que vous voulez !

Salade carotte et avocat avec sa vinaigrette d'agrumes

Comme vous allez utiliser de simples carottes dans cette recette, il va falloir le faire avec imagination et doigté ! Cette merveilleuse salade associe, dans le plus pur style marocain, les carottes et les avocats qui, miracle de la cuisine, vont avoir la même texture quand vous les dégusterez... Un délice ! Tout le truc consiste à ajouter un peu de ciabatta grillée qui apporte de sublimes saveurs et un peu de croquant. Avec les épices, les graines, la crème fraîche et la vinaigrette aux agrumes, vous allez faire une recette unique, aussi originale que raffinée. À découvrir ...

pour 4 personnes

500 g de carottes, avec leurs fanes, et de différentes couleurs si possible
2 cuillères à café de graines de cumin
1 à 2 petits piments secs, et écrasés
sel de mer et poivre noir fraîchement moulu
2 gousses d'ail, pelées
les feuilles des 4 tiges de thym frais
huile d'olive vierge extra
vinaigre de vin blanc ou rouge
1 orange, coupée en deux
1 citron, coupé en deux
3 avocats bien mûrs
4 tranches de ciabatta, ou d'autre bon pain, d'1 cm d'épaisseur
2 poignées de belles salades d'hiver (trévise, roquette...), lavées et essorées
2 barquettes de cresson
15 cl de crème fraîche
4 cuillères à soupe de graines mélangées (courge, tournesol...), grillées

Préchauffez le four à 180 °C (th6). Faites précuire les carottes dans de l'eau bouillante salée pendant 10 minutes. Égouttez-les puis étalez-les sur une plaque à rôtir. Pendant la cuisson, prenez un mortier puis pilez le cumin, les piments avec du sel et du poivre. Ajoutez les gousses d'ail et les feuilles de thym. Il faut obtenir une pâte très parfumée. Ajoutez une belle lampée d'huile d'olive et un trait de vinaigre. Mélangez bien : vous venez de réussir une superbe marinade – qui est aussi une très belle vinaigrette ! Versez cette merveilleuse préparation sur les carottes et mélangez pour bien les enrober. Ajoutez les demi-oranges et citron, côté coupé vers le bas. Ces agrumes vont rôtir en même temps que les carottes et vous allez utiliser leur jus, un peu plus tard, pour faire la sauce-vinaigrette. Enfournez puis laissez cuire et colorer pendant 25 à 30 minutes.

Pendant que les carottes sont en train de rôtir, coupez les avocats en deux et pelez-les. Éliminez les noyaux, coupez les demi-avocats en tranches, dans le sens de la longueur, puis placez-les dans un saladier. Sortez les carottes du four et ajoutez-les aux avocats. Pressez le citron et l'orange (sans vous brûler), et récupérez leur jus dans un bol. Ajoutez une quantité équivalente d'huile d'olive et un peu de vinaigre de vin rouge. Assaisonnez, puis versez cette vinaigrette sur les avocats et les carottes. Mélangez bien, goûtez et vérifiez l'assaisonnement. Faites griller le pain et placez votre fine équipe autour de la table.

Déchirez le pain grillé en petits morceaux, et ajoutez-les à la salade. Mélangez bien, incorporez la salade, le cresson et servez, soit dans un plat soit en assiettes individuelles. Nappez la salade avec la crème fraîche, saupoudrez avec les graines mélangées et terminez la recette avec quelques gouttes d'huile d'olive. Bon appétit !

Salade d'hiver croquante, et sa sauce un peu fofolle...

Voici une belle recette, qui mettra parfaitement en valeur les délicieux et croquants légumes d'hiver que vous pourrez facilement trouver à cette saison. Son vrai nom est « bagna cauda », ce qui signifie « bain chaud » en italien. L'idée est de présenter une grande variété de légumes, crus ou juste cuits, et de les tremper ensuite dans une sauce à peine chaude. Moi je la préfère assez légère et délicate, pas plus épaisse qu'une crème anglaise.

Vous pouvez utiliser à peu près tous les légumes que vous voulez, en vous adaptant à la saison bien entendu. Je préfère les garder crus, mais si vous le souhaitez, vous pouvez les ébouillanter très rapidement.

Pour commencer, préparez tous les légumes car une fois que la sauce est terminée, il faut passer à table sans attendre ! Pour réaliser la sauce, assemblez le lait, les anchois et les gousses d'ail dans une casserole et portez à ébullition. Laissez frémir et mijoter lentement pendant 10 minutes, le temps que l'ail se ramollisse complètement. Faites attention à ce que le lait ne déborde pas. Ne vous inquiétez pas s'il paraît tourner dans la casserole : sortez du feu et mixez rapidement avec un appareil électrique. Ajoutez ensuite peu à peu, et en mixant, l'huile d'olive et le vinaigre. À ce stade, c'est vous qui contrôlez la consistance de la sauce. Si vous voulez une texture plutôt épaisse, comme une mayonnaise, continuez de mixer le mélange. Goûtez : l'acidité doit être bien présente, exactement comme pour une vinaigrette.

Pour le service, vous avez deux solutions mais dans les deux cas, la sauce doit être bien chaude. Soit vous versez la sauce dans un bol et vous mettez celui-ci sur un plat où se trouvent les légumes, soit vous présentez les légumes dans un saladier et vous les nappez avec la sauce. Décorez avec les petites tiges vertes du fenouil, les feuilles de céleri et terminez la recette avec quelques gouttes d'huile d'olive.

pour 4 personnes

pour la sauce

6 gousses d'ail, pelées
30 cl de lait
10 filets d'anchois à l'huile
20 cl d'huile d'olive vierge extra, et un peu plus pour le service
2 ou 3 cuillères à soupe de bon vinaigre de vin blanc

pour les légumes

quelques jeunes carottes, pelées et finement émincées
quelques petites betteraves, pelées et finement émincées
quelques tiges de céleri, propres, finement coupées, les feuilles réservées elles aussi
½ chou romanesco ou un chou-fleur, séparé en petites fleurs
1 bulbe de fenouil, bien propre, coupé en fines tranches, les petites tiges vertes réservées
1 poignée de petites feuilles de betterave, propres
1 botte de radis, bien propres
½ boule de céleri, pelée et coupée en fines tranches

REGATTA

Ceviche de thon, sa salade de pousses aux herbes et sa sauce au yuzu

Les petites pousses et les germes sont très amusants à cultiver à la maison. On peut aussi les trouver assez facilement dans le commerce et les magasins bios. Les graines germées sont croquantes, douces, nutritionnellement très intéressantes et vont transformer vos salades en mets inattendus et délicats ! Vous pouvez remplacer le thon par du saumon ou du poisson blanc, mais choisissez à chaque fois des produits de première qualité. N'oubliez pas que la chair du thon doit toujours être bien rouge, jamais grise... Demandez au poissonnier d'éliminer la peau, la chair « noire » et les petits tendons, afin d'avoir un beau filet prêt à l'emploi.

Au Japon, j'ai découvert un merveilleux fruit appelé « yuzu », dont la saveur rappelle tout à la fois celle de la mandarine, du pamplemousse et du citron ! Comme il n'est pas très facile à trouver, je le remplace par du citron vert, et ça marche très bien.

Pour préparer la sauce, mélangez ensemble le jus de citron vert et les zestes. Ajoutez une pincée de sel et mettez de côté. Faites chauffer 2 à 3 cm d'huile végétale dans une petite casserole. Afin de vérifier si l'huile est à la bonne température, jetez le morceau de pomme de terre dedans : s'il se met à frire et à dorer rapidement, c'est bon. Éliminez donc la pomme de terre et ajoutez les tranches d'ail. Remuez bien pendant qu'elles cuisent puis égouttez-les dès qu'elles commencent à prendre une belle couleur dorée. Attention à ne pas les faire brûler ! Épongez l'ail dans du papier absorbant. Cuisez et égouttez de la même manière les tranches de gingembre. Réservez.

Avec un couteau très coupant, découpez le thon en tranches de 0,5 cm d'épaisseur et étalez-les sur un grand plat ou répartissez-les sur plusieurs assiettes. Salez un peu, saupoudrez avec l'ail et le gingembre frits. Dans un bol, mélangez les graines germées entre elles puis répartissez-les sur le poisson.

Nappez les assiettes avec la sauce puis versez un peu de sauce de soja et quelques gouttes d'huile de sésame. Goûtez et appréciez ce très savoureux mélange de couleurs et de textures. Mmm, j'adore !

pour 4 personnes

huile végétale
1 morceau de pomme de terre, pelée
6 gousses d'ail, pelées et coupées en fines tranches
1 morceau de gingembre frais, gros comme le pouce, pelé et finement émincé
400 g de thon frais, paré, sans la peau
sel de mer
2 belles poignées de graines germées (toutes les variétés que vous pourrez trouver)
sauce de soja
huile de sésame

pour la sauce au yuzu
le zeste et le jus d'1 citron vert
le jus d' ¼ de pamplemousse
le zeste et le jus d'1 ½ clémentine
sel de mer

Comment je fais pousser les salades d'hiver

La terre

La plupart des salades d'hiver peuvent être semées en pleine terre, à partir du milieu de l'été et jusqu'au début de l'automne. De cette manière, les plants ont le temps de pousser avec une bonne météo et de la chaleur, avant que les froids ne ralentissent toute la nature. Choisissez un endroit bien drainé et exposé au soleil. La terre doit être préparée en y ajoutant un peu de fumier ou quelques poignées de compost à chaque mètre carré cultivé. Éliminez les mottes de terre.

Planter et semer

La plupart des salades d'hiver peuvent être semées en pleine terre mais la trévise et le radis noir, par exemple, gagnent à être démarrés à l'intérieur, dans des petits bacs de germination. Cette méthode me donne de beaux et gros légumes. Je fais les semis en juillet, et je repique les plants en août ou en septembre. Après, il ne faut que deux ou trois mois de pousse avant la récolte.

Pour des semis à l'extérieur, il vous suffit de préparer le sol en faisant des petits trous de 2 cm de profondeur, espacés de 15 à 20 cm. Déposez les graines dans les trous, recouvrez de terre et arrosez délicatement. N'oubliez pas de mettre des étiquettes pour vous rappeler ce que vous avez mis en terre !

La récolte

On peut récolter la plupart des salades d'hiver en prélevant seulement quelques feuilles sur les plants, sans jamais les arracher complètement. De cette manière, elles repoussent au fur et à mesure et vous fournissent tout l'hiver ! Vous pouvez, en revanche, couper entièrement les pieds de trévise : de nouvelles pousses reviendront assez rapidement, que vous pourrez à nouveau ramasser. Le mieux, c'est toujours de ne récolter que ce que vous consommez : vous gagnerez de la place dans votre réfrigérateur, et en plus, quelle saveur !

Mes tuyaux

- Protégez les salades d'hiver avec des bâches : elles gèlent très facilement.

- Les salades poussent très bien dans des pots. Placez-les simplement dans l'endroit le plus chaud du jardin. Si vous avez une serre ou un tunnel bâché, même non chauffé, placez-y les salades : vous serez étonné de voir à quelle vitesse elles vont se développer !

- La plupart des salades d'hiver sont très belles. Elles décoreront votre jardin et en plus, vous pourrez les manger ! Pas mal, non ?

légumes d'hiver

Je trouve toujours l'hiver déprimant à cause de la météo terrible que nous avons ici… Récemment, nous avons eu droit à des inondations, à de soudaines chutes de neige suivies de belles journées ensoleillées, à des journées si courtes qu'on se demande si le matin et le soir existent encore… et à de fortes tempêtes secouant les arbres ! Durant cette période, le jardin semble vide et abandonné… Mais, depuis que je me passionne pour le jardinage, j'ai fini par apprendre que l'hiver pouvait être aussi une merveilleuse saison pour les plantations grâce au grand maître, à l'expert infaillible : Walter Revell.

Walter était un agriculteur et un éleveur professionnel qui avait ses habitudes dans le pub de mes parents. C'était un homme solide, fort comme un roc, avec des mains énormes et puissantes. (Je me rappelle qu'une fois, pendant la fête du village, il avait avalé l'œil d'un cochon rôti et m'en avait proposé un autre, piqué sur une fourchette, avec tous les petits tendons qui pendaient… J'en ai fait des cauchemars pendant des semaines entières !). Je me souviens aussi que lorsque les clients n'arrêtaient pas de se plaindre de l'hiver qui n'en finissait pas, il disait :

« Mes amis, c'est le bon moment pour nourrir vos terres de fumier. Laissez la pluie, le vent et les gelées le faire pénétrer dans le sol et nourrir les vers de terre ! Regardez la terre : elle vit et est heureuse des soins que vous lui portez. Soyez patient, le printemps arrive… »

Walter nous enthousiasmait en parlant de la nature et nous faisait comprendre l'intérêt et les avantages de chaque saison. Les froids de l'hiver permettent d'éliminer la vermine et les moisissures qui ont peut-être gâché vos récoltes l'été d'avant… Le froid améliore aussi la saveur de très nombreux légumes : tous les choux par exemple, sont bien meilleurs si vous les consommez après les premières gelées. Le gel brise leur structure, les ramollis et ils deviennent naturellement beaucoup plus tendres…

Je pense que j'ai atteint l'âge où je me mets à parler comme mon père ou comme ce bon vieux Walter Revell ! Quand je vois que la pluie n'arrête pas de tomber et que le froid ne cède pas, je me dis :

« Et bien, c'est le jardin qui doit être content ! » De plus, je sais aussi que si je plante les bonnes variétés en été, j'ai plein de belles et bonnes choses à récolter en hiver. Voyez plutôt : quand il fait froid, je ramasse des choux de Bruxelles, des carottes, des blettes, des navets, du céleri boule, des betteraves, des panais, des radis noirs et des pâtissons

On peut faire de succulentes recettes avec tous ces légumes. Alors, aimez l'hiver et profitez des ragoûts, des soupes épaisses et des petits plats mijotés. Utilisez aussi les légumes d'hiver finement émincés et servis en superbes salades très rafraîchissantes. En fait, que vous cultiviez vos légumes ou que vous les achetiez, restez optimiste et laissez-vous surprendre par tout ce que la soit-disant « mauvaise » saison peut vous offrir…

« Bubble and squeak » à la saucisse et sa sauce à l'oignon

Le « Bubble and squeak » est un grand classique de la cuisine anglaise préparé avec les restes du rôti dominical et des légumes d'hiver écrasés ! Il faut mettre à peu près 60 % de pommes de terre pour avoir la bonne consistance et ajouter les légumes que vous aimez : carottes, choux de Bruxelles, blettes, navets, oignons, poireaux ou choux…

Faites cuire les pommes de terre et le mélange de légumes dans de l'eau bouillante pendant 15 à 20 minutes. Quand tout est bien cuit, égouttez et mettez de côté. Faites chauffer une bonne lampée d'huile d'olive et la moitié du beurre dans une grande poêle et mettez les châtaignes à cuire. Quand elles commencent à grésiller, incorporez les pommes de terre et les légumes. Écrasez toute cette préparation directement dans la poêle, puis versez-la dans une poêle plus petite. Faites chauffer à feu moyen et laissez colorer ainsi pendant une bonne demi-heure, en surveillant assez souvent pour que rien ne brûle. Avec une cuillère, faites passer la partie colorée (le fond) sur le dessus et laissez cuire encore, de la même manière, pour que tous les légumes soient complètement croustillants et colorés. Voilà pour le « Bubble and squeak » !

Préchauffez le four et une plaque à rôtir à 220 °C (th. 7/8). Aplatissez un peu les saucisses avec vos mains. Arrosez-les d'huile d'olive, assaisonnez-les de poivre, de romarin et de noix de muscade. Roulez les 2 saucisses l'une contre l'autre et maintenez-les en place en les piquant avec 2 longues brochettes (comme sur la photo).

Sortez la plaque de cuisson maintenant très chaude du four. Arrosez-la de quelques gouttes d'huile d'olive puis ajoutez les oignons. Salez, poivrez, ajoutez le reste du beurre et mélangez un peu. Posez la « roue » de saucisses sur les oignons et piquez-la avec les feuilles de laurier. Arrosez encore de quelques gouttes d'huile d'olive et enfournez pour 40 minutes de cuisson. Quand la saucisse et les oignons sont bien dorés et croustillants, les légumes devraient être prêts aussi. Si jamais ils n'étaient pas assez dorés, placez-les sous le gril du four pendant 5 minutes.

Placez les saucisses sur un plat de service et faites chauffer la plaque (et les oignons) à feu vif. Ajoutez la farine, le vinaigre balsamique et le bouillon. Portez à ébullition et laissez épaissir un moment pour obtenir une belle sauce un peu brillante. Mélangez assez souvent, salez, poivrez. Éliminez les brochettes, coupez la roue de saucisses en quartiers. Servez les légumes (le fameux bubble and squeak) avec une belle part de saucisse et nappez le tout avec la sauce aux oignons. Décorez avec un peu de cresson.

pour 6 personnes

750 g de pommes de terre à purée, pelées et coupées en morceaux
600 g de légumes d'hiver (voir l'intro), pelés ou prêts à cuire et coupés en morceaux de taille équivalente
huile d'olive
2 noix de beurre
200 g de châtaignes cuites, conditionnées sous vide
1 belle longueur de saucisse de Toulouse (600 g environ)
1 belle longueur de saucisse de bœuf ou de gibier (600 g environ)
sel de mer et poivre noir fraîchement moulu
les feuilles finement hachées d'une petite botte de romarin
noix de muscade à râper
3 oignons rouges, pelés et coupés en fines tranches
quelques feuilles de laurier
1 cuillère à soupe de farine
12,5 cl de vinaigre balsamique
30 cl de bon bouillon de légumes ou de volaille

La super Coleslaw hivernale !

En Angleterre, tout le monde a grandi avec la fameuse coleslaw ! Pourtant, on ne peut pas dire qu'elle soit souvent préparée comme elle devrait l'être ! Je veux donc redonner une chance à cette recette qui mérite bien mieux que ce qu'on lui fait subir... Ici, j'utilise le yaourt à la place de la mayonnaise pour assaisonner les légumes. D'abord, le goût est bien meilleur et ensuite, c'est bien moins lourd ! Si vous avez du mal à trouver du fenouil et des radis, pas de panique. Ce qui compte, c'est d'utiliser les légumes les plus croquants possible !

P.-S. : Si jamais vous n'avez pas de robot électrique pour couper les légumes et que vous aimez cuisiner, alors allez en acheter un. Ce sera de l'argent bien dépensé et vous l'utiliserez pour préparer plein d'autres recettes.

Coupez en fins bâtonnets les carottes, le fenouil, les radis, la betterave, le navet ou le céleri, avec un appareil électrique. Placez les légumes coupés dans un saladier. Dans un bol, mélangez la moitié du jus de citron, une belle cuillerée d'huile d'olive, les herbes hachées, le yaourt et la moutarde. Versez cette sauce sur les légumes émincés et mélangez bien pour les enrober complètement. Assaisonnez à votre goût en sel et poivre et ajoutez le reste du jus de citron, si vous voulez.

Dégustez cette merveilleuse petite salade avec un reste de gigot, du porc ou un rôti de bœuf arrosé de quelques gouttes d'huile d'olive vierge extra.

pour 6 personnes

2 carottes pelées, et de différentes couleurs si possible
1 bulbe de fenouil, propre
utilisez au moins 2 des ingrédients suivants :
1 botte de radis, propres ;
1 betterave peu colorée, pelée ; 1 navet pelé ;
½ boule de céleri, pelée ;
400 g de chou rouge et blanc, sans les grosses feuilles extérieures
½ oignon rouge, pelé
1 échalote, pelée
1 citron
huile d'olive vierge extra
1 poignée d'herbes fraîches (menthe, aneth, persil, cerfeuil), les feuilles hachées
25 cl de yaourt
2 cuillerées à soupe de moutarde
sel de mer et poivre noir fraîchement moulu

Soupe italienne au pain et au chou, au beurre de sauge

Cette magnifique soupe, épaisse et parfumée, fait une place d'honneur à sa majesté le chou, roi incontesté des légumes d'hiver ! La recette se prépare en couches, comme des lasagnes, avec du pain grillé, du chou donc, et du bouillon. La fontina utilisée ici est vendue dans tous les bons supermarchés ou dans les fromageries. Si vous n'en trouvez pas, vous pouvez la remplacer par du gruyère ou du cheddar.

pour 8 personnes

3 litres de bon bouillon de légumes ou de volaille
1 gros chou frisé, les feuilles débarrassées des plus grosses côtes ; les feuilles extérieures à part, lavées et grossièrement coupées
16 tranches de pain de campagne, rassis
1 gousse d'ail, non pelée et coupée en deux
huile d'olive
12 à 14 tranches de pancetta ou de poitrine fumée
1 boîte de filets d'anchois à l'huile de 100 g
les feuilles de 3 tiges de romarin
200 g de fontina, râpée
150 g de parmesan râpé, et un peu plus pour le service
sel de mer et poivre noir fraîchement moulu
2 belles noix de beurre
les feuilles d'une petite botte de sauge fraîche

Préchauffez le four à 180 °C (th. 6). Dans une grande casserole, portez le bouillon à ébullition. Plongez le chou dans le liquide bouillant et laissez-le cuire quelques minutes pour bien le ramollir (il faudra peut-être vous y prendre à plusieurs fois). Placez le chou ainsi blanchi dans un saladier et laissez le bouillon dans la casserole.

Faites griller 11 tranches de pain (gardez-en 5), puis frottez-les de tous les côtés avec la gousse d'ail, réservez. Faites chauffer à feu moyen une cocotte pouvant aller au four (sans poignées en plastique). Versez un peu d'huile dedans et ajoutez la pancetta et les anchois. Quand la pancetta est bien croustillante, ajoutez alors le romarin, le chou et mélangez bien. Videz la cocotte dans un grand saladier.

Placez 4 tranches de pain frottées à l'ail au fond de la cocotte, en une seule et même couche. Déposez par-dessus un tiers du chou, saupoudrez un quart de la fontina et du parmesan puis versez un beau trait d'huile d'olive. Répétez toutes ces opérations deux fois de suite et si votre cocotte ne contient que deux couches, ce n'est pas grave. Versez par-dessus le jus qui reste dans le saladier et terminez avec les 5 tranches de pain non grillées. Tassez un peu le tout en appuyant avec vos mains.

Versez le bouillon encore brûlant dans la cocotte pour que le niveau du liquide arrive jusqu'à la dernière couche de pain. Tassez encore un peu et finissez en saupoudrant de reste de fontina et de parmesan. Ajoutez une belle pincée de sel, de poivre et arrosez de quelques gouttes d'huile d'olive. Enfournez, laissez cuire et colorer pendant 30 minutes.

Quand la soupe est prête, répartissez-la dans les bols ou les assiettes. Faites fondre le beurre dans une poêle et ajoutez les feuilles de sauge pour les faire frire. Laissez-les dorer un moment. Attention à ce qu'elles ne brûlent pas. Avec une cuillère à soupe, déposez un peu de beurre et des feuilles de sauge frites dans les assiettes et servez sans attendre. Quel mélange inattendu et savoureux !

Comment je fais pousser les légumes d'hiver

La terre

L'hiver est le meilleur moment de l'année pour enrichir votre sol. À cette période, le compost ou le fumier doivent être épandus partout dans le jardin, sauf là où vous allez faire pousser des carottes et des navets. Vous pouvez laisser le fertilisant à la surface du sol pour le protéger. Les vers de terre se chargeront de l'enfouir lentement. Généralement, c'est en hiver aussi que l'on arrache les vieilles racines et pousses de la saison précédente. Les plants qui ont souffert de maladies doivent tous être retirés. Mais attention à ne pas tout arracher sans discernement : vous pourriez, sans le savoir, faire du mal à des insectes utiles à votre jardin et qui hibernent dans les vieilles pousses. Laissez donc volontairement quelques tiges toutes sèches et rabougries. Vous pouvez même acheter des « boîtes à insectes » et les planter dans le jardin : leurs locataires seront trop heureux de trouver quelques vieilles plantes où se nicher pour se protéger du froid.

La plantation

Il existe de très nombreux légumes d'hiver et bien des manières de les faire pousser. En général, je fais mes semis dans des boîtes de germination ou dans des pots que je laisse au chaud, dans la serre ou derrière une fenêtre. Là, les plants peuvent croître et forcir sans risque aucun et attendre les beaux jours pour être mis en pleine terre, à l'extérieur. Certains jardiniers font leurs semis dans un coin de leur jardin plutôt que dans des pots. Les carottes et les navets, par exemple, peuvent être semés directement en pleine terre et n'ont donc pas besoin d'être replantés.

Les choux peuvent être démarrés à l'intérieur ou semés directement à l'extérieur. Pour une belle récolte en hiver, faites vos semis de fin mars à mi-mai.

Le céleri est cultivé pour sa superbe racine, plus encore que pour ses tiges. Il se conserve très bien en terre, même si vous récoltez ses tiges au fur et à mesure qu'elles repoussent.

Les navets peuvent être semés en pleine terre de mars à avril, à 1 ou 2 cm d'épaisseur, en rangs espacés de 30 cm. La récolte commence en octobre.

La trévise est très facile à faire pousser, en 3 mois environ. Il ne faut pas la laisser plus longtemps, sinon les feuilles deviennent amères. Une fois ramassée, gardez la trévise une semaine dans le réfrigérateur. Des feuilles repoussent souvent de la racine après la première récolte, même en hiver. Ne les arrachez donc pas !

Les rutabagas doivent être semés en juin ou à la mi-juillet en pots pour être replantés le moment venu. Semez 2 graines par pots et ne conservez que le plant le plus vigoureux.

Les navets peuvent être semés de mi-juillet à mi-août dans des pots pour être replantés en pleine terre le moment venu. Vous pouvez aussi faire les semis directement en pleine terre en laissant 10 à 15 cm entre chaque graine.

La récolte et le stockage

La meilleure manière pour conserver et stocker les légumes « racine » est la méthode décrite page 114. À l'époque où il n'y avait ni réfrigérateur ni congélateur, tout le monde conservait ses légumes de cette manière.

Mes trucs

- Si j'ai assez de place dans mon jardin pour faire pousser, disons 12 choux, j'en sème au moins une vingtaine pour ne garder que les plus beaux que je replante ensuite.
- Presque tous les légumes d'hiver demandent beaucoup d'eau pendant l'été et l'automne. Il faut aussi les nourrir de bon compost dès le mois de septembre. De cette manière, le sol garde son humidité et les légumes ne manquent de rien.
- Si votre jardin est exposé aux vents froids, vous pouvez aider vos légumes d'hiver à mieux pousser en les recouvrant d'une petite bâche, spécialement conçue à cet effet.

Conseils

Légumes

Asperges

Connovers Collossal : très faciles à faire pousser à partir des graines, sans passer par l'achat de plants, pas chers non plus.

Crimson Pacific F1 : superbe asperge à tête violette, très douce. Garde sa belle couleur si on la fait cuire doucement, à la vapeur.

Jersey Knight F1 : une très belle asperge hybride, productive, d'une belle teinte violette.

Scaber Montina (asperges sauvages) : une des plus savoureuses. Le vrai choix du connaisseur ! De fines asperges sauvages, très faciles à faire pousser, même à partir de graines.

Haricots verts

Hildora : un joli haricot beurre, bien jaune, facile à faire pousser et à récolter. Très goûteux.

Purple Queen : les meilleurs haricots verts « violets » ! Deviennent verts en cuisant.

Haricots mange-tout

Painted Lady : une variété ancienne, magnifique. Les plants donnent des fleurs rouges et blanches.

Scarlet Emperor : une autre variété ancienne. Probablement le meilleur des haricots mange-tout.

Borlotti Beans ou Coco rose

Borlotto Lingua di Fuoco : un fantastique coco rose de Toscane, si beau à voir et encore meilleur à déguster !

Betteraves

Bull's Blood : à faire pousser pour ses magnifiques et succulentes feuilles violettes.

Burpee's Golden : avec une belle chair orange.

Chiogga : une très belle variété italienne, ancienne, rosée/rouge et veinée de blanc.

Pablo : à récolter petite pour avoir des mini betteraves.

Fèves

Aqua Dulce : une variété à semer précocement.

Grando Violetto : une variété italienne, avec des gousses violettes.

Masterpiece Green Longpod : de belles fèves bien vertes et douces. Variété très productive.

Red Epicure : une variété rare donnant de superbes fèves légèrement rosées.

Witkiem Manita : une variété solide, poussant rapidement, donnant des fèves plutôt blanches. À semer tardivement.

Brocolis

Purple Early : à récolter dès février.

Purple Late : récoltes de mars à avril.

Rudolph : pour des récoltes dès janvier.

Choux de Bruxelles

Evesham Special : variété traditionelle, parfaite pour Noël.

Maximus : une variété récente, donnant longtemps dans la saison.

Red Bull : de surprenants choux de Bruxelles violets, succulents.

Rubine : de couleur violette.

Choux

Cantassa : une variété de chou frisé.

Golden Acre, Pyramid : chou de printemps.

Hipsi, Winnigstadt : en été et en automne.

January King, Holland Winter White : en hiver.

Red Flare, Kalibos Buscaro : une variété rouge.

Pacifica : un chou d'été, repousse après que la tête soit récoltée.

Tiara : variété précoce.

Carottes

Orange

Amsterdam Forcing : petites carottes tendres poussant très rapidement.

Autumn King : plutôt dures, pour de belles récoltes hivernales.

Nantes : carottes classiques, délicieuses.

Saint Valéry : longues racines, délicieuses.

Colorées

Kinbi : d'une belle couleur jaune, délicieuses.

Purple Haze : vraiment superbes, encore plus étonnantes si vous les coupez en fines tranches.

Rainbow Mix : toutes les couleurs et les saveurs en un seul mélange de graines !

Samurai : à peau rouge et chair rosée. Racines assez longues et fines.

White Belgium : facile à faire pousser, d'une saveur assez douce.

Chou-fleur

Graffiti : d'une étonnante couleur violette ! À tremper dans des sauces.

Snowball : bien blanc, succulent.

Veronica : le meilleur chou Romanesco.

Piments

Dorset Naga : un des piments parmi les plus forts du monde…

Habanero : très fort, mais plus facile à utiliser.

Japaleno : un piment pas trop fort, parfait pour la cuisine mexicaine.

Courgettes

Costa Romanesque : probablement la meilleure courgette, avec une chair tendre et une couleur vert tendre.

Nero Milano : une courgette vert foncé, facile à faire pousser.

Rondo Di Nizza : toute ronde, idéale à farcir.

Soleil : jaune clair, facile à faire pousser.

Ail

Elephant Garlic : un ail donnant de très grosses têtes, parfait pour rôtir au four.

Lautrec : une variété française classique.

Printanor, Thermidrome : une variété bien adaptée au climat britannique.

Purple Wight : donne de superbes bulbes blanc-violet.

Chou frisé

Dwarf Green Curled : superbes feuilles ourlées et vertes, facile à faire pousser.

Nero Di Toscana : un classique italien, très facile à faire pousser. On peut le consommer dès qu'il sort de terre, ou plus tard, déjà bien gros.

Redbor : un chou « de décor » avec de superbes feuilles rouges et violettes.

Wild Rocket : à pousse lente, feuilles assez fines et très parfumées.

Oseille

Buckler leaf : pousse rapide, avec une petite saveur citronnée.

D'autres salades amusantes

Essayez l'amarante, le chiso, les feuilles de betterave, la bourrache, le fenouil, le pissenlit, le cresson, les feuilles de moutarde, les pousses d'épinard, les petits choux, et aussi les fleurs comestibles.

On trouve chez certains vendeurs des mélanges de graines vraiment originaux.

Rutabaga

Brora : à faire pousser l'hiver.

Marian : une variété très robuste.

Tomates

Mes favorites

Gardener's delight : petites tomates cerises sucrées.

Marmande : grosse, parfumée, facile à faire pousser et productive.

Moneymaker : une tomate ronde de taille moyenne et populaire.

Quelques variétés amusantes

Auriga : orange, moyenne, acidulée.

Black Krim : aussi appelée Noire de Crimée, une couleur étrange mais une saveur tellement délicieuse.

Brandywine : sans doute l'une des meilleures tomate au monde…

Chocodel : tomates très foncées, presque marron, aux parfums fabuleux.

Costoluto Fiorentino : grosse, charnue, difforme et bien rouge.

Green zebra : jaune et verte avec des raies sombres à maturité. Saveur étonnante.

Lemon Boy : grosses tomates jaunes avec une petite saveur citronnée.

Matt's wild Cherry : petites, rouges et parfumées.

Prudens purple : grosses tomates roses foncées.

San Marzano : très populaires, parfaite pour réaliser des sauces.

Yellow Pear : petites tomates jaunes en forme de poire, variété très productive.

Navets

Golden Ball : chair jaune et tendre.

Milan purple : chair blanche, variété robuste.

Oasis : navets surprenants, à manger crus comme une pomme. Ils sont juteux et croquants.

Fanes de navets

Namenia, Cima di Rapa : variété italienne particulière que l'on fait pousser pour ses délicieuses fanes.

Salades d'hiver

Grumolo verde : salade bien ferme aux feuilles vertes.

Mâches

D'Olanda : salade d'hiver à feuilles vertes et fermes riches en vitamines et minéraux.

Verte de Cambrai : vieille variété française. Tardive, très résistante au froid et produisant de larges feuilles arrondies.

Chou frisé

Cavalo Nero, Red Russian : à semer en automne. Il donnera de belles feuilles à récolter pendant l'hiver.

Feuilles de moutarde

Giant Red Mustard : variété à feuilles rouges/violettes. Assez fortes !

Mustard Green Frill : la même variété mais à feuilles vertes.

Trévise

Rossa de Treviso : feuilles pointues, parfaites en automne. Feuilles rouges à l'extérieur et plus pâles à l'intérieur.

Rossa di Verona : plants assez ronds, très rouges à l'extérieur et plus clairs dedans.

Variegata du Chiogga : très jolies feuilles rouges et vertes, cœurs blancs en hiver.

Radis d'hiver

Mantanghong : sous une peau verte et blanche se cache une chair magenta. Délicieux cru.

Mooli : avec de longues racines et une saveur assez corsée, un radis à la texture délicieusement croquante.

Autres feuilles et salades

Cerfeuil : pousse bien pendant l'hiver même s'il paraît si fragile. Petite saveur anisée unique…

Land cress, American Cress : ressemble au cresson, facile à faire venir, à récolter tout l'hiver.

Mizuna : jolies feuilles dentellées, croquantes et parfumées.

Roquette : à récolter durant tout l'hiver si vous faites vos semis en automne et si vous protégez vos plants.

Spinach : variété hivernale à petites feuilles croquantes. Superbe en salade !

Winter Purslane/Miner's lettuce : variété à feuilles fermes très facile à faire pousser.

Winter Saladini : merveilleux mélange de différentes variétés de salades à feuilles fermes. À récolter tout l'hiver si vous faites vos semis en automne et si vous protégez vos plants.

Fruits

Pommes

Ashmead's Kernel (dessert) : une pomme très aromatique, se conserve très bien.

Ellison's Orange (dessert) : bonne saveur avec une pointe anisée.

Lord Lambourne (dessert) : une pomme jaune et verte avec de belles bandes rouges, croustillante et sucrée.

The Queen (cuisson) : grosse pomme jaune clair, parfaite pour la cuisson, très recherchée en Essex !

Poires

Conférence : fruits assez longs, verts au départ et devenant plus bruns ensuite. Chair crémeuse, un peu acide et parfois rosée.

Doyenne du Comice : grosse poire vert pâle avec des tâches roussâtres. Parfum superbe !

Prunes et mirabelles

Cambridge Gage : fruits verts et jaunes, sucrés et juteux. À manger crues ou à cuire pour faire des confitures.

Marjorie's Seedling : belle peau violette, chair jaune. Aussi bonne cuite que crue.

Victoria : un fruit très apprécié, délicieux, cru ou à cuire s'il manque un peu de maturité.

Gipsy Mirabelle : gros fruit rouge, parfum extraordinaire.

Golden Sphère Mirabelle : gros fruit, comme des abricots, délicieux crus ou cuits en confiture.

Fraises

Cambridge Favorites (hybride) : robuste, fraise de mi-saison, bien parfumée.

Elvira (hybride) : très bonne, productive, récolte précoce.

Fragaria Vesca : la vraie fraise « sauvage », saveur sensationnelle.

Mara des bois (sauvage/hybride) : la saveur des fruits sauvage mais de très belle taille. Récolte tout l'été. Ma préférée !

Rhapsody (hybride) : tardive, très bonne saveur.

Les bonnes adresses pour acheter tous ces fruits et légumes

Association Kokopelli
Ripple Farm
Crundale
Canterbury
Kent
CT4 7EB
Tél. : 01 227 731815
www.kokopelli-seeds.com
La bonne adresse pour trouver les graines de variétés rares et difficiles à obtenir.

Gourmet Woodland Mushrooms
Beacon Hill
North Lane
Welwick
Hull
HU 12 0SL
Tél. : 01964 631868
www.gourmetmushrooms.co.uk
La bonne adresse pour des kits à champignons.

Jekka's Herb Farm
Rose Cottage
Shellards Lane
Alveston
Bristol
BS35 3SY
Tél. : 01454 418878
www.jekkasherbfarm.com
Le meilleur fournisseur d'herbes aromatiques bio de Grande-Bretagne.

The organic Gardening Catalogue
Riverdene Business Park
Molesey Road
Hersham
Surrey
KT12 4RG
Tél. : 0845 1301304
www.organiccatalog.com
Toute une gamme de semis et graines de fruits et de légumes bio.

Ragman's Lane Farm Lydbrook
Gloucestershire
GL17 9PA
Tél. : 01594 860244
www.ragmans.co.uk
Tout ce qu'il vous faut pour faire pousser des champignons vous-même.

Seeds of Italy
C3 Phoenix Industrial Estate
Rosslyn Crescent
Harrow
Middlesex
HA1 2 SP
Tél. : 020 8427 5020
www.seedsofitaly.com
Très belle gamme de fruits, de légumes et d'herbes, avec des spécialités italiennes. Vous trouverez aussi des champignons et des « arbres à truffes ».

Suffolk Herbs
Monks Farm
Kelvedon
Colchester
Essex
CO5 9PG
Tél. : 01376 572 456
www.suffolkherbs.com
Belle gamme de légumes et d'herbes bio. Également des graines de fleurs.

Tamar organics
Cartha Martha Farm
Rezare
Lauceston
Cornwall
PL 15 9 NX
Tél. : 01579 371087
www.tamarorganics.co.uk
Pour trouver un vaste choix de graines, de fruits, de légumes et d'herbes bio.

Tuckers Seeds
Edwin Tucker1 Sons Ltd
Brewery Meadow
Stonepark
Ashburton
Newton Abbot Devon
TQ13 7 DG
Tél. : 01364 652233
www.tuckers-seeds.co.uk
Très belle gamme de graines. Leurs pommes de terre sont particulièrement intéressantes.

Encore d'autres bonnes adresses et sites Internet

Battery Hen Wellfare Trust
North Parks
Chumleigh
Devon
EX18 7EJ
www.thehenshouse.co.uk
C'est ici que j'ai trouvé mes poulets rescapés des élevages en batterie. Les volailles que ces gens recueillent sont en pleine forme !

The Hen House Garden Company
Oak Cottage
ThwaiteRoad
Thorndon
Eye
Suffolk
IP23 7JJ
Tél. : 01379 678085
www.hen-house.co.uk
Fabriquant de superbes poulaillers.

Implementation
PO Box2568
Nuneaton Warwicshire
CV 10 9YR
Tél. : 024 7639 2497
www.implementations.co.uk
Marque autrichienne d'outils de jardinage en cuivre, matière qui éloigne les insectes ravageurs et autres nuisibles.

Omlet Ltd
Tufthill Park
Wardington
Oxfordshire OX 17 1 SD
Tél. : 0845 4502056
www.omlet.co.uk
Fabriquant de superbe « igloo » pour poulets. À découvrir…

Rooster
Greenvale Farms Limited
Orchard Close
Middleton Tyas
North Yorkshire
DL10 6 PE
Tél. : 01325 339971
www.rooster.uk.com
Un très bon fournisseur d'engrais naturel, issu de fientes de poulets bio.

Sylvantuch
Unit 10 Corris Craft Centre
Corris, Nr Machynlleth
Mid Wales
SY20 9 RF
Tél. : 01654 761614
www.sylvantuch.co.uk
Superbe mobilier de jardin en bois, réalisé à la main. Solide et de bon goût.

Wolf tools
Tél. : 0845 241 7413
www.worldofwolf.co.uk
Une très belle gamme d'ustensiles de jardinage pour vous aider dans tous vos travaux.

Prenez également le temps d'aller jeter un coup d'œil sur ces sites vraiment très intéressants :

www.agroforestry.co.uk

www.allotment.org.uk

www.annforfungi.co.uk

www.gardenorganic.org.uk

www.nvsuk.org.uk

www.permaculture.co.uk

www.seercentre.org.uk

www.soilassociation.org

www.wewantrealfood.co.uk

remerci

Pour Jools, Poppy et Daisy qui me rendent la vie si belle. Pour ma mère, mon père et toute ma famille…

Pour toute ma belle équipe qui travaille si dur : d'abord mon maître Gennaro Contaldo puis mon inspirateur Peter Begg. Merci à mes stylistes Ginny Rolfe, Anna Jones et et Bobby Sebire. Une pensée toute spéciale également à mes chers testeurs de recettes Lizzie Cope et Georgie Socratous.

Un grand merci à toute l'équipe éditoriale : Lindsey Evans, la superbe Suzanna de Jong et Sophia Brown. Sans oublier, bien sûr, toutes les petites mains si précieuses des bureaux !

Un remerciement très spécial au meilleur photographe de cuisine au monde : Lord Davis Loftus (www.davidloftus.com) Bravo l'artiste ! Un mot aussi pour ses assistantes Rosie, Abi, Rebecca et Alicia.

À John Hamilton, mon directeur artistique chez Penguin. Encore bravo ! À Chris Callard (www.beachstone.co.uk), designer de talent qui a déjà travaillé sur plusieurs de mes livres. Merci aussi à Matt et Brad pour leurs superbes iconographies et idées. (www.theplant.co.uk) Beau travail, bravo !

Un énorme merci à mes éditeurs et éditrices chez Pinguin : Tom Weldon, Keith Tailor, Juliette Butler, Sophie Brewer, Jessica Jefferys, Rob Williams, Tora Orde-Powlet, Naomi Fidler, Clare Pollock et toutes leurs équipes qui ont tellement travaillé ! Allez sur www.pinguin.co.uk pour en savoir plus. Un merci tout spécial à Annie Lee.

J'aimerais aussi dire merci aux merveilleuses personnes de chez Fresh One Productions (wwwfreshone.tv) : Jo Ralling, Zoe Collins et Andrew Conrad (qui m'a laissé choir en plein milieu de la réalisation… merci à lui !) et un merci tout particulier à la directrice, ma bonne amie Helen Downing et bravo encore à cette équipe du tonnerre !

Merci à Luke Cardiff, Louis Caulfield, Toby Ralph, Godfrey Kirby, Mike Sarah. Merci aussi aux filles : Ginny et Anna, Lizzie, Abigail et Harrie et à tout le reste

index

Les numéros de pages en **gras** indiquent l'emplacement d'une illustration.
La lettre « v » placée en début de ligne signifie que la recette est végétarienne.

D

E

F

G

R